SV

Hans Blumenberg

Realität und Realismus

Herausgegeben
von Nicola Zambon

Suhrkamp

Bibliografische Information der Deutschen Nationalbibliothek
Die Deutsche Nationalbibliothek verzeichnet diese Publikation
in der Deutschen Nationalbibliografie;
detaillierte bibliografische Daten sind im Internet
über http://dnb.d-nb.de abrufbar.

2.Auflage 2020

Erste Auflage 2020

Satz: Satz-Offizin Hümmer GmbH, Waldbüttelbrunn
Druck: Pustet, Regensburg
Printed in Germany
ISBN 978-3-518-58746-1

Inhalt

Was heißt ›etwas sei wirklich‹?
Eike von Savigny, *Philosophie der normalen Sprache*

I
Antiker und neuzeitlicher Wirklichkeitsbegriff

Ich muß vielleicht zunächst sagen, was ich meine, wenn ich vom Begriff der Wirklichkeit spreche. Ich gebrauche diesen Ausdruck mit der Absicht, deutlich werden zu lassen, daß mein Thema *nicht ontologisch* im gegenwärtigen philosophischen Gebrauchssinn des Wortes ist. Ich spreche nicht vom Sein, nicht vom Seienden als dem Seienden, und ich spreche nicht von der *veritas ontologica* der Tradition, deren Begriff begründen will, weshalb Seiendes für uns Erkennbarkeit besitzt. Ich spreche auch nicht von dem elementaren Faktum des philosophischen Staunens, daß überhaupt etwas und nicht vielmehr nichts ist. Der Begriff der Wirklichkeit, wie ich ihn gebrauchen möchte, hat nicht so sehr einen theoretischen als vielmehr einen *pragmatischen* Sinn. Er meint jenen Charakter von Verbindlichkeit, der den Menschen in seinem Verhalten bestimmt. Er meint jene Art der Vorgegebenheit, auf die und mit der der Mensch rechnet, auf die er sich verläßt und auf die er sich beruft.

Wenn gesagt werden kann, daß *in der Maxwellschen Theorie ... die Kraftfelder denselben Grad von Wirklichkeit wie die Körper in Newtons Theorie* erworben hatten,[1] so bedeutet das freilich zunächst eine physikalisch-theoretische Aussage, aber der hier verwendete Wirklichkeitsbegriff bezeichnet zugleich den geistesgeschichtlichen Sachverhalt, daß das aktuelle Bewußtsein von Wirklichkeit sich verändern mußte: mit der Anerkennung der Möglichkeit von Fernwirkungen zwischen den Körpern, mit der Aufhebung der eigentümlichen Irrealität oder Quasi-Realität des Raumes wird die Vorstellung einer neuen Konsistenz der uns gegebenen Welt provoziert, die im Horizont menschlicher Erwartungen und Verflechtungsbezüge eine neue Struktur geben mußte. Man kann diesen Sachverhalt mit einiger Vorsicht in der Sprache klassischer philosophischer Systeme ausdrücken. Im Zusammenhang der platonischen Ideenlehre formuliert, wäre Wirklichkeit mit jener dem Ideenkosmos noch transzendenten Idee des Guten zu ver-

1 [Der Nachweis fehlt.]

gleichen, die den Ideen nicht nur den Grund ihres Daseins und ihrer Erkennbarkeit gibt, sondern die sie zu Formen des Sollens macht, ihnen die eigentliche Verbindlichkeit imprägniert, deren Ausstrahlung im »Timaios« den Demiurgen zu seinem Werk das Motiv gibt und die der Ideenlehre ihren unaufschiebbaren systematischen Zusammenhang mit der Ethik verbürgt. Mit Kant gesprochen, dürften wir nicht von einem Begriff der Wirklichkeit reden, sondern müßten den Ausdruck der ›regulativen Idee‹ bevorzugen, ohne freilich die Vernunft als das Organ dieser Idee in dem statisch-absoluten Sinne fassen zu dürfen, wie es Kant getan hat. Also, um ein Beispiel zu geben, wohl jene Natur, die dem Menschen in der Welt seinen Ort anweist, die ihm seinen Lebensbereich und die Möglichkeiten seines sachgemäßen Handelns anweist, aber nicht jene andere Natur, die der Mensch nur beherrscht und bearbeitet, die der Inbegriff der materiellen Substrate seiner demiurgisch-technischen Wirksamkeit ist.

Worum es geht, hat d'Alembert in seinem »Discours préliminaire« eindringlich dargestellt, wenn er die cartesische Zweifelsfrage der Existenz der physischen Außenwelt erörtert und ihre rationale Unlösbarkeit zugibt. Die Mächtigkeit des Eindruckes und die bestimmende Wirkung auf das menschliche Verhalten haben aber mit dieser theoretischen Beweisbarkeit gar nichts zu tun. Wie auch immer die Argumente lauten und welches Gewicht sie haben mögen, dem Menschen ist eine unüberwindliche Neigung zu eigen, eine Art von Instinkt, wie d'Alembert sagt, der viel sicherer ist als die Vernunft selbst und den theoretischen Zweifel gar nicht in die Sphäre unseres Umganges mit der Welt eindringen läßt. D'Alembert macht das Gedankenexperiment, daß die hypothetische Unterbrechung der Existenz der Außenwelt unser Bewußtsein so wenig bestimmen würde, daß wir beim Wiedereinsetzen der realen Gegebenheit gar keine Änderung unseres Bewußtseinszustandes konstatieren würden. Der Wirklichkeitsbezug des Menschen ist praktisch entschieden, und kein theoretischer Gedankengang kann ihn unterbrechen. Wenn sich zum Beispiel hinsichtlich der Solidität der Körper unsere Sinne täuschen, so wäre das, wie d'Alembert sagt, ein so metaphysischer Irrtum, daß unsere Existenz und unsere Selbsterhaltung davon nichts zu fürchten hätten.

Aber unsere Fragestellung geht über diese Aussagemöglichkeit hinaus.

Sie fragt nicht nach einem ontologischen, erkenntnistheoretischen oder anthropologischen Phänomen, sondern nach einem geschichtlichen. Sie möchte herausarbeiten, ob dieser Wirklichkeitsbegriff seinerseits Geschichte hat und ob in seiner Geschichtlichkeit die Komplexionen geschichtlicher Phänomene der großen Epochen ihren gemeinsamen Grund und ihre verstehbare Sinneinheit haben. Vom Wirklichkeitsbegriff der großen Geschichtsepochen zu sprechen, bedeutet etwas anderes, als eine Begriffsgeschichte, zum Beispiel die des Raumbegriffs, darzustellen. Begriffsgeschichte stützt sich auf die historischen Dokumente, in denen der jeweils thematische Begriff vorkommt, sich definiert findet, umschrieben wird oder sonst belegbar eine Rolle spielt. Dieses Verfahren versagt, wenn man etwas über die Geschichte des Wirklichkeitsbegriffs ausmachen will. Der Wirklichkeitsbegriff einer Epoche bleibt in ihren Zeugnissen in eigentümlicher Weise stumm, und das nicht zufällig, sondern aufgrund der eigentümlichen Selbstverständlichkeit, mit der eine Epoche sich an das hält, was ihr für wirklich gilt. Von ihrem Wirklichkeitsbegriff macht eine Epoche Gebrauch, aber sie redet nicht von ihm, sie kann von ihm gar nicht reden, und in diesem Sinne ›hat‹ sie ihren Wirklichkeitsbegriff nicht. Nur dadurch, daß das Verständnis von Wirklichkeit selbst Geschichte hat, daß es abgelöst werden kann durch ein neues Verhältnis zur Wirklichkeit und diese Ablösung sich gerade als *Kritik* am Wirklichkeitsverständnis der Vergangenheit formuliert, nur auf diese *indirekte* Weise gewinnen wir einen Zugang zur Geschichte des Wirklichkeitsbegriffs.

Das Wirkliche ist das, worauf man sich beruft. Es ist die letzte Instanz für den Gebrauch der Sprache. Verliert die Sprache diesen Bezug, so degeneriert sie zu dem, was mit dem Ausdruck ›bloße Worte‹ in Verruf getan wird. Die Geschichte im Wandel ihres Wirklichkeitsverständnisses läßt sich geradezu am Indiz des Vorwurfes erfassen, es seien bis dahin bloße Worte gemacht worden und die Verführung der Sprache habe gesiegt, und demzufolge wird die Notwendigkeit betont und der Aufruf formuliert, nun endlich ›zu den Sachen selbst‹ zu kommen. Die Unterscheidung von Worten und Fakten, *ta epē* und *ta pragmata*, *verba* und *res*, ist nicht nur so alt wie die Geschichte der Philosophie, sondern so alt wie die für uns nachweisbare *Geschichte der geschichtlichen Erfahrung* selbst.

Die Vernunft, die wir als das Organ der Geschichte der Philosophie ansehen, läßt sich verstehen als das Ausdrücklichwerden des in der Geschichte erfahrenen Wandels dessen, was als das Wirkliche gilt. Diese Aussage bedeutet nicht, daß von Anfang an Philosophie Reflexion auf den geschichtlichen Prozeß gewesen sei. Aber was als Geschichte primär erfahrbar geworden ist, formuliert sich in Urteilen, deren Leistung wir im Inbegriff als Kritik bezeichnen würden: Kritik immer wieder an allen möglichen Arten von Schein und Prätention, an Vorurteilen und Vorwänden, an leer gewordenen Formen und Formeln, an Kategorien, die sich nicht mehr bewähren. Ob wir die frühe philosophische Kritik am Mythos, ob wir Descartes' und Bacons Absetzung von den Vorurteilen der Tradition oder ob wir Husserls Ruf ›zu den Sachen selbst‹ oder die positivistische Sprachkritik als Beispiele betrachten – immer geht es im Grunde um den geschichtlichen Verlust des Substrates der Worte, die so lange etwas Reales bedeutet hatten, einen Verlust, der in seiner Geschichtlichkeit freilich unbemerkt bleibt und sich im Gesamt der systematischen Kritik ausspricht, einer Kritik, die sich allemal gegen eine unlebendig gewordene Sprachwelt richtet, die sich unter dem Titel ›Scholastik‹ nicht nur für den geschichtlichen Spezialfall des endenden Mittelalters begreifen läßt. Daß man wieder in Kontakt mit der Wirklichkeit kommen müsse, wird zuerst erfahren an der Unglaubhaftigkeit des Überlebten, Überwundenen oder zu Überwindenden. Wirklichkeit ist ein Kontrastbegriff. Erlebt und ausdrücklich gemacht wird das jeweils Unwirkliche, das, was durchschaut und durchstoßen, entzaubert und bloßgestellt werden muß. Unwirklichkeit gehört zu den akuten geschichtlichen Krisenerfahrungen, die sich allemal dessen nicht bewußt werden können, daß in solcher Erfahrung ein gewandelter Begriff von Wirklichkeit als Implikation enthalten ist und sich zur Geltung bringt.

Man muß nur einmal daran denken, welche akute Erfahrung von Unwirklichkeit in der sokratischen und platonischen Philosophie steckt. Es ist ja nicht so, daß Plato durch seine Philosophie (gewissermaßen im Versuch der Anwendung ihrer Prinzipien) zu seiner Kritik an der Sophistik und ihrer Aufhebung des Unterschiedes zwischen dem Wirklichen und dem Unwirklichen gekommen wäre; sondern die Erfahrung des im hermetischen Abschluß der griechischen Polis aufgeweichten, manipulierbar gewordenen, schwebend gewordenen Wirklichkeitsgehaltes hat überhaupt erst das Bedürfnis geweckt, das Ungenügen an diesem durch die Rhetorik getragenen Zustand zur Explikation zu bringen, seine Motive zu formulieren. Die Erfahrung der Macht der Rhetorik ist aus den Fundamenten der Geschichte der Philosophie nicht wegzudenken; sie wird zur ersten für uns voll faßbaren Erfahrung von Unwirklichkeit als Symptom eines geschichtlichen Wandels des Wirklichkeitsbegriffs.

Aber die platonische Philosophie ist nicht nur die erste große Formulierung einer solchen geschichtlichen Erfahrung der Unwirklichkeit dessen, was als das Wirkliche gilt oder gegolten hat; sie ist zugleich der erste Versuch zu verstehen, *wie* dieses Mißverständnis, diese Wirklichkeitsillusion zustande gekommen ist, und sie bietet uns gleich eine ganze Reihe einschlägiger Erklärungen. Es wäre also nicht methodisch zulässig, die platonische Philosophie oder eine andere systematische Form der antiken Philosophie *als Ausdruck* des antiken Wirklichkeitsbegriffs zu nehmen und in ihnen bloß die exakteste, ausgesprochenste Form dieses Wirklichkeitsbegriffs der Epoche zu sehen. Vielmehr findet sich der Wirklichkeitsbegriff der Epoche sehr viel eher in dem, was diese Philosophie kritisiert und verwirft, wovon sie sich distanziert und was sie überwinden will, als in ihren positiv-systematischen Formulierungen. Der Wirklichkeitsbegriff der griechischen Polis wird durch Platos Philosophie *nicht repräsentiert, sondern reflektiert*, im verschärften Kontrastbild der Kritik herauspräpariert. Aber es ist bezeichnend für die ganze Rolle der Philosophie, daß das erst in einem Augenblick geschieht, in dem dieser Wirklichkeitsbegriff bereits dabei ist, Schiffbruch zu erleiden und die von ihm getragene (oder auch ihn ermöglichende) Polis mit sich in den Prozeß der geschichtlichen Vernichtung zu reißen.

Wirklichkeit ist also einerseits das, was sich von selbst versteht, aber andererseits auch das, was nie als dieses Selbstverständliche verstanden ist bzw. mit geschichtlicher Unausbleiblichkeit zu spät verstanden wird, also erst in einem Augenblick, in dem sich die Selbstverständlichkeit als verhängnisvoll oder steril erwiesen hat. Ludwig Wittgenstein hat einmal den Philosophen mit einem Menschen verglichen, der sich in einem Zimmer befindet und einer Wand gegenübersteht, auf der eine

Anzahl von Türen aufgemalt sind. Er versucht nacheinander, diese Türen zu öffnen, um durch sie aus dem Zimmer ins Freie zu gelangen; aber natürlich vergebens. *Die* Tür, die wirklich ins Freie führt und die sich mühelos öffnen ließe, liegt im Rücken dieses Menschen, aber er weiß nichts von ihr. Er brauchte sich nur umzudrehen, nur den Blick von den aufgemalten Scheintüren abzuwenden, und der Weg zum Wirklichen wäre für ihn geöffnet. Aber eben das ist das Schwerste. Wenn wir einen Augenblick bei diesem Bilde verweilen – weshalb wendet sich dieser Mensch nicht um zu der Wirklichkeit, die in seinem Rücken liegt? Wittgensteins Parabel scheint diese Frage nicht zu beantworten, vielleicht nicht zufällig, sondern deshalb, weil es ihm für zu selbstverständlich gilt, daß diese Möglichkeit nicht ergriffen wird.

Sehen wir uns nach einer antiken Entsprechung um, so bietet sich uns sofort das Höhlengleichnis im siebten Buch des platonischen »Staates« an,[2] jenes Wunderwerk eines philosophischen Modells, das den Geist der Tradition zu immer neuer Kommentierung und Vertiefung angeregt hat. Auf den ersten Blick ergibt sich ein ganz wesentlicher Unterschied zu Wittgensteins Parabel: Plato sagt von den Insassen seiner Höhle, daß sie im Nacken gefesselt waren und deshalb den Blick nicht von den Schatten auf der Höhlenwand auf die realen Vorgänge in ihrem Rücken umwenden konnten.

Was bedeutet dieser Unterschied? In ihm ist schon etwas über die Geschichte gesagt. Vielleicht läßt es sich so ausdrücken: Es gibt so etwas wie ein Moment der Trägheit im Wirklichkeitsbezug des Menschen, eine vordergründige Beharrung, die aller Tradition die Doppeldeutigkeit von Bewahren und Festklammern gibt. Vernunft ist der Widerpart dieser Trägheit, in einem Gegenspiel, das deshalb nie zur Ruhe kommt, weil der Wirklichkeitsbegriff, der die eigentliche Instanz der kritischen Funktion der Vernunft ist, Geschichte hat.

Die Wendung, die die Vernunft zur Wirklichkeit, zu den Sachen selbst vollzieht, ist immer wieder in der Metapher der Bekehrung, der *epistrophē*, der *conversio* formuliert worden. Dabei ist es gleichgültig, ob diese Erfahrung als religiöse, als philosophische oder als ästhetische beschrieben wurde. Die Grundstruktur der Umwendung aus der trägen

2 [Plato, Der Staat,] 514a.

Verlorenheit an das nächstliegende Vorgegebene, an die Unmittelbarkeit des ersten Blickes ist immer dieselbe. Die Philosophie beginnt weniger mit dem Erstaunen über das, was ist, als mit dem Verdacht, wir könnten es in dem uns unmittelbar Gegebenen und Vertrauten nur mit etwas Scheinhaftem zu tun haben. Philosophie in dieser Ursprünglichkeit ist ein elementarer Akt der Aufmerksamkeit, der sich aus der dumpfen Genügsamkeit des Selbstverständlichen aufrafft. Die griechische Philosophie hat zwischen Schein und Wirklichkeit keinen absoluten Dualismus angenommen. Das, was uns als Wirklichkeit erscheint, ist nicht ein radikal anderes gegenüber dem, was wirklich ist. Schon im Lehrgedicht des Parmenides ist der zweite Teil, der von der Scheinwelt der Doxa handelt, nur sinnvoll interpretierbar, wenn dieser Schein in einem Begründungszusammenhang mit der im ersten Teil dargestellten Wahrheit gesehen werden kann.

Beim frühen Plato ist die Welt der Erscheinungen immerhin fähig, die Erinnerung an die Welt der Ideen zu erwecken; sie verhalten sich wie Abbild und Urbild zueinander, und das heißt: noch der Schein kommt letztlich von der Sache selbst her. Anders im Höhlengleichnis: Die Schatten auf der Höhlenwand rühren zwar von den Artefakten her, die hinter einer Rampe zwischen Feuer und Wand vorbeigetragen werden; diese wiederum sind Darstellungen von Dingen der Naturwelt außerhalb der Höhle. Aber man sieht den Schatten nicht mehr an, daß sie Schatten sind. Dazu bedarf es der Entfesselung und der Umwendung. Deshalb trifft der Vorwurf der Irrealität, der Ablenkung vom Wahren, das Bildliche gerade in diesem Sinne des Abbildlichen.

Problematisch ist im griechischen Nachdenken an den Bildern also nicht das, was sie darstellen, sondern das formale Faktum, *daß* sie eben Bilder, *daß* sie nicht die Sache selbst sind, die sich in ihnen präsentiert. Ich brauche nicht besonders auf das zehnte Buch des »Staates« hinzuweisen, wo Plato die künstlerische Nachbildung deshalb verwirft, weil sie Gegenstände darstellt, die ihrerseits bereits Nachbildungen – nämlich von Ideen – seien. Bild eines Bildes zu sein, ist hier die äußerste metaphysische Diskriminierung. Aber die Umwendung zur Wirklichkeit ist nur im frühplatonischen Modell dadurch noch naheliegend und geradezu vorgezeichnet, daß uns Bilder nicht nur das vorenthalten, was sie darstellen, sondern zugleich auf das verweisen, an das erinnern, was in ihnen vorgestellt wird. Später ist hierzu eine Vermittlung notwendig, die besondere Rolle, die Plato dem Philosophen zugedacht hat. Die in der Höhle Eingeschlossenen und Gefesselten würden nie erfahren, daß sie nur Schattenbilder sehen, wenn nicht einer von ihnen die wahre Wirklichkeit erleben dürfte und zu ihnen zurückkehrte, um sie zu belehren.

Es ist Sache der Philosophie, uns nicht bei unseren Bildern zu lassen, uns die Selbstverständlichkeit der Bilder zu entfremden und dadurch ihren Verweisungssinn aufzudecken. Aber gerade diese Eigenheit des platonischen Höhlengleichnisses, daß *nur einer* der Gefesselten die primäre Erfahrung machen darf und kann, ist für den dahinterstehenden Wirklichkeitsbegriff überaus aufschlußreich. Schon die Höhlensituation selbst ist ja durchaus solipsistisch beschrieben: Plato schließt es ausdrücklich aus, daß einer der in der Höhle Gefesselten eine unmittelbare Wahrnehmung von seinen Schicksalsgenossen hat oder in einem Kontakt der Verständigung mit ihnen steht, denn er kennt von ihnen allen, ja sogar von seiner eigenen Gestalt, nur die Schatten an der Höhlenwand.[3] Die Menschen sind dadurch nivelliert auf die Erscheinungsweise der Gegenstände, die ihnen da vorgeführt werden, sie sind sich selbst als Schatten unter Schatten präsent. Der Mitmensch ist nicht ausgezeichnet als ein Partner, den man auf die Artung der da gegebenen vermeintlichen Wirklichkeit ansprechen könnte.[4] Der sokratische Dialog findet in der Höhle nicht statt und kann in ihr nicht stattfinden. Erst der Zurückgekehrte wird zum Lehrer. Dieses Moment des Gleichnisses ist für das Verständnis des zugrundeliegenden Wirklichkeitsbegriffs wesentlich: Der einzelne Gefangene, dem die Fesseln gelöst werden, erfährt, gewaltsam ins Helle geschleift, geblendet und sprachlos, was Wirklichkeit im Grunde ist. Und dies ist ein Erlebnis von der Art der optischen Erfahrung.[5] Wirklichkeit ist etwas unmittelbar und an sich selbst Einleuchtendes, eine unwiderstehlich Zustimmung ernötigende Gegebenheit.

Die Antike hat sich niemals Sorge darum gemacht, ob und wie man das Absolute, das Göttliche, wenn man ihm begegnete, als solches erken-

3 [Plato, Der Staat,] 515 a [6]: … ἑαυτῶν τε καὶ ἀλλήλων … ἄλλο πλὴν τὰς σκιὰς …

4 [Plato, Der Staat, 515 b 4]: Εἰ οὖν διαλέγεσθαι οἷοί τ' εἶεν πρὸς ἀλλήλους …

5 Daß 515 c [4] im Plural gesprochen wird (… αὐτῶν λύσιν …), ist bedeutungslos. [Handschriftlich hinzugefügter, nicht zu entziffernder Satz von H. B.]

nen könne. Seine Evidenz ist seine bloße offene Präsenz, sein Selbstanwesendsein.

Alle Offenbarungsvorstellungen und apokalyptischen Erwartungen, auch der biblischen Zeugnisse, beruhen auf dieser Implikation einer absoluten, in sich selbst gegebenen und durch sich selbst sich ausweisenden Wirklichkeit. Der antike Wirklichkeitsbegriff enthält selbst die Voraussetzung dafür, daß Götter oder ein Gott erscheinen können und im Erscheinen evident werden, daß Offenbarung stattfinden kann und ihre Legitimation mit sich führt. Das gilt für den Mythos genauso wie für die platonischen Ideen: Man sieht es dem Gegebenen an, daß es das ist, als was es sich gibt, das Seiende in seiner Selbstgegebenheit. Es steckt in diesem Wirklichkeitsbegriff eine Metapher: das Wirkliche stellt sich uns vor mit einer Art von impliziter Behauptung, das Vorgestellte auch wirklich zu sein, nicht von einer anderen Instanz her ins Unrecht gesetzt werden zu können. Diese Behauptungsimplikation im Wirklichkeitsbegriff der Tradition seit der Antike steht noch im Hintergrund des Begriffs des *genius malignus* bei Descartes, denn die uns gegebene Welt wird ja erst dadurch im strengen Sinne zum Betruge, daß in ihr ein Anspruch darauf wahrgenommen wird, das zu sein, als was sie uns erscheint. Gerade auf dieses Moment werden wir achten müssen.

Der Entfesselte im Höhlengleichnis wird aber nicht sofort nach seiner Befreiung von den Höhlenschatten in die Welt des vollen Tageslichtes gebracht, sondern zuerst durchschreitet er innerhalb der Höhle ein Zwischenreich, von dem man modernisierend sagen könnte, es enthalte die Projektionseinrichtungen der Höhlen-Lichtspiele. Diese Dinge sind zwar μᾶλλον ὄντα [Mehr-Seiende], aber sie überzeugen noch nicht an sich selbst von ihrer größeren Wirklichkeit; noch glaubt der Entfesselte, die Schatten seien ἀληθέστερα ἢ τὰ νῦν δεικνύμενα [wirklicher, als was ihm jetzt gezeigt wurde].[6] Hier sind die Machinatoren am Werk, die die künstlichen Gebilde in Bewegung versetzen und die ›Vertonung‹ der Schattenaktionen besorgen. Diesen Akteuren wird im Höhlengleichnis selbst keine weitere Beachtung geschenkt. Sie scheinen nur da zu sein, damit der Gleichnisprozeß überhaupt funktioniert. Aber es läßt sich nicht erkennen, daß sie irgendein Interesse dazu treibt, die

6 [Plato, Der Staat,] 515 [d 7].

Gefangenen mit Bildern zu füttern, sie in der Unkenntnis ihrer Situation zu halten und sie dadurch zu beherrschen.
Cornford[7] hat darauf hingewiesen, daß Plato im »Sophistes« eine unverkennbare Anspielung auf das Höhlengleichnis macht, und zwar auf eben jene Akteure in der Szene, die er nun offenbar als Sophisten verstanden wissen will – als jene Leute also, die von sich behaupten, im Besitz der Mittel zu sein, mit denen man Menschen im politischen Gemeinwesen beherrscht. Die Bedingtheit dieser Herrschaftstechnik der Sophisten durch die Schwäche des Wirklichkeitsbewußtseins der Menschen in der Polis wäre dann der kritische Sinn des Höhlengleichnisses und seines politischen Bezuges innerhalb der Schrift über den Staat.[8] Politische Verführbarkeit wäre dann ein Mangel des Bezuges zur eigentlichen Realität, und die Funktion der Philosophie die Aufweisung eines neuen Wirklichkeitsbegriffs. Plato charakterisiert die Sophisten, indem er sagt, sie seien Erzeuger von Bildern, mit deren Hilfe sie Irreales für Realität ausgäben, wobei sie sich selbst im Dunkel des Hintergrundes hielten, um sich ganz auf die Faszination ihrer rhetorischen Mittel zu verlassen. Das rhetorische Wort rückt von der Seite des Logos auf die Seite der Bilder, was schon im Sprachgebrauch dadurch zum Ausdruck kommt, daß das griechische Wort *eidolon* sowohl die verführerischen Produkte der Sophistik in diesem Dialog als auch die Schattenbilder im Höhlengleichnis bezeichnet.
Das Höhlengleichnis ist mehrschichtig konstruiert. Damit hängt zusammen, daß Plato vom Wirklichkeitscharakter des Gegebenen im Komparativ sprechen kann: Es gibt hier das μᾶλλον ὄν, das ›Mehr-Seiende‹. Plato hat diesen ›ontologischen Komparativ‹, wie Bröcker ihn genannt hat, zuerst gebraucht und reiche Nachfolge gefunden. Plato hat dabei nicht spekulativer Willkür Raum gegeben. Sein Problem war hier, im »Sophistes«, die Technik der manipulierten Wirklichkeit der Sophisten ins Unrecht zu setzen und zu entkräften, die Härte der Begegnung mit der Wirklichkeit, das μεταβάλλειν τὰς τότε γενομένας δόξας, metaphysisch zu begründen.[9]

7 [F.M. Cornford, Plato's Theory of Knowledge. London 1935.]
8 Ihrer φανταστικὴ τῆχνη[. Plato, Sophistes, 239c.]
9 [Plato,] Sophistes, 234 [d 6].

Die Sophisten hatten sich zu ihrer philosophischen Abschirmung auf Parmenides und die eleatische Metaphysik berufen, um das Recht der Unterscheidung von Schein und Sein überhaupt zu leugnen und dadurch den rhetorisch-politischen Bereich von jedem Kriterium der Wahrheit und Sachgemäßheit frei zu stellen: Wenn es nur das eine und reine Sein des Parmenides gäbe und sonst nichts, dann müßten sich alle nur möglichen positiven Aussagen auf eben dieses Sein beziehen; also gäbe es die Differenz von Realität und Bild, von Erscheinung und Schein, von Faktum und Fiktum überhaupt nicht; also gäbe es keine Instanz, von der her sich der schrankenlose Gebrauch rhetorisch-politischer Mittel kritisch in Frage stellen ließ.
Sprache evoziert Wirklichkeit, und darin liegt das Potential von Macht als Verfügung über Wirklichkeit. Dieser Konzeption stellt Plato seinen ontologischen Komparativ entgegen, und das bedeutet: Es gibt kein Sich-Begnügen mit dem Weniger-Seienden, weil es auf das ihm Grund-Gebende, Urbildliche, auf die höhere Wirklichkeit verweist. Aber, so muß man doch wohl fragen, könnte dieser Zusammenhang der Verweisung nicht in einer unabgeschlossenen Reihe von Steigerungen ontologischer Komparative weitergehen? Könnte nicht jede überbietende Wirklichkeit ihrerseits überboten werden?
Aus diesem Einwand erhellt sich, daß die ganze Konzeption ihre Zweckbestimmung nur erfüllen kann im Zusammenhang mit einem Wirklichkeitsbegriff, der eine letztverbindliche, unübersteigbare Gegebenheit in der unmittelbaren Evidenz ihrer Unüberbietbarkeit zuläßt. Können wir über diese formale Feststellung hinaus noch weiter fragen? Was ist es, das an dieser letzten und eigentlichen Wirklichkeit aufleuchtet und einleuchtet, um sie *als letzte* erfahrbar zu machen? Und was ist damit gesagt, daß diese eigentliche Wirklichkeit als die der ›Ideen‹ beschrieben wird? Dieses Urwirkliche ist nicht deshalb ideal, urbildlich, weil es *faktisch* nachgebildet worden ist, weil es Bilder und Schatten von ihm gibt, sondern es ist deshalb Urbild, weil es das *Sein-Sollen* unmittelbar ausstrahlt,[10] weil es als die Gegebenheit sich präsentiert, die sein soll, indem sie ist und wie sie ist. Das ist der Sinn der platonischen Aussage, daß noch über der Welt der Ideen die Überwirklichkeit des

10 [Der Quellenhinweis ist unverständlich.]

Guten als die allem anderen seinen Grund gebende Lichtquelle steht. Das Gute gibt den Ideen nicht nur die Verbindlichkeit einer hypothetischen Regel, einer Vorlage für etwaige Verwirklichungen, sondern es gibt ihnen den Charakter des kategorischen Gebotes solcher Verwirklichung selbst. Deshalb kann im Demiurgen-Mythos des »Timaios« die bloße Anschauung der Ideenwelt den Demiurgen schon zu seinem Werk bestimmen, nicht nur dazu, *wie* er dieses Werk gestalten soll, sondern schon dazu, *daß* er es überhaupt in Angriff nimmt. Die Leibniz-Frage, die Frage aller Fragen, *cur potius aliquid quam nihil*, weshalb überhaupt etwas und nicht vielmehr nichts da sei, kann hier sinnvoll nicht gestellt werden. Das Sein wird aus dem Sein-Sollen gerechtfertigt, aber das Sein-Sollen seinerseits bedarf keiner Begründung. Nur eine Zusatzannahme muß im Mythos vom Demiurgen noch gemacht werden, nämlich eine das Verhältnis von Abbild und Urbild in seiner Getreulichkeit verbürgende Qualität. Für Plato genügt es bezeichnenderweise zu sagen, daß der Welt-Urheber diese Getreulichkeit durch seine ›handwerkliche Tüchtigkeit‹[11] gewährleistet; nach seiner Gesinnung, wir würden sagen: nach seiner Moral, braucht nicht gefragt zu werden, weil die Evidenz der Ideen, die Ausstrahlung ihrer Verbindlichkeit gleichsam schon selbst[12] sich vollstreckt.

Dennoch ist hier eine Konzeption des Wirklichkeitsproblems angelegt, die ich als das ›Schema der dritten Position‹ bezeichnen möchte. Die Wirklichkeit leuchtet als solche nicht mehr in unmittelbarer Evidenz ein, sondern ihre Gegebenheit bedarf eines Bürgen, eines absoluten Zeugen, dem Subjekt und Objekt gleichermaßen offen vorliegen und der die unüberbrückbare Distanz zwischen ihnen mit der Klammer seiner Gewährleistung überspannt. Man könnte den Wirklichkeitsbegriff des Mittelalters unter diesem Gesichtspunkt der Berufung auf den absoluten Zeugen darstellen. Ich kann und will das hier nicht tun, sondern nur darauf hinweisen, daß Descartes auch in diesem Punkte noch zum Mittelalter gehört, indem seine Überwindung des Zweifelsversuches auf eben diesem Schema der dritten Position beruht.

---

11 [Der Quellenhinweis ist unverständlich.]

12 Das ἐξ ἀνάγκης γίγνεσθαι[. Plato, Timaios, 28 a 4].

Die cartesische Konzeption ist, ich sagte es, mittelalterlich und hat daher im ursprünglichen Ansatz auf die Neuzeit nicht überzeugend wirken können. Aber *formal* steckt dieses Schema doch auch noch im Wirklichkeitsbegriff der Neuzeit, wenn auch in einer entscheidend modifizierten Gestalt. Im Begriff der Objektivität steckt ein verborgener Rest dieses Schemas: der absolute Zeuge ist nicht mehr Gott, sondern die Einheit der erkennenden, forschenden, experimentierenden Subjekte, die Implikation des Appells an jedes andere erkennende Subjekt in jeder wissenschaftlichen Aussage. Die cartesische Methode hat ja darin ihre Bedeutung für die Struktur des neuzeitlichen Erkenntnisprozesses, daß sie diesen Appell möglich macht, indem sie die Einheit der erkenntnisvollziehenden Subjekte zu *einer* Instanz gegenseitiger Bezeugung und unablässiger kommunikativer Verifikation konstituiert.

Es ist nicht zufällig, daß wir den neuen Wirklichkeitsbegriff gerade dort zu erfassen vermögen, wo die Kritik an Descartes ihren scharfsinnigsten und radikalsten Ausdruck gefunden hat, nämlich bei Leibniz. In einer Niederschrift, die spätestens 1692 abgeschlossen gewesen sein muß, hat Leibniz Randbemerkungen zu den cartesischen »Prinzipien der Philosophie« niedergelegt. Der Hauptwiderspruch, den Leibniz herausarbeitet, scheint auf den ersten Blick nur ein solcher der Formulierung zu sein: Descartes hatte gefordert, an jedem Satze *so lange* zu zweifeln und ihn für falsch zu halten, *bis* der Beweis seiner Wahrheit mit Evidenz erbracht sei. Leibniz will dieses Prinzip anders formuliert wissen, und zwar so, daß es nicht wie ein generelles Vorurteil aussieht, das an Stelle jener Vorurteile getreten sei, denen doch Descartes den Kampf angesagt hatte. Das Prinzip soll jetzt fordern, daß man zu jedem theoretischen Satz seine Begründung beibringen müsse. Was bedeutet diese Differenz? Leibniz ist der cartesische Zweifel als Ausgangspunkt des Philosophierens suspekt. Für ihn bedeutet solcher Zweifel gerade nicht den voraussetzungslosen Anfang des Denkens, sondern den Ausdruck eines vorgreifenden Glaubens hinsichtlich dessen, was sich jenseits des Zweifels als stichhaltig und solide, als Wirklichkeit erweisen und bewähren muß. Der Anspruch, den Descartes mit seinem Wirklichkeitsbegriff an das stellt, was sich gegenüber dem radikalen Zweifel schließlich behaupten können soll, erscheint Leibniz als überspannt.

Und Leibniz richtet seine Kritik gerade auf *das* Element am cartesischen Gedankengang, das ich vorhin als Ausdruck des Schemas der dritten Position bezeichnet habe, nämlich auf die Funktion Gottes sowohl im Zweifel als auch in der Konzeption seiner Überwindung. Das radikalste Motiv des cartesischen Zweifels war die Überlegung, die sich unter dem Titel des *deus fallax*, des *dieu trompeur* bei ihm findet. Descartes hatte sich dieses Argument nicht willkürlich vorgeworfen und nicht nur methodisch konstruiert: Der Gott, der keine Gewähr dafür bot, daß die Vorstellungen des Menschen von der Welt nicht bloße Bilder ohne Realitätsbezug sein könnten, war der Gott des ausgehenden Mittelalters und dabei wiederum eine Umbildung jenes Systems der dritten Position, mit dem ich den Wirklichkeitsbegriff des Mittelalters kurz anzudeuten versuchte.

Unter den Versuchen, die Descartes gemacht hat, um aus dem Abgrund dieser Zweifelssituation herauszukommen, bezieht sich Leibniz nur auf den letzten in den »Prinzipien« (I, 6). Descartes zieht hier eine Urteilstheorie heran, die von der stoischen sachlich und wohl auch historisch abhängig ist. Danach ist der Mensch auch in seinen theoretischen Akten frei und kann nicht in eine Täuschung hineingezwungen werden. Die Stoiker hatten in jedem Urteil einen gegenüber dem Sachgehalt der Aussage selbständigen Akt der Zustimmung angenommen, die das Subjekt auch verweigern bzw. auf die es auch verzichten könne (*epoché*). Die Möglichkeit des Zustimmungsverzichtes macht das Subjekt unerreichbar für den Eingriff auch einer trügerischen Allmacht: das freie Vernunftwesen kann zum Irrtum nicht gezwungen werden. Bei Descartes hängt dieser Schutzmechanismus gegen die Möglichkeit einer trügerischen Infektion mit seinem Dualismus von Vernunft und Freiheit systematisch zusammen.

Leibniz bestreitet eben diese logisch-psychologische Voraussetzung. Den freien Willen hätten wir nicht hinsichtlich der Gegebenheit der Gegenstände, sondern nur im Handeln – nicht als theoretische, sondern nur als praktische Vernunftwesen. Im theoretischen Bereich würden wir determiniert durch die Intensität unserer Bewußtseinsgegebenheit; nur die Schärfe und Anspannung der Aufmerksamkeit unterlägen der willentlichen Kontrolle, so daß es gegen den Irrtum nur die Anstrengung und die Konzentration, nicht aber neue Kriterien und Mittel zur Gewährleistung der Evidenz gäbe.[13] Diese Ablehnung der voluntaristischen Logik des Descartes bedeutet nun nicht nur, daß Leibniz die cartesische Behebung des Argumentes vom betrügerischen Geist für nicht stichhaltig hält, sondern weit radikaler, daß er jenes Argument, das er als eine *exotica fictio* bezeichnet, als überhaupt nicht widerlegbar und damit als einen unausschaltbaren Unsicherheitsfaktor ansieht. Aber die Geschichte läßt sich nicht umkehren oder zurückspulen, das Argument war einmal ausgesprochen, und zwar historisch motiviert und unumkehrbar ausgesprochen, und die Einsicht in seine Unwiderlegbarkeit war ein *Faktum*, mit dem man sich nur noch arrangieren konnte.

Leibniz setzt dazu an, indem er fragt: Was bedeutet es überhaupt, daß in dem cartesischen Zweifelselement von einem Betruge gesprochen wird? Er antwortet: Gott könnte aus schwerwiegenden Gründen (*ob graves quasdam rationes*), die wir nicht kennen und uns auch nicht vorstellen können, zulassen, daß unsere Vorstellungen von einer bewußtseinsunabhängigen Natur keine Fundierung in der Existenz ihrer Gegenstände hätte. Dann aber wäre dieser göttliche Ratschluß *sine nota deceptoris*, er machte Gott nicht zum Betrüger am Menschen. Aber was bliebe dann *für uns übrig*, wenn die in unseren Vorstellungen gemeinte Wirklichkeit nicht das wäre, als was wir sie uns nur vorstellen können? Leibniz macht geltend, daß es zur Beantwortung dieser Frage ganz gleichgültig sei, was unseren Vorstellungen jenseits ihrer selbst entspricht, was dieser Immanenz ihr notwendig vermeintes transzendentes Korrelat gibt. Unser Wirklichkeitsbewußtsein sei nämlich gar nicht auf diese transzendente Implikation gestützt und angewiesen. Hier treibt Leibniz so etwas wie Phänomenologie. Er beschreibt einfach dieses Wirklichkeitsbewußtsein und führt dessen transzendente Implikation auf dessen immanente Struktur zurück. Die Einstimmigkeit der Gegebenheiten untereinander, ihr gleichsam horizontaler Konnex, die Konstitution eines lückenlosen, sprungfreien, nicht in Enttäuschung zerbrechenden Prospektes gibt uns jene kategorische Gewißheit, mit einer Realität konfrontiert zu sein. Mehr als diese eindimensionale

13 [R.] Descartes[,] Principia [philosophiae. In: Œuvres, hrsg. v. C. Adam und P. Tannery. Paris 1982. Bd. I,] 31.

Konsistenz dürften weder die Skeptiker fordern noch die Dogmatiker versprechen. Und dies ist nun der Punkt, an dem Leibniz uns den Zusammenhang unserer Überlegungen selbst anbietet: Er macht eine ausdrückliche Anspielung auf das platonische Höhlengleichnis, und zwar in einer eigentümlichen, mit der Traumhöhle des Morpheus bei Ovid zusammengewachsenen Gestalt.[14]

Als Beispiel für die schwerwiegenden Gründe, die Gott gehabt haben könnte, dem Menschen nicht das zugänglich zu machen, was an sich ist, führt Leibniz die neuplatonische Weiterführung des Höhlengleichnisses an, in der eine Ätiologie für den Aufenthalt der Gefangenen in der Höhle versucht worden ist, die Plato dem Gleichnis nicht mitgegeben hat: Die Seelen könnten, so sagt Leibniz, durch eine eigene frühe Schuld verdient haben, in dieses Leben voller Täuschung verbannt zu werden, *ubi umbras pro rebus captent, a quo Platonici non videntur abhorruisse, quibus haec vita velut in antro Morphei somnio similis visa est* ... Aber das Interesse Leibnizens ist nicht auf die Vorgeschichte dieses Zustandes gerichtet, sondern auf dessen immanente Struktur. Und da ist nun das Entscheidende, daß der zur Definition des Betruges notwendige Schaden für die Insassen der Traumhöhle keine Bedeutung hat, ja, daß ein eigentlicher Schaden erst dadurch entstehen würde, daß sie aus der Illusion herausgerissen würden: *cum potius ingratum nobis futurum sit non falli.* In der druckfertigen Vorlage des Textes, der freilich zu Lebzeiten Leibnizens niemals gedruckt werden sollte, hat Leibniz dieses *non falli* abgeschwächt in ein: *nunc quidem res aliter videre*, eine für Leibniz sehr charakteristische Korrektur.

Was bedeutet nun diese Anspielung? Nicht mehr und nicht weniger, wie ich meine, als eine deutliche Kritik an der paideutischen Konsequenz des Höhlengleichnisses, an der in ihm von Plato entwickelten Forderung der Blickwendung und des Höhlenaustritts, letztlich am Absolutismus des von Plato gegen die Sophistik zur Bewältigung der sophistischen Erfahrung gesetzten Wirklichkeitsbegriffs. Das in einer bruchlos-einstimmigen Sphäre von Bildern lebende Bewußtsein be-

---

14 [G.W.] Leibniz, Animadversiones in partem generalem Principiorum Cartesianorum. [In: Die philosophischen Schriften von Gottfried Wilhelm Leibniz. Berlin 1875-1890, Nachdruck Hildesheim, New York 1978. Bd.]IV[,] 367.

sitzt das, was ihm als Wirklichkeit genügen kann, es widerstrebt der Durchbrechung des Prospektes, vor dem es existiert, es widersetzt sich der Enttäuschung, und es würde durch einen denkbaren äußeren – und sei es auch göttlichen – Eingriff in diese seine Welt erst jene irreparable Schädigung erfahren, die nach Leibniz zum Betruge gehört.

Weshalb wäre aber dies, was bei Plato noch Befreiung zur endgültigen Wahrheit war, ein irreparabler Schaden? Weil es für Leibniz zwar vielleicht in diesem hypothetischen einen ontologischen Komparativ geben könnte, aber nicht den platonischen ontologischen Superlativ, die unmittelbar ansichtige Evidenz der Wirklichkeit in letzter Instanz. Noch 1714 hat Leibniz im Entwurf eines Briefes an Rémond, den er freilich wegen der Schärfe der dort gewählten Formulierungen nie aus der Hand gegeben hat, diesen Wirklichkeitsbegriff in Verbindung mit Plato gebracht. Die Erscheinungen der Körperwelt sind Wirklichkeit – in seiner Sprache: sind wohlbegründet –, insofern sie einen einstimmigen Zusammenhang bieten: *cette apparence a de la vérité en tant que ces phénomenes sont fondés, c'est-à-dire consentans.* Diese Einstimmigkeit, dieses Miteinander-bestehen-Können, macht die Erscheinungswelt äquivalent einer Sphäre des exakten und in keinem Erwachen abgebrochenen Träumens: *comme des songes exactes et perseverans.*[15] Von *diesem* Sachverhalt habe Plato schon etwas gesehen, stellt Leibniz ausdrücklich fest.

Die materielle Wirklichkeit ist ein Schatten, schreibt Leibniz 1716 an Masson, und sie sei, obgleich nur Phänomen, doch keine Täuschung, schreibt er in demselben Jahr an Dangicourt. Die Spuren der Sprache des platonischen Gleichnisses sind bei Leibniz unübersehbar. Aber die Berufung auf Plato treibt die Differenz der Wirklichkeitsbegriffe nur um so schärfer heraus. Wenn Leibniz von der *materia imaginum* spricht, so sind nicht mehr Bilder gemeint, die als Abbilder auf Urbilder verweisen und damit aus der Sphäre des Bildes auf das in ihm Repräsentierte zurückwerfen. Leibnizens Rede vom Bild meint etwas Originäres, Autonomes, eine Sphäre, hinter die man nicht zurückgehen kann,

15 [G.W. Leibniz, Brief an Rémond (Juli 1714). Nicht abgesandte Beilage zum Brief. In: Die philosophischen Schriften von Gottfried Wilhelm Leibniz. A. a. O. Bd.] III[,] 622-624.

ohne sich im ganz und gar Heterogenen zu verlieren; seine Bilderwelt ist eine Welt von Symbolen, nicht von Darstellungen, und wenn man für diese Symbole etwas anderes einsetzte, so erhielte man wiederum nur eine Sphäre, die allein durch ihre widerspruchslose Einstimmigkeit Wirklichkeitscharakter haben könnte. *Compatibilitas* ist die einzige *ratio existendi*, nicht nur in dem zumeist beachteten vordergründigen Sinne, daß die Widerspruchslosigkeit des Weltsystems das Kriterium der Wahl des göttlichen Schöpfers aus der Unendlichkeit des Möglichen war, sondern auch und logisch primär in dem Sinne, daß die Verträglichkeit der Erscheinungen untereinander der einzige zureichende Grund für den Menschen ist, ihnen Wirklichkeit zuzusprechen, sich von ihnen verbindlich und unüberschreitbar affizieren zu lassen. Nirgendwo hat hier das Bedürfnis eines Betrogenen, eines in Illusionen Eingewiegten Platz, nach Aufklärung, höherer Wahrheit, Befreiung vom Vorläufigen zu verlangen. Für die nackte Zugänglichkeit einer ›Wirklichkeit an sich‹ gibt es nicht nur keinen zureichenden Grund, sondern nicht einmal die Möglichkeit, sich diesen höheren Grad der Gegebenheit formal zu definieren. Für Leibniz ist verständlich geworden, daß der Gefangene der platonischen Höhle nicht ohne Gewaltsamkeit in die höhere Welt des reinen Lichtes geführt werden kann – und diese Gewaltsamkeit wird ins Unrecht gesetzt.[16]

Die Dinge nicht so zu sehen, nicht so sehen zu können, wie sie von einem absoluten Standpunkt aus sich darbieten könnten, hat für Leibniz keinen Schrecken bei sich. Und nicht nur für Leibniz, sondern auch für sein Zeitalter, eine Epoche, die in ihrer ersten großen Selbstgestaltung, im Barock, die Welt als Traum, die Welt als Theater sehen konnte. Diese Metaphern des Zeitalters sind nicht mit negativen Implikationen geladen, sie haben nichts mehr an sich von der nominalistischen Kruditat des Gedankens, daß die Schrecken und Täuschungen der Welt die Freuden eines unbegreiflichen göttlichen Zuschauers sein könnten. Von hier aus wird deutlich, weshalb das Höhlenhafte und Verschlossene der fensterlosen Monade für das Zeitalter kein negatives Vorzeichen tragen konnte. Für Leibniz steht hinter der Vorstellung von der immanenten

16 [Plato, Der Staat,] 515 e 5 [resp.] 516 a 1 [:] ἐντεῦθεν ἕλκοι τις αὐτὸν βίᾳ ... εἰς τὸ τοῦ ἡλίου φῶς ἆρα οὐχὶ ὀδυνᾶσθαί τε ἂν καὶ ἀγανακτεῖν ἑλκόμενον.

Spontaneität und imaginativen Produktivität der Monade das Modell des Menschen, der in seinem Zimmer, ja mit geschlossenen Augen, die Zeichenwelten der Arithmetik und Geometrie aus sich zu erzeugen vermag (*se fabriquer ... dans son cabinet*).[17] Daß Leibniz für die Entwicklung der deutschen Ästhetik des achtzehnten Jahrhunderts eine so große Bedeutung bekommen konnte, obwohl er selbst unter dem unübersehbaren Vielen, das seiner Aufmerksamkeit gewürdigt wurde, der Kunst keinen erkennbaren Platz einräumte, läßt sich nur im Zusammenhang dieses Wirklichkeitsbegriffs verstehen. Die Einsicht, daß wir das Bild nicht überschreiten können, daß das Zurückschieben des einen Prospektes nur unendliche Tiefen neuer Prospekte eröffnen würde, die man durchschreiten würde, ohne daß je eine Szenerie sich als letzte und hintergrundlose ausweisen könnte, die Einsicht, daß Bilder ihre Evidenz haben können, ohne je letzte Substanzialität zu geben, hat der Kunst ihre nie zuvor gekannte metaphysische Dignität zugeführt. Leibniz konnte sagen, und er hat es wiederholt und in verschiedenen Zusammenhängen gesagt, daß Erkenntnis sich auch im Traume gewinnen lasse. Zu diesem Punkt ist dann wieder Husserl gelangt, und zwar von ganz anderen Voraussetzungen ausgehend, als er die freie Variation, den Gebrauch der Imagination, zur Erkenntnisquelle phänomenologischer Evidenz erhob. Zwei kurze begriffsgeschichtliche Hinweise gehören in diesen Zusammenhang. Leibniz definiert *realitas* durch logische Konsistenz (*compatibilitas*): Das *plurimum realitatis* ist identisch mit dem *plurimum possibilitatis. Realitas* bedeutet nicht Existenz, Sein als gegenständlich zusprechbares Prädikat, sondern *existere posse*. Leibniz hat immer wieder eine Theorie der Wahrscheinlichkeit, eine *logica probabilium*, gefordert, und wir verstehen jetzt, in welchem systematischen Kontext das steht. In der antiken Metaphysik, wie wir sie an Plato vorgeführt haben, hat jedes Seiende seine eigene, in seiner Wesensgestalt beschlossene und begründete Legitimität. Bei Leibniz läßt sich dieser Aspekt nur für das ganze Universum, für den totalen Ereignisverband einer Welt gewinnen. Realität ist Ausdruck der formalen

---

17 [G.W. Leibniz,] Nouveaux essais [sur l'entendement humaine. In: Philosophische Schriften, hrsg. v. der Deutschen Akademie der Wissenschaften zu Berlin. Bd. VI. Berlin 1962, 45.]

Bestimmtheit eines Systems, nicht eine Quasi-Qualität, die jedem Seienden für sich zugesprochen werden könnte. Dazu gehört eine zweite begriffsgeschichtliche Notiz. Leibniz hat eine neue und eigentümliche Definition für den Begriff der *Evidenz* gegeben, und zwar sagt er: *ea per se evidentia esse, quibus sublatis omnibus sublata est veritas.*[18] Das bedeutet, daß nicht Wahrheiten als solche in Evidenz gegeben sein können, sondern daß Evidenz die Bedingung der Möglichkeit von Wahrheiten ist. Die Wahrheit konstituiert sich nicht aus Evidenzen, Evidenz ist nicht so etwas wie ein Merkmal des Wahren, sondern ist ein systematisch funktionaler Inbegriff von Bedingungen, unter denen Wirklichkeit bestehen, anerkannt werden und in Wahrheiten erfaßt werden kann. Die optische Metaphorik, in der sich der antike Wirklichkeitsbegriff niederschlug, ist aus der sprachlichen Erfassung des Umganges mit Wirklichkeit verbannt.

Aber ist, so könnte man fragen, das Leibnizsche *consentement*[19] nicht im Grunde dasselbe, was Newton gemeint hat mit seinem berühmten Satz: *natura est semper sobi consona*, die Natur ist immer mit sich selbst in Übereinstimmung? Dieser Einwand verhilft uns vielleicht noch zu einer letzten Verschärfung unseres Verständnisses des Wirklichkeitsbegriffs von Leibniz. Denn hier besteht eine ganz entscheidende Differenz. Newtons Satz ist ein metaphysischer Satz, der besagt, daß die Natur dieses Merkmal der immanenten Einstimmigkeit mit sich selbst hat. Und worauf es für Newton ankommt, ist die *erkenntnistheoretische* Konsequenz, die aus dieser Aussage gezogen werden kann, daß nämlich die Gesetzlichkeit der Natur als der eigentliche Gegenstand von Naturforschung verbürgt sei im Sein der Natur selbst und dadurch dem Menschen die niemals voll zu legitimierende Verallgemeinerung seiner Naturerfahrung gestattet. Für Leibniz bedeutet dieselbe Aussage die phänomenologische Beschreibung derjenigen Voraussetzung, unter der wir Natur überhaupt erst als uns gegeben erkennen können, die Bedingung dafür, daß ein Bewußtsein von verläßlicher Wirklichkeit über-

18 [L.] Couturat [(Hrsg.), Opuscules et fragments inedits de Leibniz. Paris 1903,] 183.

19 [G.W. Leibniz, Brief an Rémond (Juli 1714). Nicht abgesandte Beilage zum Brief. In: Die philosophischen Schriften von Gottfried Wilhelm Leibniz. A.a.O. Bd. III,] 623.

haupt entstehen kann. Wir werden uns nun fragen müssen, ob die Wendung, die Leibniz dem Wirklichkeitsbegriff gegeben hat und die sich in seiner Kritik an dem platonischen Höhlenmodell uns dargestellt hat, genügt, um für den Wirklichkeitsbegriff der ganzen Epoche einzustehen.

Leibniz scheint an *einem* Punkt des Höhlengleichnisses keinen Anstoß genommen zu haben, auf den ich schon hingewiesen habe, nämlich an der Einsamkeit der dort als möglich angenommenen letzten Wirklichkeitserfahrung. Der aus der Höhle befreite Gefangene ist im Anblick der Lichtwelt des Wirklichen genauso einsam, so monadisch, wie er in der Höhle angesichts der Schatten war. Das ist dort kein Mangel, denn diese Wirklichkeit bedarf nur des *einen* Auges, der *einen* Erfahrung, um sich in ihrer ganzen Evidenz darzubieten, in allem, was sie zu geben und verbindlich zu machen hat. Es konnte daher im Horizont des antiken Wirklichkeitsbegriffs stellvertretende Erfahrung geben, die als exemplarischer Vollzug dem Philosophen anvertraut sein konnte und aus der er seine Autorität als Lehrer und Übermittler der Wahrheit zog. Die Sprache tritt erst in ihre Funktion, wenn die Wirklichkeitserfahrung selbst gemacht ist und nun als Lehre an die anderen, Nichterfahrenden übermittelt werden soll. Die Gemeinschaft der Subjekte ist zweistufig, eine Beziehung von Lehrenden und Lernenden, kein Verhältnis der *primären* Verständigung, sondern der *sekundären* Übermittlung. Darin liegt eine hintergründige Gemeinsamkeit noch der sophistischen und der platonisch-metaphysischen Voraussetzungen. Für beide Anschauungen ist Wirklichkeit ja so etwas wie eine Qualität des Gegebenen, für die einen eine herstellbare und manipulierbare, für die anderen eine in letzter Gegebenheit ruhende und unantastbare; aber gerade darin liegt begründet, daß der einzelne Wirklichkeit nicht weniger zu erfahren vermag als ein in sprachlicher Verständigung stehender Verband von einzelnen, die auf dieselbe Gegebenheit bezogen sind.

Ich möchte nun die These aussprechen, daß sich der neuzeitliche Wirklichkeitsbegriff nicht angemessen auslegen läßt, ohne den Bezug auf eine Verständigungsgemeinschaft der Subjekte, ohne die Sprachlichkeit im Komplex der Erfahrung selbst in diese Konzeption einzuschließen. Aber wie sieht es damit bei Leibniz aus? Das ist ein sehr kompliziertes Problem. Die Pluralität der Monaden ist etwas völlig anderes als die

Vielheit der Individuen einer Spezies in der traditionellen Metaphysik seit der Antike. Die Pluralität der Monaden ist essentiell, nicht faktisch; die einzelne Monade ist nicht nur die Reproduktion einer Matrize. Ich brauche das nicht weiter auszuführen, es ist auch nicht einmal eigenstes Gut von Leibniz, sondern schon das zu Ende gehende Mittelalter ist unter der Voraussetzung seines Schöpfungsbegriffs und der in ihm verwurzelten Anthropologie über den antiken Begriff der Individuation weit hinausgekommen. Aber bei Leibniz kommt etwas für unser Problem ganz Wesentliches hinzu. Die Einzigkeit jeder Monade ist nicht nur ein definitorischer Merkmalskomplex, sondern sie ist zugleich ein Inbegriff von Bedingtheiten ihrer möglichen Erfahrung. Die Welt ist jeder Monade in einer perspektivischen Einzigkeit ihres Aspektes eingegeben. Man könnte vielleicht sagen, das Bewußtsein der perspektivischen Endlichkeit der Erfahrung des Subjekts sei das wesentliche und bleibende Erbe der kopernikanischen Reform an die Neuzeit, ein Erbe, das in der Monadenlehre von Leibniz seine metaphysisch-systematische Explikation erfahren hat. Descartes und Bacon und noch Newton beruhen insofern noch auf traditionellen Voraussetzungen, als sie glaubten, daß sich die individuelle Standortbedingtheit der Erfahrung durch Akte der methodischen Elimination beheben ließe. Das Ideal der Objektivität ist hier angesetzt als Aspektausschaltung. Bei Leibniz ist das nicht mehr möglich. Aber die Schärfe des Problems ist auch bei ihm noch durch den metaphysischen Rekurs auf Gott, den er in der Konzeption der prästabilierten Harmonie trotz seiner Descartes-Kritik vorgenommen hat, verdeckt. So ist zum Beispiel metaphysisch garantiert, daß alle Aspektmöglichkeiten in der Pluralität der Monaden ausgeschöpft werden. Es ist die Konzeption, die noch Fichte in einem anderen systematischen Zusammenhang so formuliert: *Es werden alle möglichen Individuen, sonach auch alle möglichen Gesichtspunkte des Bewußtseins wirklich. Dieses Bewußtsein aller Individuen zusammengenommen macht das vollendete Bewußtsein des Universums von sich selbst aus.*[20] Was man an dieser Konzeption leichtfertig nennen könnte, was den Rückstand der Philosophie in der Explikation des neuzeitlichen Wirk-

20 [J.G. Fichte,] Die Bestimmung des Menschen[, hrsg. v. F. Medicus. Leipzig 1921], 22.

lichkeitsbegriffs der Kritik anzeigt, ist das Wort ›zusammengenommen‹. Wenn auch deutlich genug zutage tritt, daß das neuzeitliche Wirklichkeitsbewußtsein wesentlich bezogen ist auf eine Pluralität der Subjekte, so ist doch die Vorstellung einer bloßen Addition der für sich vollzogenen Erfahrung nicht ausreichend. Vielmehr muß der Ansatz Leibnizens, daß Wirklichkeit durch die Einstimmigkeit der Erfahrung konstituiert wird, in Verbindung gebracht werden mit der Idee der perspektivischen Einzigkeit der Monade, so daß die Bedingung der Einstimmigkeit gerade durch den funktionalen Komplex der Monaden erst erfüllt werden kann. Solche funktionale Interdependenz der Subjekte ist aber im System von Leibniz durch die traditionsbedingten Elemente seines Systems und durch die alle Schwierigkeiten vorschnell behebende Hilfsvorstellung der prästabilierten Harmonie nicht aktuell geworden. Wovon ich spreche, ist das Problem der Intersubjektivität in seinem Zusammenhang mit dem Wirklichkeitsbegriff. Ich kann nicht zeigen, wie sich dieses Problem nach Leibniz weiterentfaltet hat. Ich möchte nur noch kurz seinen Stand bei dem Denker berühren, der diesen ganzen Problemzusammenhang am schärfsten durchschaut und beschrieben hat: bei Edmund Husserl. Wir dürfen gerade bei diesem Problem die Entwicklung nicht außer acht lassen, die zwischen 1900 und 1937 die Phänomenologie erfahren hat. Husserl hat als Mathematiker begonnen und mit einer »Philosophie der Arithmetik« seine lebenslängliche philosophische Abschweifung eingeleitet. So steht am Anfang aller seiner Bemühungen das Ideal der mathematischen Evidenz als Norm für die erfüllte Intentionalität des Bewußtseins überhaupt, die er mit einem glücklichen Ausdruck als Selbstgegebenheit bezeichnet. Aber unter diesem Ideal wird die Wirklichkeit der Welt und ihrer Gegenstände gleichgültig gegenüber der Anschauung der bloßen Möglichkeit, der Imagination, der frei phantasierenden Variation – immer kommt es nur auf den eidetischen Gehalt an, der aus jeder dieser Gegebenheitsweisen herausgehoben werden kann. Die Methode der Phänomenologie ist demgemäß die unermüdlich verfeinerte und kritisch raffinierte Reduktion, die Abspaltung und Sistierung gerade derjenigen Charaktere am Gegebenen, die es für das Subjekt mit der Andringlichkeit und Bezugsfülle des Wirklichen ausstatten.

Für die *Vollkommenheit in der Vorstelligmachung des Gegenstandes* ist es bezeichnend,[21] daß Husserl die Metapher gebrauchen kann, sie sei das Wesen in seiner ›*leibhaften*‹ *Selbstheit* erfassend.[22] Evidenz definiert Husserl als *ursprüngliches Auftreten als es selbst.*[23] Man könnte sagen, das alles sei der aus dem Cartesianismus wieder herausgehobene antike Rest, und es ist sicher richtig, daß die Tradition der Selbstdeutung der Mathematik ihre antiken Voraussetzungen am reinsten und am längsten bewahrt hat. Den Schritt über den Cartesianismus hinaus hat Husserl erst getan, als ihm aufging, daß die von ihm herausgearbeitete Struktur der Selbstgegebenheit des Gegenstandes nicht nur für den Einzelgegenstand gilt, sondern darüber hinaus die Analyse der Totalität des Erfahrungszusammenhanges bestimmt. So wie die Selbstgegebenheit die Regel der Einheit derjenigen Akte ist, die *einem* Gegenstand zugeordnet sind, ist sie auch die strukturierende Idee der Einheit des Bewußtseins in seinen Erfahrungen. Und hier wird Husserl gewahr, daß die von ihm in der phänomenologischen Reduktion ausgeschaltete Generalthesis der Wirklichkeit nicht so etwas wie eine beliebig abhebbare Zutat zu den immanenten Bewußtseinsinhalten ist, sondern das Korrelat eben jener sich erfüllenden *universalen Normalstimmigkeit*, in der zugleich das Bewußtsein sich in seiner Identität selbst behauptet und bewahrt.[24] Die *Idee eines unendlichen, in sich geschlossenen Systems möglicher Erfahrungen* ist der *ständige Vorgriff* des Bewußtseins auf alles, was ihm begegnet, und im Horizont dieses Vorgriffs, den Husserl auch als ›*intentionale Implikation*‹ bezeichnet, bildet sich in der unausgesetzten Bewährung der faktischen Erfahrung an dieser *unendlichen Antizipation* das Bewußtsein von Wirklichkeit. Husserl hat die Leistung dieser Normalstimmigkeit des Bewußtseins wiederholt mit dem Gedankenexperiment beschrieben, daß die Erfahrung eines Gegenstandes oder der Erfahrungszusammenhang überhaupt explodiert durch ein den Vorgriffshorizont sprengendes Datum im Erfahrungsstrom.

Bis hierher hat Husserl *deskriptiv* den Weg nachvollzogen, der zwi-

---

21 [Husserliana XIX, 117.]

22 [Husserliana III/1, 11.]

23 [Husserliana XVII, 53.]

24 [Husserliana] VI, 464.

schen Descartes und Leibniz *spekulativ* durchschritten worden war. Aber an diesem Punkte geht Husserl eine Gefahr auf, die Leibniz auf einer noch unangetasteten Basis der metaphysischen Tradition nicht akut erscheinen konnte: die Gefahr der solipsistischen Interpretation dieses Wirklichkeitsbegriffs, die sich aus der Ununterscheidbarkeit von Wirklichkeit und Bildlichkeit unaufhaltsam nahelegt. An dieser Stelle ist Husserl zur Analyse der Intersubjektivität und ihrer Bedeutung für das Wirklichkeitsbewußtsein vorgestoßen. Husserl sah, daß der Horizont der Vorgriffe und Implikationen, innerhalb dessen sich das Wirklichkeitsbewußtsein konstituiert, nicht nur ein Feld gegenständlicher Antizipationen ist, sondern ein von der Miterfahrung anderer Iche umstelltes und auf sie immer mitbezogenes Feld. Descartes hatte versucht, die Wirklichkeit vom Ich als dem, wie Husserl sagt, *Residuum der Weltvernichtung* her gleichsam *zurückzugewinnen.* Aber eine nur eigene, nur meinige Welt, in der andere Menschen nur als wahrnehmbare Organismen oder gar Automaten vorkommen, hätte keinen Wirklichkeitssinn. Nur in der ›intermonadologischen Gemeinschaft‹ wird die von Husserl ›primordinal‹ genannte Sphäre der bloßen Bewußtseinsgegebenheit transzendiert und mit dem Index einer Gegebenheit *für alle* Subjekte unter jene Generalthesis gestellt, die Husserl früher in der phänomenologischen Reduktion ausgeklammert hatte.

Hier wäre der Ansatz für eine Phänomenologie der Sprache und der Intersubjektivität als einer Verständigungsgemeinschaft gewesen. Daß Husserl diesen Ansatz nicht wahrgenommen hat, liegt an einem Verlust gegenüber der von Leibniz schon errungenen Einsicht in das Wesen der Pluralität eines Monadenalls, der Husserl zu seiner zu eng angesetzten Analyse der ›Fremderfahrung‹ entstand. In Husserls Auslegung der Fremderfahrung als ›Appräsentation‹ sucht diese das andere Ich als Reduplikation des eigenen Ichs zu erfassen. Sprache würde hier zu einem Medium ideal restloser Übertragbarkeit von Inhalten, einem Vermittlungsorgan, das die Okkasionalität des jeweils Sprechenden und jeweils Hörenden zum Verschwinden zu bringen vermag. Die Perspektivität des Subjekts würde in der Sprache ausgefällt; seit den »Logischen Untersuchungen« glaubte Husserl an die Möglichkeit reiner Bedeutung. Aber gerade eine Phänomenologie, die die Perspektivität der Sprache, die Okkasionalität ihrer Bedeutungen festhielte, könnte den

Wirklichkeitsbegriff als das Korrelat der unüberschreitbaren Aspektbedingtheit aller Erfahrung und ihres Einströmens in die Verständigungsgemeinschaft herausarbeiten. Das Versagen im Sagen, das ständige Zurückbleiben der Sprache hinter dem Anspruch dessen, worüber sie Verständigung ermöglichen will, ihr Selbstungenügen als Antrieb ihrer geschichtlichen Lebendigkeit, ihr unaufhebbares Bedrohtsein vom Verfall in die ›bloßen Worte‹, in Scholastik – das alles sind Indizien einer letzten Unverfügbarkeit und instrumentalen Unauflösbarkeit dessen, womit sie Umgang hat, der Wirklichkeit also als einer niemals im Subjekt und in Subjekten aufgehenden Widerständigkeit.

Ein Rückblick auf unsere Überlegungen darf die Begrenztheit und Vorläufigkeit ihres Themas nicht übersehen. Wir haben den antiken und den neuzeitlichen Wirklichkeitsbegriff zu konfrontieren versucht. Ein solches Verfahren ist methodisch höchst bedenklich – nicht nur, weil es mit dem als repräsentativ ausgewählten ›Präparat‹ arbeiten muß, sondern noch mehr, weil es die Sinnauthentizität der Epochen – durch Isolierung aus dem geschichtlichen Prozeß – überschärft. Die Konfrontation der epochalen Wirklichkeitsbegriffe ist nicht eine letzte Antwort auf eine letzte Frage – man stände dann vor einer fundamentalen Faktizität, wäre zum verkappten Positivismus einer ›Seinsgeschichte‹ mit unbegründbaren Metakinesen, Verbergungen und Entbergungen, pseudotheologischen ›ewigen Ratschlüssen‹ des Seins also, genötigt. Unsere Fragestellung ist kein ›letztes Thema‹ – im Gegenteil. Sie will neue Thematisierungen erschließen. Sie eröffnet das Problem, wie die Genesis eines epochalen Horizontes von Wirklichkeit ihrerseits als Geschichte verstanden werden kann, wie das Ungenügen, ja die Not eines Wirklichkeitsverständnisses *akut* werden und zur Notwendigkeit einer neuen tragenden Konzeption drängen kann. Ich habe das am Übergang von Descartes zu Leibniz nur andeuten können. Eine weitere Thematik, die ich nur eben berühren konnte, ist die Interpretation der Phänomene einer Epoche aus der Sinnstruktur und Sinneinheit ihres Wirklichkeitsbegriffs.

Eine weitere und nun ganz radikale Frage ist die nach dem Zusammenhang von geschichtlicher Konstitution des Wirklichkeitsbegriffs und Freiheit – oder, anders formuliert: nach der Verantwortung für diese Geschichte des Wirklichkeitshorizontes. Das berührt aktuell unsere

Situation und den in ihr kritisch gewordenen Wirklichkeitsbegriff der Neuzeit. Läßt sich eine neue Konzeption diskutieren, ohne den definitiven Ernst und die Irreversibilität des Ereignisses ›Neuzeit‹, die Unwiederholbarkeit ihres Ansatzes in Frage zu stellen? Unser Thema hat aber diese Fragen nicht nur aufgeworfen und damit zur Vermehrung der Ratlosigkeit beigetragen. Es suchte zugleich nach den Orientierungen, die eine Auseinandersetzung mit diesen Fragen ermöglichen könnten.

II
Antiker und mittelalterlicher Wirklichkeitsbegriff

Der Wirklichkeitsbegriff einer Epoche bleibt in ihren Zeugnissen stumm. Er ist mit den klassischen Mitteln der historischen Dokumentation nicht zu belegen. Das ist kein zufälliger Mangel, sondern wesentlich begründet in der eigentümlichen Selbstverständlichkeit, mit der das Wirkliche sich jeweils als solches ausweist. Dieser Selbstausweis ist weitgehend nackte Lebensbedingung und insoweit gesichert gegen Problematisierung. Problematisierung ist Luxus. Sie wird erst dann vorgenommen, wenn ihr Risiko nicht mehr letal ist, und von denen vorgenommen, für die es am wenigsten letal werden kann. Der beamtete Lehrer ist der geborene Problematisierer.

Jede geschichtliche Gegenwart macht von ihrem Wirklichkeitsbegriff ständig Gebrauch – also mehr als von jedem anderen ihrer expliziten Begriffe –, aber nicht in der Weise, daß sie von ihm redet. Erst dadurch, daß das Verständnis von Wirklichkeit selbst Geschichte hat, der Geschichte unterliegt, daß es also abgelöst werden kann und abgelöst wird durch ein anderes Verhältnis zur Wirklichkeit – erst dadurch entstehen überhaupt charakteristische Zeugnisse für den Wirklichkeitsbegriff. Sie sind Zeugnisse der Kritik am Wirklichkeitsverhältnis der jeweils vergangenen Geschichtsphase, und zwar gerade dadurch, daß sie dieses überhaupt auszusprechen für nötig befinden, und durch die Antriebe, die dies nötig machen. Solche Zeugnisse geben uns überhaupt Aufschluß über den Wandel der Merkmale, an denen sich Realität herausstellt und kraft deren sie sich als solche durchsetzt.

Für diesen Sachverhalt gilt Hegels Verdikt über die Philosophie, daß die Eule der Minerva ihren Flug erst in der Dämmerung beginnt. Nur begreifen wir anders, weshalb das so ist. Nicht weil die Arbeit des Begriffs die späte oder gar letzte ist, sondern weil der Sachverhalt erst zutage tritt, wenn die triviale Selbstverständlichkeit seiner Geltung durchbrochen wird, wenn die Überholtheit der Formeln, in denen sich der implikative Begriff verbirgt, den Hohn seiner Kritiker hervorruft. Es ist immer zu spät, über die schon eingetretene Unverbindlichkeit nicht nur der Normen, sondern auch der letzten Begriffe von Wirklichkeit zu spotten; aber es ist nicht zu spät zu begreifen, wie der Mechanismus der Selbstverständlichkeit funktioniert, wenn man sich der Drohung seiner Dekadenz bewußt wird. Wir gewinnen dadurch, daß wir Geschichte haben und sie sich uns in den Formeln der Entleerung und Verblassung präsentiert, zumindest an Aufmerksamkeit für das, was uns evident erscheint, es aber nicht dauerhaft sein muß.

Aufschlußreich für kritische Umbruchsituationen im elementaren Untergrund der Implikationen, die nicht das Unbewußte sind, ist die sich äußernde Enttäuschung über die Leere der Sprache. Es würden ›bloße Worte‹ gemacht, es würde nicht von den Sachen selbst und nicht von den Realitäten, auf die es ankomme, gesprochen, es würde um die Sache herumgeredet, es sei alles bloße Rhetorik – dieser Komplex von Vorwürfen und Vorhaltungen ist ein wichtiges Indiz für die Krise, in die die Sprache gerade dadurch kommt, daß es unsicher geworden ist, welches die letzte Instanz für alles Sprechen sei, welches das Kriterium sei für Realismus, für den Wirklichkeitszugang. Es ist die Entdeckung der Renaissance, die doch ihrerseits für unser Verständnis hochgradig rhetorisch ist, daß die Scholastik aus bloßen Begriffskunststücken und leeren Worthülsen ihre Summen aufgebaut habe. Da entsteht dann auch, wie etwa bei Francis Bacon, der Verdacht, die Sprache gehöre zu den großen Verführern des Menschen. Sie mache ihn zu seinen Illusionen zumindest geneigt. Sie sei das Medium der sozialen Unwahrhaftigkeit. Sie lasse vergessen, daß sie zumindest einen Anfang habe oder nehmen müsse bei den einfachen Sachverhalten, den schlichten Wahrnehmungen, den nackten Wahrheiten. So erwehrt sich der Positivismus noch der vermeintlichen Spätform von Metaphysizismen mit seiner Forderung, alles auf Protokollsätze zu reduzieren, in denen dem Atomismus der Natur der Atomismus der Sprache angeglichen werden soll. So widersetzt sich die beginnende Phänomenologie dem Anspruch der sich der Physik annähernden Psychologie, alles durch den Mechanismus der Assoziationen erklären zu können, indem sie das Postulat der ausschließlichen und strikten Beschreibung von Anschauungen aufstellt. Das verbindet sie mit der Erwartung oder der Erweckung der Erwartung, nun endlich werde durch die Verkleidungen der sprachlichen Konvention und der wissenschaftlichen Fachterminologien durchgestoßen ›zu den Sachen selbst‹.

Es gilt heute als beschlossene Sache, daß der Mensch, wenn nicht der Gefangene der Sprache, so doch ihr Verführter sei. Aber in der Erfahrung, daß die Sprache in Krisen geraten kann, wird doch diese Gefangenschaft aus der Situation der Entlassung gedeutet. Damit zugleich wird auch in Erfahrung gebracht und in Wachsamkeit umgesetzt, daß sie nicht das notwendige und undurchbrechbare Verhängnis ist. Darin liegt die Bedeutung der geschichtlichen Krisen des Wirklichkeitsbewußtseins und ihrer sprachlichen Manifestation.

Wirklichkeit ist ein Kontrastbegriff. Für den Wirklichkeitsbegriff können sprachliche Äquivalente dem lexikalischen Bestand nicht leicht entnommen werden. Der Grund dafür ist seine vorwiegend pragmatische Funktion. Für diese ist die Vermeidung des Unwirklichen noch wichtiger als das Auftreffen auf das Wirkliche. Wirklich ist, was nicht unwirklich ist. Diese Formel verweist auf den Umweg über das, was jeweils unter der Schwelle nicht so sehr der Wahrnehmbarkeit als vielmehr der Wahrnehmungswürdigkeit, der Beachtbarkeit, der Einkalkulierbarkeit liegt. Die Geschichtlichkeit des Wirklichkeitsbegriffs beruht gerade darauf, daß die Möglichkeiten von Unwirklichkeit unerschöpflich sind und jeweils die Richtung angeben, in der auf das Residuum gezielt und geachtet werden kann, das den Namen ›Realität‹ trägt. Die Freilegung des Illusionären garantiert nie für den Rest des derart nicht Freigelegten, daß es bleibend und zuverlässig das Reale wäre. Theoretisch ausgedrückt: Die Falsifikation ist das schlechthin nicht Einholbare. Es könnte alles nach dem Muster der Zwiebelschälung verlaufen. Davon später.

Daß Wirklichkeit ein Kontrastbegriff ist, bedeutet, daß im Erlebnis und im Ausdruck gerade auftritt und aufgemacht wird, was als das jeweils Unwirkliche durchschaut werden kann, entzaubert und bloßgestellt werden soll. Das vermeintlich Überlebte ist das, was unglaubhaftig gemacht wird, die Illusionen von gestern sollen zum Ärgernis werden, indem sie bis zur Karikatur herauspräpariert werden. ›Kritik‹ wetzt sich an dem, was schon nicht mehr selbstverständlich ist. So paradox es klingen mag: nicht Wirklichkeit wird als Wirklichkeit erfahren, sondern Unwirklichkeit als Unwirklichkeit. Das heißt: Realität ist ein implikatives Prädikat, da sie schon kein reales Prädikat mehr ist.

Daß ein Wissenschaftshistoriker von einem der Großen der Naturwissenschaft (Kepler) sagt, er habe einen *neuen Begriff der Wirklichkeit* gehabt oder hervorgebracht, verstehen wir als eine starke Behauptung, aber erst im zweiten Schritt werden wir uns dessen bewußt, daß wir nicht sehr genau wissen, was damit als der ›alte Wirklichkeitsbegriff‹ mit hereingezogen wird.[1] Oder wenn von einem anderen der großen Urheber gesagt wird, es sei *der* Begriff der Wirklichkeit selbst, *der ihn bewegt* (Descartes), dann ist das gewiß keine sinnlose Behauptung, aber auch eine, für die sich sehr schwer eine genauere Umschreibung geben ließe.[2]

Selbst den Platonismus mit seinem absoluten Wirklichkeitsvorrang der Idee vor der Erscheinung kann man benutzen, um einen anderen Wirklichkeitsbegriff durch Diskriminierung eben des platonischen anzuheben. Zu sagen, etwas sei wirklicher als die Idee, ist von rückwärts her gesehen eine Ungeheuerlichkeit, obwohl Plato selbst die Hyperbel mit der Idee des Guten *epekeina tēs ousias*[3] gewagt hat. Aber rhetorisch und momentan ist das genau diejenige Übersteigerung, die ein Wirklichkeitsbegriff benötigt, um sich selbst für uneinholbar und unüberbietbar zu erklären. Es ist genau diejenige Unüberbietbarkeit, die im Begriff der Idee selbst einmal gelegen hatte und liegen sollte, als sie gegen den Leichtsinn der Atomisten und Sophisten durchzusetzen war. Ich gebe das rhetorische Beispiel der Berliner Antrittsvorlesung, die Alfred Baeumler im Jahre 1933 gehalten hat und in der genau der Satz steht, den man glaubt sich ausdenken zu können, wenn er nicht von seinem Autor selbst überliefert worden wäre: Hitler *ist mehr als die Idee, denn er ist wirklich*.[4]

Der Platonismus selbst ist der Ausdruck für eine geschichtliche Krisenerfahrung, die sich stilisiert in dem großen Gegensatz der Sokrates-Figur in ihrer Evidenz von Todesbereitschaft und moralischer Verbind-

1 [E.] Cassirer, [Das] Erkenntnisproblem [in der Philosophie und Wissenschaft der neueren Zeit. Erster Band. Berlin 1922.] 349. [E. Cassirer, Das Erkenntnisproblem in der Philosophie und Wissenschaft der neueren Zeit (Hamburger Ausgabe 2). Darmstadt 1999, 291.]

2 [Ebd.] 483. [Ebd., 402.]

3 [Plato, Der Staat, 509b 9.]

4 [A.] Baeumler, Männerbund und Wissenschaft. Berlin 1934, 127.

lichkeit einerseits und den Sophisten mit ihrer rhetorischen Windigkeit andererseits. Sie wird von Plato zur systematischen Nichtigkeit aus ihrer eleatischen Lizenz stilisiert. In der geschichtlichen Position der platonischen Philosophie nach der Wende vom fünften zum vierten vorchristlichen Jahrhundert steckt eine akute Erfahrung von Unwirklichkeit. Ihr Ausgangspunkt ist nicht die Auseinandersetzung einer Schule mit einer anderen, des Sokratikers mit der Sophistik, sondern die Frage nach den Bedingungen des Zustandes der griechischen Polis und ihres Lebens, der die Rolle und den Erfolg des Sophisten möglich gemacht hatte.

Im Prometheus-Mythos seines Dialogs »Protagoras« hat Plato gezeigt, daß die Überlebensfähigkeit des Menschen auf seiner Ausstattung mit den Fertigkeiten zum Leben in der Polis, also mit Bürgertugend, beruhte. Aber die Stärke der Polis war zugleich die Bedingung für ihre Bedrohung durch Schwund des Wirklichkeitssinnes, des Realismus. Denn die griechische Polis war ein hermetisch abgeriegeltes, sich vor allem in Abwehr nach außen konsolidierendes, ganz auf den Spielregeln seiner Innenfunktion beruhendes Gebilde. Die großen Abenteurerfiguren wie Alkibiades verraten, welches Maß von Irrealismus innerhalb der Mauern möglich wurde. Der Tod des Sokrates war schon ein Symptom nicht nur des Niedergangs, sondern vor allem auch der Unsicherheit, welche Faktoren es sein könnten, die die Wohlfahrt der Polis bedrohten. Die rhetorische Manipulierbarkeit war nur ein Aspekt der Aufweichung des Wirklichkeitsbezugs in der Abgeschlossenheit des Stadtstaates. Die Blüte der Rhetorik, so faszinierend sie für die Nachfahren und Spätlinge der Historie sein mag, ist immer, in Athen wie später in Rom, ein Indiz für den Spielraum zumindest der Unterstellung, die Bürger und Richter und Beamten des Gemeinwesens seien eine plastische und gestaltbare Masse. Es war dieser Aggregatzustand, der die Kunst der Rhetorik und die Technik der Handhabung der politischen Instrumente zu ermöglichen schien. Macht erscheint dann und nur dann als eine schöpferische Potenz, die verrichten zu können vorgibt, was noch nicht ausgemacht zu sein scheint. Die Sophistik hatte dem Appell an die vorgegebenen Realitäten unter dem Titel der *physei onta* sein Recht bestritten und den Unterschied von Wirklichkeit und Unwirklichkeit nicht als Bedingung, sondern als Folge von puren Machtentscheidungen deklariert. Die Welt beruht auf Setzungen, nicht auf Natur und Wesen, und Setzungen gestatten Widerruf und Neuanfang. Die Polis scheint Modell gestanden zu haben, denn sie entsteht und besteht durch die Erfindung ihrer Regeln, durch ihre Verfassung.

Aus den Fundamenten unserer ganzen Geschichte ist diese Erfahrung mit der Macht der Rhetorik nicht wegzudenken. Sie hat nicht nur über die Instabilität der aus den Gesetzen des Kosmos sanktionierten Polis zu denken gegeben, sondern auch gezeigt, wie mit dem Gegebenen und Vorgegebenen umgesprungen werden kann. So entsteht die platonische Philosophie aus der ersten für uns voll erfaßbar gewordenen Erfahrung von Unwirklichkeit in einer Krise des Wirklichkeitsverhältnisses der griechischen Polis.

Allerdings wäre es nicht zulässig, die platonische Philosophie oder irgendeine andere historisch bestimmbare Gestalt der Philosophie als *den* Ausdruck des antiken Wirklichkeitsbegriffs anzusehen. Nur verwischt sich dort, wo andere Schulsysteme bereits auf der Auseinandersetzung mit diesem beruhen, die Kontur der genuinen Erfahrung, die in einer solchen Transformation aufgeht. Dadurch können philosophische Systeme keineswegs durchgehend die geklärten Ausformulierungen der epochalen Wirklichkeitsbegriffe sein. Sie sind immer auch, wenn nicht vorwiegend, Auseinandersetzungen mit vorhergehenden und zeitgenössischen anderen Ausformulierungen. Ohnehin hat die Philosophie nur den einen Vorrang ihres geübten Umgangs mit systematischer Artikulation, der sie uns als ›Quelle‹ für die Erforschung der epochalen Realismen empfiehlt.

Plato ist im übrigen eine schlechte Quelle für die historische Wirklichkeit und Funktion der Sophistik; er karikiert sie gerade hinsichtlich ihres erkenntnistheoretischen Hintergrunds. Die Verwechselbarkeit der Bilder mit der Wirklichkeit nimmt er zum Anstoß dessen, was für ihn nicht nur Sicherung der Unverwechselbarkeit von Wirklichkeit und Erscheinung ist, sondern zugleich der Rückhalt für die Feststellung der Verwerflichkeit der Bilder: der Kunst, der nutzbar und genießbar gemachten Unwirklichkeit also. Im Gegensatz zur Atomistik Leukipps und Demokrits, deren Handschriften er nach der anekdotischen Überlieferung aufgekauft und verbrannt haben soll, weil deren Philosophie einer solidesten letzten Wirklichkeit der seinigen noch hätte Konkurrenz machen können, sind die Sophisten bei ihm in voller Breite gegenwärtig, weil er sie schon für überwunden oder wenigstens für überwindbar hält.

Der Wirklichkeitsbegriff in der griechischen Polis der Wende zum Jahrhundert Alexanders und damit des beginnenden Hellenismus wird durch Platos Philosophie nicht so sehr *repräsentiert* als vielmehr in der Aufdeckung der Anfälligkeit für das sophistische Angebot *reflektiert*. In der Geschichte der Philosophie ist sie überhaupt der erste Versuch, zu begreifen und zu formulieren, wie vermeinte Wirklichkeit als Illusion entdeckt und ins Unrecht gesetzt werden kann. Vielleicht würden wir dieses Datum auf Parmenides vorverlegen, wenn wir Näheres über den Dualismus seines Lehrgedichts wüßten, der dem platonischen vorzugreifen scheint, aber dessen Leistungsfähigkeit im Wahrheitsteil zu gering gewesen sein dürfte, als daß damit eine traditionsträchtige Antithese aufzubauen war.

Die erste historische Gestalt eines Wirklichkeitsbegriffs läßt sich bezeichnen als die Realität der momentanen Evidenz. Wenn Wirklichkeit, ganz gleich von welcher spezifischen und klassifizierbaren Beschaffenheit, jeweils die letzte Instanz für Behauptungen und Rechtfertigungen ist – das, wovon man auszugehen hat und worauf man zurückzukommen nicht verfehlen darf –, dann hat Parmenides so etwas mit der ewigen und homogenen Seinskugel gemeint, Demokrit mit den Atomen, Plato mit den Ideen, Aristoteles mit den Formen, Zenon mit dem Feuer. Es ist das, was augenblicklich jeden weiteren Schritt der Vergewisserung unnötig macht, was die intellektuelle Bewegung zum Stillstand bringt und sowohl volles Genügen des Erkenntniswillens als auch eben darin unübersteigbare Befriedigung (Eudämonie) gewährt. Dieser Zustand der Sättigung ist nicht nur ein idealer Grenzwert, sondern als in jeder wirklichen Erkenntnis schon erreicht vorgestellt. Es gibt da nichts von Unendlichkeit, selbst dann nicht, wenn, wie bei Demokrit, der Raum der Welt und die Zahl der Welten als unendlich gedacht werden – über sie ist dennoch nur endliche, an dem einen Vorkommen von Welt in der unsrigen erreichbare Erkenntnis möglich. Die Wirklichkeit besteht nicht im Gleichgültigen, nicht in der Wiederholung des konstanten Grundgedankens, sondern in dessen je vorliegender Selbstdarstellung. Deshalb *tendiert* dieser Wirklichkeitsbegriff, entgegen dem Versuch der Atomistik, auf die absolute und metaphysisch garantierte Einzigkeit dieser unserer Welt. Sie liegt in ihrer ganzen Erstreckung prinzipiell im Zugangsbereich unserer Wahrnehmungsorgane. Auch sie ist im Prinzip momentan, für den ruhenden Zuschauer, im bloßen Umsehen, gegeben. Deshalb auch muß für ihn sein Standort, die Erde, der bevorzugte Sitz für die Selbstdarbietung der momentanen Evidenz sein. Wirklichkeitsbegriff und Kosmologie korrespondieren einander streng.

Dieser Wirklichkeitsbegriff der momentanen Evidenz ist zwar nicht behauptet, aber doch vorausgesetzt, wenn Plato ohne Zögern davon ausgeht, daß der menschliche Geist beim Anblick der Ideen sofort und ohne Spielraum dessen inne wird, daß er es mit der letztgültigen und unüberschreitbaren Wirklichkeit zu tun habe. Von hier aus wird ihm zugleich evident, daß die Sphäre des ihm nur sinnlich Gegebenen eine solche Wirklichkeit nicht war und nicht sein konnte. Es ist keineswegs selbstverständlich, daß diese Dualität von empirischer und idealer Gegebenheit als von einem identischen Subjekt vergleichbar und gegeneinander entscheidbar vorgestellt wird.

Wir würden für diesen Fall sogleich befürchten müssen, daß eine Spaltung des Wirklichkeitsbewußtseins naheliegt, wenn wir uns einen Verstand vorstellen sollten, der aus der uns umgebenden Erfahrungswelt in eine andersartige Welt derart versetzt wird, daß ein kontinuierlicher Übergang von der einen zur anderen nicht stattfinden kann. Plato hat denn auch dies Problem durch Annahme einer präexistenten Erfahrung der Ideenwelt ebenso zu überwinden versucht wie durch den Mythos von der demiurgischen Abbildung der Ideenwelt in der Erscheinungswelt. Das sind Hilfskonstruktionen, die ohne Explikation des zugrundeliegenden Problems gemacht sind. Nehmen wir dieses Grundmuster des Platonismus als Ausprägung des antiken Wirklichkeitsbegriffs, ohne daß Platos Ideenlehre mit diesen als identisch gedacht werden müßte, so sehen wir darin vorausgesetzt, daß das Wirkliche – wie immer es benannt oder beschaffen gedacht sein möge – sich als solches *von sich selbst her zeigt* und im Augenblick seiner Präsenz *in seiner Überzeugungskraft unwidersprechlich* da ist. Es ist dieser formale Merkmalskomplex, dem die Metaphorik des Lichtes zu seiner Artikulation besonders angemessen gewesen ist.

Man muß nun sehen, wie Plato die Grunderfahrung der Rhetorik verarbeitet, wie er ein Verhältnis von Reden und Hören transformiert in die Äquivalenz von Bildermachen und Getäuschtwerden. Das Bild ist die Grundform der Unwirklichkeit, des elementaren Mangels an Authentizität. Man kann den Bildern nicht ansehen, daß sie Bilder sind; es sei denn, man sieht das, was durch sie dargestellt und abgebildet wird. Man kann den Schatten nicht ansehen, daß sie nur Schatten sind, es sei denn, man kennt das, was den Schatten wirft. Den Ideen und nur diesen sieht man an, daß sie das letzte und eigentliche Seiende sind. Der Wirklichkeitsbegriff der momentanen Evidenz ist eben ein solcher, der augenblickliches Erkennen und Anerkennen von letztgültiger Wirklichkeit einschließt und nicht nur diese Wirklichkeit zum Urbild aller Bildlichkeiten macht, sondern auch dieses eigentümliche Wirklichkeitsverhältnis zum Ideal aller Einstellungen des Menschen zu Sachverhalten.

Es geht, wohlgemerkt, nicht darum, daß der Wirklichkeitszugang auf die Optik reduziert und alles andere gegen sie abgewertet würde. Vielmehr geht es um die Orientierungsfunktion der Optik, wie die Umformung der rhetorischen Grunderfahrung in eine optische Metaphorik zeigt. Man kann nur an der Optik begreifen, wie Wirklichkeit authentisch erfaßt wird. Das Hören ist primär Angewiesenheit auf Hörensagen, auf die zweite Hand, auf Belehrtwerden, auf Rhetorik also. Noch im Geräusch ist es das, was die Sache ›macht‹, nicht sie selbst, der Vogelruf, nicht der Vogel selbst.

Ohne also zu behaupten, die platonische Ideenwelt sei repräsentativ für den antiken Wirklichkeitsbegriff, möchte ich doch meinen, daß sie ohne seine Implikation kaum denkbar wäre und daß sie einen ausgezeichneten Zugang zu ihm bietet. Man sollte die stehende Formel vom Sehen als dem Zugang der Griechen zu ihrer Welt dahin verschärfen, daß es das Ruhen des Sehens und das Sehen des ruhenden Gegebenen ist, dem die Griechen den Vorzug gaben. Wie ich in Bruno Snells Vorlesungen über »Homerische Bedeutungslehre« gelernt habe, ist *horan* das Ruhenlassen des Blicks auf dem Aussehen von etwas, auf der Gestalt, auf der Oberfläche, auch auf dem Bild. Dann hat spätestens Aristoteles zur Momentaneität des Sehens das Analogon der Lust herangezogen, denn die *horasis* ist in jedem Augenblick vollendet und des integrierenden Hinzukommens von weiterem in der Zeit unbedürftig wie die *hēdonē*.[5] Die Griechen waren nicht orientiert an einem Gegenstandsbegriff, der ihnen eröffnete, daß Gegebenheit auch für das Sehen sich erst in der Zeit konstituiert. Ihr Prototyp war eher das Panorama als das kinästhetische Umkreisen einer Gestalt. Sie hielten noch für möglich, das Ganze mit einem Blick des ruhenden Zuschauers zu erfassen. Der Erlebnisverlauf in der Zeit bringt den Gegenständen nichts hinzu, was ihren Gegebenheitscharakter ausmachen oder bereichern könnte. Im Jetzt ist das Sehen ohne jede *genesis* ein Ganzes.[6]

Das hat seine unmittelbare Konsequenz, wie allemal in der Geschichte des Wirklichkeitsbegriffs, in dem, was wir heute Ästhetik nennen würden, also im Begriff des Schönen. Denn das Schöne ist nur die Steigerung der momentanen Evidenz jeder *aisthēsis*.[7] Daß Sehen sich im Durchlaufen von Abschattungen, von Aspektfolgen vollzieht und darin erst seinen Gegenstand als einen leibhaftigen gewinnt, daß es selbst Prozeß ist und Bewegung des Organs zumindest impliziert, wenn nicht realisiert, daß es wesentlicher noch als Dinge Ereignisse und Relationen erfaßt, das schafft hier weder eine Problematik, noch wird es maßgebend für die Begriffsbildung.

Dieser ganze Komplex stellt sich uns im Höhlengleichnis des siebten Buches der platonischen Schrift über den »Staat« wie auf einer Modellbühne dar.[8] In dieser Höhle kehren die Sophisten als Bildermacher wieder:[9] Sie spielen den gefesselten Insassen der Höhle aus dem Hintergrund die Schattenspiele vor, die diesen den Eindruck ihrer zuverlässigen und einzigen Wirklichkeit erwecken sollen. Die Veranstalter der Täuschung lassen zwischen einem großen Feuer und einer Rampe, die die Träger verdeckt, allerlei Figuren vorbeitragen, die die Schatten werfen und deren Reihenfolge die Zuschauer beschäftigt. Schließlich wird einer der Gefesselten befreit und entdeckt so den Mechanismus

5 Aristoteles, [Nikomachische Ethik] X 3[,] 1174a 13[-17.]
6 Aristoteles, [Nikomachische Ethik X 3,] 1174b 9-13[.]
7 Aristoteles, [Nikomachische Ethik] X 4[,] 1174b 14-17[.]
8 [Plato, Der Staat,] 514a[.]
9 Das wird im »Staat« selbst nicht gesagt, aber durch die Anspielung auf die Sophisten als Bildermacher in »Sophistes« (234c) bestätigt: durch die Ohren Bilder zaubern, *eidola* dort wie hier.

der Schattenspiele. Wer befreit wird, dreht sich um. Aber er bleibt in der Höhle. Nicht aus eigenem Antrieb, nur mit Gewalt kann der Entfesselte durch den Höhlenausgang ins Freie geschafft werden. Er sieht hier nun nochmals, daß er sich getäuscht hatte, als er die zum Schattenwurf verwendeten Figuren für das Original der Dinge hielt. Denn in der Oberwelt, außerhalb der Höhle, sieht er die Originale der vermeintlichen Originale, die Natur. Und er sieht, daß er nur sehen kann, weil auch diese Dinge im Lichte stehen, daß sie ihr Werden derselben Quelle verdanken, in deren Licht sie stehen, daß sie Gestalten nur sind, weil sie im Licht gesehen werden können. In diesem letzten Schritt zum Sonnengleichnis des Guten, vom Vielen zum Einen, bereitet sich die Vorstellung einer letzten und alles andere begründenden, gewährenden und gewährleistenden Instanz vor, die das Mittelalter zum Angelpunkt seines Systems machen wird. Sobald das Sehenlassen nicht mehr das Sichsehenlassen ist, kommt eine dritte Instanz ins Spiel, die zur momentanen Evidenz nicht mehr paßt.

Das Erstaunlichste an diesem Gleichnis ist, daß es einem unausweichlichen Zweifel des späteren Betrachters nicht im geringsten Raum gibt: der Frage nämlich, weshalb der zweimal aus seinen Illusionen aufgeschreckte Mensch, der Prototyp des Philosophen, nicht auch und gerade bei dieser Oberwelterfahrung zögert, die Lehre aus der Vorgeschichte der Enttäuschungen zu ziehen und entschieden einen Blick hinter die Kulissen auch dieser Sphäre zu verlangen, zu erwarten oder zumindest im Verdacht zu haben. Aber gerade hier macht sich die Eigentümlichkeit des antiken Wirklichkeitsbegriffs zwingend bemerkbar: Dem letzten und eigentlich Wirklichen wird unmittelbar und momentan angesehen und zuerkannt, daß es unüberbietbar und unübersteigbar ist. Das hat die Neuplatoniker nicht daran gehindert, das Sonnengleichnis auszubauen zu einer Lehre von demjenigen Einen und Letzten, auf das es nun wirklich und zuletzt ankommt, aber nicht mehr im Zugang durch das Sehen, sondern in dem der blinden und schweigenden punktuellen Berührung (*haphē*). Die Entdeckung der Berührung als der Begegnungsform mit der letzten Instanz ist eine zu wenig gewürdigte, weil nämlich den Untergang der Antike anzeigende epochale Errungenschaft Plotins um die Mitte des dritten nachchristlichen Jahrhunderts (203-269).

Etwas Merkwürdiges an Platos Gleichnis fällt uns nicht sofort auf: die Tatsache der Fesselung. Sie ist, wenn ich das so anachronistisch benennen darf, ›unmodern‹. Plato glaubte noch, daß die Höhleninsassen genügend Neugierde und Wissenstrieb hätten, sich ohne Fesseln umzudrehen und im Raum zu bewegen, auch wenn ihre Kühnheit nicht ausreichte, wie das Gleichnis zeigt, den Ausgang ins Freie zu suchen. Die Veranstalter des Höhlenspektakels haben ihre Zuschauer im Verdacht, doch nicht total gefesselt zu sein durch die Bilder, und müssen sie daher auf andere Art zusätzlich in Fesseln legen. Wie das bei einem nun tatsächlich modernen Autor aussieht, will ich kurz an Wittgenstein belegen, der die menschliche Situation einmal in einer Art von Parabel zu fassen suchte. Er vergleicht den Philosophen mit einem Menschen, der sich in einem Raum befindet und einer Wand gegenübersteht, auf der eine Anzahl von Türen aufgemalt ist. Dieser versucht nacheinander, die Türen zu öffnen, um durch sie aus dem verschlossenen Raum ins Freie zu gelangen – aber natürlich vergebens und mit dem Erfolg einer sich selbst ärgerlich, wenn nicht lächerlich werdenden Irritation. Aber er tut nicht, was die Männer im Hintergrund der platonischen Höhle von ihren Zuschauern befürchten, wenn sie sie nicht gefesselt hätten: Er dreht sich nicht um. Diejenige Tür nämlich, die wirklich ins Freie führen könnte und die sich mühelos öffnen ließe, befindet sich im Rükken von Wittgensteins philosophischem Prototyp. Von ihr weiß er nichts und von ihr erfährt er nichts. Die gemalten Scheintüren geben ihm eine Fülle bedrängender und offenbar kaum lösbarer Probleme auf, von denen er sich ganz in Anspruch genommen sieht und die ihn gar nicht daran denken lassen, daß es nur einer Umwendung seiner Aufmerksamkeit bedürfte, um seiner Situation endgültig und für immer Herr zu werden. Die Parabel erinnert beklemmend an Kafkas Parabel vom Türhüter.

Wittgenstein geht nicht einmal so weit, für die Sachlage in seinem Modellstück eine Begründung oder Auslegung zu geben. Es erscheint ihm als zu selbstverständlich, daß die eigentliche Möglichkeit des Menschen in seinem Rücken liegt, von der Philosophie nicht ergriffen wird. Dafür braucht keine eigene Motivation beigebracht zu werden. Das Bild, das uns gefangenhält, ist nicht mehr aus der Sprache rhetorisch hergestelltes, demagogisch fungierendes Gebilde. Dieses Bild ist nicht von

Hand gemacht, es ist die Sprache selbst. *Ein* Bild *hielt uns gefangen. Und heraus konnten wir nicht, denn es lag in unsrer Sprache, und sie schien es uns nur unerbittlich zu wiederholen.*[10] Dieses Gefängnis der Sprache ist so massive Wirklichkeit, daß wir uns beim Anrennen gegen seine Wände metaphorische Beulen holen können. *Die Ergebnisse der Philosophie sind die Entdeckung irgendeines schlichten Unsinns und Beulen, die sich der Verstand beim Anrennen an die Grenze der Sprache geholt hat. Sie, die Beulen, lassen uns den Wert jener Entdeckung erkennen.*[11] Das hätte unmöglich in der Antike geschrieben oder gedacht werden können; es ist ganz angewiesen auf einen Wirklichkeitsbegriff, der den Widerstand bis zum Schmerz zum Indikator der Realität macht und dem es dabei nicht auf die physische Materialität ankommt, weil mehr Widerstand als irgendein physischer Körper die Sprache den Ausbruchsversuchen des Menschen aus seinem Gefängnis entgegensetzt. Die Formel von der Sprachwand und ihrer Widerspenstigkeit war übrigens schon von Karl Kraus, dem Landsmann Wittgensteins, gefunden worden: *Wenn ich nicht weiterkomme, bin ich an die Sprachwand gestoßen. Dann ziehe ich mich mit blutigem Kopf zurück. Und möchte weiter.*[12]

Bei Nietzsche war die Metaphorik für die Gefangenschaft in der Sprache noch lockerer und luftiger gewesen, es waren zunächst nur die *Netze der Sprache.*[13] Freilich kann man *aus einem Netz in's andere gejagt* werden,[14] aber an einem Netz holt man sich keine Beule, man zappelt allenfalls darin. Nietzsche hat auch gesehen, daß diese Gefangenschaft nicht bloße Unfreiheit ist; seine Metaphorik ist eher die einer metaphysischen Schutzhaft, die vor dem Schlimmeren der großen Befreiung bewahrt. Denn der aus dem Vergessen der ursprünglichen Metaphorik für die Welt entstandene Glaube an das An-sich-Sein der (von der Spra-

10 [L. Wittgenstein, Philosophische Untersuchungen. In: Schriften I. Frankfurt a.M. 1960, 343.]

11 [Ebd., 344.]

12 [K. Kraus, Beim Wort genommen. München 1955, 326.]

13 [F. Nietzsche, Vorarbeiten zu einer Schrift über den Philosophen (1872/73, 1875) (Musarion-Ausg.)] VI[. München 1922,] 45[.F. Nietzsche, Nachlaß 1884-1885 (Kritische Studienausgabe [KSA] 11). Berlin, New York 1988, 507.]

14 [Ebd.,] 50[.F. Nietzsche, Nachlaß 1869-1874 (KSA 7). A.a.O., 475.]

che bezeichneten) Dinge sichert dem Menschen in dieser Dingwelt seine Lebensfähigkeit: [*W*]*enn er einen Augenblick nur aus den Gefängnisswänden dieses Glaubens heraus könnte, so wäre es sofort mit seinem ›Selbstbewusstsein‹ vorbei.*[15] Da sind auch aus den Netzen Wände geworden, aber die Wände einer gnädigen Einschließung. Auch das ein Gedanke, den die Antike unmöglich hätte denken können: Vor der letzten Wirklichkeit geschützt werden zu müssen, um leben zu können, das wäre ihr als endgültige Sinnlosigkeit der Welt erschienen.

Mit großem Erfolg für die Nachwelt haben die Griechen ausgesprochen, die Philosophie, und überhaupt die Theorie, beginne mit dem Erstaunen über das, was ist und daß es ist; aber es scheint, sie beginne eher mit dem auch nur leisesten Verdacht, wir könnten es in allem uns unmittelbar Gegebenen und Vertrauten nur mit dem Vorläufigen und Unwesentlichen, mit einer ersten Kulisse, wenn nicht mit dem bloßen Schein zu tun haben. Wenn das so ist, dann ist Theorie in ihrer Ursprünglichkeit so etwas wie ein erster Akt der Aufmerksamkeit, in welchem sich der Mensch aus der Genügsamkeit am Selbstverständlichen aufrafft und den Weg zu der Frage beginnt, ob es schon das Wirkliche sei. So sieht es zwischen Parmenides und Descartes aus, aber der moderne Philosoph sieht selbst den Weg zu diesem Verdacht versperrt, selbst die Energie jener ersten Aufmerksamkeit noch als unerreichbar. Er sieht den Menschen gebannt nicht nur durch die Macht des Scheins, sondern auch durch die Fixierung auf die vermeintlich einzigen und wichtigsten Rätsel, die er sich aufgegeben glaubt und deren Aufgebbarkeit und Lösbarkeit doch nur durch das Medium der Sprache suggeriert werden. Mit anderen Worten: Der Spielraum der intellektuellen Freiheit bleibt unbekannt, undurchmessen.

Der Wirklichkeitsbegriff, den die antike Philosophie nur nachholend auslegt, dem sie nur die Begriffe und Schemata zuliefert, ist in seiner Unterscheidung von Schein und Sein vergleichsweise harmlos. Der Schein kann wenigstens nachträglich als Bild und Schatten des Seins aufgelöst werden. Er ist daher zwar die Herabsetzung des Seins, nicht aber der absolute Verblendungszusammenhang, die ausweglose Ban-

15 [Ebd.,] 84f. [F. Nietzsche, Ueber Wahrheit und Lüge im aussermoralischen Sinne (KSA 1). A.a.O., 883f.]

nung durch das ganz und gar Ablenkende und Abwegige. Der Schein erweist sich, wenn man ihn nur unter der Aufsicht der um das Sein Wissenden auslegt, als Hinweisung auf die eigentliche Realität. Darin liegt die Bedeutung des Philosophen, der jener im Gleichnis Entfesselte ist, daß er allein aus der Höhle herausgeschleppt worden ist und nach seiner Konfrontation mit dem unwidersprechlich Wirklichen in die Höhle zurückkehrt, um die anderen – zwar nicht zu entfesseln und insgesamt denselben Weg zu führen, den er zurückgelegt hat – aber doch zu unterweisen in der Fähigkeit, sich nicht hilflos in den Schatten und ihrer Gesetzlichkeit auszuliefern. Es ist das paideutische Moment der Philosophie gerade dies, daß *nicht alle* selbst durchmachen und durchdenken müssen, was *an einigen* exekutiert wird, mehr als daß sie es selbst zu leisten imstande wären. Die philosophische Wendung hat den Charakter der Einweihung in etwas, das durchlitten werden muß und das nicht allen gleicherweise anzutun und zuzumuten ist. Dennoch trägt dieser Wirklichkeitsbegriff den Keim einer Systematisierung in sich, die nur im Dualismus von verhängnisvoller Gefangenschaft im Unwahren und heilsamer Rückkehr zum Wirklichen und Überwirklichen enden kann. Die Möglichkeit des Dualismus beruht gerade auf dem Wirklichkeitsbegriff der momentanen Evidenz. Insofern ist der These von Hans Jonas nicht zuzustimmen, daß die Dualismen neuplatonischer und gnostischer Prägung mit ihrer Abwertung und Umwertung des Kosmos aus den in diesem Wirklichkeitsbegriff angelegten Möglichkeiten ganz und gar ausbrechen. Das Element des Aufrufs und der Erweckung ist isoliert, wenn nichts mehr in der Welt an den Ursprung außerhalb der Welt zu erinnern vermag. Die gnostischen Dualismen sind nichts Heterogenes und Zufälliges, sondern nur auf dem Boden der momentanen Evidenz möglich, wenn auch nicht notwendig; sie gehören zu diesem Typus von Entscheidbarkeit über das, was ›eigentlich‹ ist, aus dem Moment der Wahrnehmung oder des Anrufes heraus.

Die Klammer, die den Dualismus bei Plato vermeidet, ist das Theorem der Abbildlichkeit, also der demiurgischen Herstellung anhand der Urbilder. Und die Rechtfertigung für Abbildlichkeit – also für den demiurgischen Akt selbst, insofern er sich nicht mit der bloßen Anschauung der Ideen begnügt – ist die implizite Unterstellung, daß Ideen von sich her Urbilder sind und auf Nachahmung und Vervielfältigung drängen. Die Idee wird nicht erst dadurch Urbild, daß sie in Relation zu ihren Abbildern steht, wie wir es ohne weiteres auch sprachlich unterstellen; sie ist Urbild kraft ihrer momentanen Evidenz, in ihrer Beleuchtung durch die Idee des Guten. Denn ›gut‹ zu sein, bedeutet nichts anderes, als vorbildlich und nachahmenswert zu sein. Insofern die Ideen im Lichte ihres Ursprungs aus der Idee des Guten stehen, ist die Welt der Erscheinungen als solche gerechtfertigt. Sie bleibt aber die stetige Erinnerung an diejenigen Normen, denen sie verdankt, so zu sein, wie sie ist.

Insofern sind die beiden mythischen Lösungen des Erkenntnisproblems, die der Anamnesis und die der demiurgischen Welterzeugung, durchaus systematisch kompatibel. Im ersten Fall hat die Seele vor ihrer irdischen Geburt die momentane Evidenz der Ideen gehabt und kommt auf sie gleichsam zurück; im anderen Fall hat der Demiurg diese Evidenz und vollstreckt unter ihrem Antrieb das an den Ideen selbst auftretende Moment der Nachahmungswürdigkeit, der zwingenden Anweisung zur Vermittlung. So kommt es, daß noch der äußerste und dürftigste Schein letztlich von der Sache selbst herrührt und aus dieser Bindung und Rechtfertigung nicht loszulösen ist. Das ist es, was ich mit dem Ausdruck der ›Harmlosigkeit‹ *dieses* antiken Dualismus meine, was aber auch auf dem Fundament des antiken Wirklichkeitsbegriffs gefährdet ist. Das konnte erst deutlich werden, nachdem der Wirklichkeitsbegriff der dritten Instanz, der bloßen Garantie für den Zusammenhang der beiden Welten oder zwischen *veritas ontologica* und *veritas logica*, durch die Ausgestaltung des theologischen Gottesbegriffs der Scholastik zu seinen Konsequenzen gekommen war.

Im Nachdenken der Griechen über den Schein der Bilder ist nicht das problematisch geworden, was sie darstellen, sondern es war das rein formale Faktum zu bewältigen, daß sie als Bilder nicht die Sache selbst sind. Plato hatte nur für die Welt, für den erscheinenden Kosmos, diesen Einwand behoben oder durch die Verklammerungen von Erinnerung und Herstellung so weit abgeschwächt, daß der latente Dualismus nicht ausbrechen konnte. Aber er hatte mit seiner Lösung für die Nachbilder der Urbilder ein für allemal das Verdikt geschaffen, daß die

Rechtfertigung des Nachbildes durch das Urbild nicht *noch einmal* dem Nachbild entnommen werden konnte. Als Nachbild war es ein Letztes, die Relation der Bildlichkeit nicht erneut Zulassendes. Das hat sich vor allem niedergeschlagen in der Behandlung der Frage nach der Lizenz der Kunst, insofern sie nochmalige Nachahmung des Nachgeahmten sein sollte, im zehnten Buch des platonischen »Staates«. Man darf nicht übersehen, daß die Rolle des Künstlers, wenn er in der Nachahmung des Nachgeahmten die primäre Nachahmung erkennbar machen könnte – dies ist die Kunsttheorie, die die Renaissance dem Platonismus entnommen hat –, mit der Rolle des Philosophen konkurriert. Denn die Erinnerung stellt sich nicht von selbst ein. Insofern ist der Höhlenmythos pessimistischer als die Geschichte vom Knaben im Dialog »Menon«, der an der Erscheinung selbst die Erinnerung an die präexistente Ideenerfahrung belebt. Im Höhlenmythos ist mehr Gewaltsamkeit nötig, mehr Didaktik und Belehrung, weil die Befriedigung im Zustand des Genusses der Schatten als dichter und schwerer aufbrechbar dargestellt wird. Die platonische Philosophie tendiert unaufhaltsam auf die Dämonisierung des Weltzustandes der Seele hin, wann auch immer deren absolute Erlösungsbedürftigkeit und Selbstohnmacht erreicht sein mag. Dies ist der Konvergenzpunkt aller ihrer Tendenzen. Die Kunst also lügt, weil sie den Gegenstand ihrer Nachbildung als das Urbild ausgibt, obwohl er doch seinerseits nur nachgebildete Erscheinung gegenüber der Idee ist. Wenn die Tradition unserer Kunst- und Dichtungstheorie seit der Antike unter den Gesamttitel der Auseinandersetzung mit dem Satz gestellt werden kann, daß die Dichter lügen, so ist dies eine der Folgen des Sachverhalts, daß diese Tradition auf dem Wirklichkeitsbegriff der momentanen Evidenz aufruht. Die Ästhetik ist immer ein Feld gewesen, auf dem die Grundprobleme von Wirklichkeit und Illusion, von Wahrheit und Lüge scharf in Erscheinung treten.

Der Vorwurf der Unwahrhaftigkeit der Dichter ist entstanden vor dem Hintergrund der Voraussetzung, daß Wahrhaftigkeit in der Dichtung dennoch möglich sein müsse. Am Anfang steht die Mahnung an die Wahrheitspflicht des Epos. Xenophanes ist es, der darauf drängt, daß der epische Vortrag nicht die Erdichtungen der Vorzeit unnütz hervorholen solle, sondern kraft der Erinnerung das der Darstellung Würdige zum Vorschein zu bringen habe.[16] Wie Bruno Snell gezeigt hat, kommt es zur Generalisierung des Vorwurfs, daß die Dichter lügen, erst anhand der Nötigung, beim Drama die szenische Illusion zu erzeugen.[17] Die Technik der Vergegenwärtigung, der über die Erzählung hinausgehenden Darstellung eines Vorgangs, ist im Drama entstanden aus der mythischen Repräsentanz des Chores, des lyrischen wie des tragischen. Was im Ritual noch *ist*, was es sein soll, muß in der Darstellung erlernen, wie es Identität durch Vorspiegelung ersetzen kann. Was dem Epos in seiner erzählenden Funktion noch abgefordert werden konnte, wird hier im vorgängigen Einverständnis mit dem Zuschauer künstlich und kunstvoll ›hergestellt‹. Der Epiker erzählt eine Geschichte, deren wichtigstes Kriterium ist, des Erzählens würdig zu sein; der Dramatiker übertreibt die Zumutung an den Zuschauer, indem er, gleichgültig was er darstellt, den Effekt der Gegenwärtigkeit des Dargestellten gleichsam zusätzlich erzeugt. So reißt der Übergang von der rituellen Identifizierung in jedem Kult, der ekstatischen Identifizierung im besonderen beim Kult des Dionysos, zur technisch gehandhabten ›bloßen‹ Darstellung und Vorstellung die Differenz von Künstlichkeit und Wirklichkeit auf.

Wie in allem, haben die Griechen auch hier die für sie immer naheliegende Konsequenz der theoretischen Behandlung gezogen. Für Aischylos malt ein Agatharch nicht nur die perspektivische Dekoration, sondern er hinterläßt auch eine Abhandlung darüber.[18] Von dem Sophisten Gorgias besitzen wir noch ein Stück einer moralisierenden Rechtfertigung der mit der Tragödie verbundenen Täuschungen.[19] Die Realität des Effekts beim Zuschauer entschuldigt die Irrealität des Mittels, mit dem er erzielt wird. Insofern ist die Theorie der Wirkung der Tragödie, die vielumstrittene in der Poetik des Aristoteles, mit ihren großen Worten ein Stück der Tradition der Entschuldung des Ungewöhnlichen, das doch zutiefst mit der Disposition eines Publikums in Verbindung steht, welches *auch* das Publikum der Rhetorik gewesen ist.

16 Xenophanes[, Diels/Kranz 11] B I 19-23.
17 [B.] Snell, Die Entdeckung des Geistes. Hamburg 1946, 87f.
18 [Diels/Kranz] 59 A 39 I 14f.
19 [Diels/Kranz 82 B 23 26.]

Nicht zufällig ist der Ausgangspunkt der Reflexion auf das Wirklichkeitsverhältnis der Dichtung nicht nur in der Antike, sondern wieder im 18. Jahrhundert, bei Diderot, das Drama. Aber dort wie hier wurde dieser Ausgangspunkt für die Besichtigung des Verhältnisses von Illusion und Realität schnell verlassen. Das lag auch, zumindest in der deutschen beginnenden Ästhetik, an der Destruktion oder zumindest Aufweichung des klassischen Wirklichkeitsbegriffs durch die Monadologie von Leibniz, durch die eigentümliche Lösung der metaphysischen Antinomien mittels des Begriffs der ›Erscheinung‹ in den Kritiken Kants und schließlich durch das Amalgam von Natur und Kunst, Gegenstand und Werk, welches der deutsche Idealismus so folgenreich herstellen sollte.

Fragt man aber, wo denn der platonischen Philosophie von der Lügenhaftigkeit der Kunst als der Ableitung von einer Ableitung zuerst widersprochen worden sei, wenn auch nur implizit, so muß man sich an das Aufkommen der Allegorese zumal bei den Stoikern halten. Denn die Allegorese ist die früheste Form der Anerkennung eines Wahrheitsgehalts in der Dichtung, noch in ihrer fabulösesten Form ebenso wie in ihrer Vorgängerschaft, im Mythos. Denn die Allegorese ist die Kunst, der Dichtung ihren Wahrheitsbesitz erstens zuzusprechen und zweitens zu entreißen. Nun wäre das eine Kuriosität der hellenistischen Schule geblieben, wenn nicht aus ganz anderen Gründen das Christentum auf die Allegorese angewiesen gewesen wäre: Es durfte nicht zugeben, daß die Menschheit für Jahrtausende unter dem Steuer der göttlichen Vorsehung von jeder Wahrheit außerhalb der Offenbarung und vor der eigentlichen Offenbarung im Stich gelassen worden wäre. Es ist also ein Problem der Rechtfertigung des göttlichen Geschichtswillens, was die frühchristlichen Autoren mit so großer Bereitwilligkeit das stoische Theorem vom *logos spermatikos*, vom Wahrheitsrest also, auch in der Dichtung aufgreifen und zum Anlaß der großen Rettung jener verstreuten Keime der Wahrheit aus ihrer Verdeckung werden ließen. Noch die Scholastik, die zu solchen Anstrengungen und Nöten einen gewissen Abstand gewonnen hatte, mußte der Dichtung einen Wahrheitsanteil zugestehen, wenn auch nur das, was sie ein *minimum veritatis* nannte.

Die Dichter lügen, weil sie lügen müssen. Wenn es nur eine Wirklichkeit schlechthin und die von ihr abhängigen Erscheinungen gibt, wenn es nur eine Welt als Vollstreckung des Inbegriffs der Möglichkeiten gibt, dann ist unvermeidlich die Erfindung bodenlos, kann sie keine eigene Evidenz gewinnen. Unter dem Einfluß dieses Axioms steht noch der gewaltsame Erneuerer des antiken Wirklichkeitsbewußtseins mit Kosmos und Mythos, Nietzsche, wenn er zur Behauptung der metaphysischen Würde der Kunst eben die Umkehrung jenes Satzes verwenden muß, daß die *Wahrhaftigkeit der Kunst* im Gegensatz zur *lügenhaften Natur* stehe.[20] Wie konnte dies gesagt werden? Und gesagt werden im Zusammenhang der Anstrengung, die Einzigartigkeit der antiken Welt und ihrer Größe zu wiederholen? Nietzsches Satz setzt voraus, daß der Begriff der Natur ausschließlich noch orientiert ist an ihrer wissenschaftlichen Objektivierung als der Herrschaftsform über Wirklichkeit durch Wahrheit. Dieser Herrschaftsform ist die anthropomorphe Immanenz zum Opfer gefallen. Es ist die *Bändigung der Wissenschaft*, die der *Nothwendigkeit der Illusion* auf den Weg und zu ihrer Rechtfertigung verhelfen soll.[21] Die wissenschaftliche Wahrheit ist an die Stelle der Mimesis getreten, indem sie vorgibt, die Welt so zu erfassen, wie sie ist, und dadurch dem Schein jedes Recht zu nehmen. Aber Nietzsche hat nicht vergessen, was in den Idealismus geführt hatte.

Die neue Wahrheit der Kunst ist eine ganz andere, nicht mehr auf dem fragwürdigen Anspruch der Mimesis oder der *adaequatio* beruhend: *Kunst behandelt also den* Schein als Schein, *will also gerade* nicht *täuschen, ist wahr.*[22] Die Kunst findet sich nicht nur ab mit der ›Unerkennbarkeit‹ der Realität, sondern sie nutzt sie, macht von ihr Gebrauch. Die so gefaßte *Bedeutung der Kunst als des wahrhaftigen Scheines* bleibt freilich gebunden an die metaphysische Tradition der Kunsttheorie, indem sie wiederum etwas am Gegebenheitscharakter des Wirklichen festhält, seine ›Unerkennbarkeit‹ dort, wo sich der Mensch, unter dem Diktat der Selbsterhaltung, Illusionen nicht leisten kann. Die Illusion der Kunst, die Feier des wahrhaftigen Scheins, ist die Wahrneh-

---

20 [F. Nietzsche, Vorarbeiten zu einer Schrift über den Philosophen. A.a.O.] VI[,] 31[. F. Nietzsche, Nachlaß 1869-1874 (KSA 7). A.a.O., 453f.]
21 [Ebd.,] 12[. Ebd. 428.]
22 [Ebd.,] 98[. Ebd., 632.]

mung der Möglichkeit, wo Selbsterhaltung nicht im Spiele ist und deshalb mehr als diese wahrgenommen werden kann, nämlich die Chance der Selbststeigerung. Die Kunst ist so die Heiligung der *Lüge*, *das gute Gewissen* im *Wille[n] zur Täuschung*.[23]

Die Differenzierung der epochalen Wirklichkeitsbegriffe hat uns auf Nietzsche – als den kritischen Punkt für die Ermittlung der Unmöglichkeit des antiken Wirklichkeitsbegriffs der momentanen Evidenz inmitten eines veränderten Wirklichkeitsbewußtseins der offenen Konsistenz – geführt. Es sollte daher doch noch etwas deutlicher gesagt werden, wie Nietzsches Antithese von lügenhafter Natur und wahrhaftiger Kunst auf dieser gefährdeten Basis abgestützt ist. Meine These lautet: Nietzsches Wirklichkeitsbegriff ist noch, oder besser: wie der der Sophistik. Darauf beruht auch seine Feindschaft gegen den sophistischen Apostaten Sokrates und gegen den Systematiker dieser Apostasie, Plato. Ich will das erläutern, immer im Bewußtsein, von einem Anachronismus zu sprechen, aber von einem ungemein aufschlußreichen.

Nietzsche ist ein eminent rhetorischer Philosoph. Wirklichkeit ist ihm nicht das Vorgefundene und Vorgegebene, der Mensch konsequent nicht ein ›Wesen‹ von fester Spezifität. Dazu wußte Nietzsche schon zuviel vom Darwinismus. Deshalb wurde er ein Philosoph der Macht. Denn Realität aus dem Schein und als Schein herzustellen und durchzuhalten, das ist es, wozu Macht gehört und was Macht allemal nebenbei oder in der Hauptsache geleistet hat. Wenn Schein *die wirkliche und einzige Realität der Dinge* ist,[24] dann ist der Wille zur Macht die letzte Konsequenz, die nicht erst politische, sondern schon anthropologische Grundidee. Dann ist auch nicht deren politische Aktualisierung der letzte Schritt – zumindest nicht, solange Politik Nationalpolitik ist und in der Schwierigkeit der Unabschließbarkeit von anderen Systemen auch dann steht, wenn dies mit höchstem Einsatz der modernen Technik bis hin zum Störsender versucht wird –, sondern dasjenige

23 [F. Nietzsche, Zur Genealogie der Moral. Eine Streitschrift (Musarion-Ausg.)] XV[. München 1925,] 439[. F. Nietzsche, Zur Genealogie der Moral. Eine Streitschrift (KSA 5). A. a. O., 402.]

24 [F. Nietzsche, Aus dem Nachlass: Studien aus der Umwerthungszeit 1882-1888 (Musarion-Ausg.] XVI[). München 1925,] 46[. F. Nietzsche, Nachlaß 1884-1885 (KSA 11). A. a. O., 654.]

Feld, auf dem der Schein keine Rivalen hat, das der ästhetischen Produktion.

Im Gegensatz zum Idealismus, der die Produktion der Welt immer schon im Rücken des individuellen Ich durch das absolute oder transzendentale Ich hat hervorbringen lassen, so daß entweder dem Willen jede Einwirkung entzogen ist oder jene Instanz im Rücken des individuellen Subjekts ganz einfach in ›Willen‹ umbenannt wird, ist die ästhetische Produktivität, allgemeiner: der rhetorische Schein, eine Äußerung des Individuums und seines Willens zur Macht, auch wenn es nun das Leben ist, welches ihm im Rücken steht und es antreibt. Die erkenntnistheoretischen Schrecken der frühen Neuzeit, der mögliche Weltbetrug des cartesischen *genius malignus* oder der unübersteigbare und ununterscheidbare Lebenstraum des Barocks in der Kritik von Leibniz an Descartes, diese Schrecknisse werden von Nietzsche nicht mehr ernst genommen. Er übersteigert noch diese Schrecknisse, um sie verachten zu können, so wie es der antike Sophist Gorgias getan haben mochte mit seinen drei Thesen gegen alles, was der Epoche wichtig sein mochte: 1. Es existiert nichts; 2. Wenn etwas existierte, könnten wir es nicht erkennen; 3. Wenn Erkenntnis möglich wäre, könnten wir sie nicht mitteilen. Descartes, so Nietzsche, habe trotz der Radikalität seiner Zweifelsversuche nicht radikal genug gefragt. Er habe als selbstverständlich vorausgesetzt, daß der Mensch *nicht betrogen werden* wolle, und deshalb sich nicht um die weitere Frage kümmern mögen, *warum* wohl *nicht*.[25] Der Wille, nicht betrogen zu werden, könnte nur das vordergründigste Mittel, der Kunstgriff eines noch tieferen Willens sein, der nichts anderes will, als daß wir uns selbst betrügen. Diesen Gedankengang hat Nietzsche als den Kern des neuzeitlichen Denkens qualifiziert. Er hätte dies nicht zu tun vermocht, wenn er darin nicht auf das neuzeitliche Wirklichkeitsbewußtsein gezielt hätte. Der Sophist betrügt rhetorisch, weil er die Existenz der Wahrheit bestreitet; wenn dies zum Betrogenwerden führt – und nach aller metaphysischen Tradition ergibt es Betrogenwerden –, dann ist der rhetorische Betrug nicht so sehr die metaphysische Revanche, sondern die einzige Möglichkeit, so zu sein und zu leben, wie es die Welt erfordert.

25 [Ebd.,] 52. [Ebd., 632.]

Betrogen zu werden und dennoch zu überleben, das ist die Probe auf den Menschen, wenn nicht schon auf den Übermenschen. Das alles steckt in dem die Neuzeit revozierenden Satz: *Sollte Gott doch ein Betrüger sein, trotz Descartes?*[26] Der Mensch kann, was er seinem Gott zugetraut hatte: so undurchdringlich betrügen wie dieser. Als was er diese altersehnte Äquivalenz gewinnen kann, ist für Nietzsche ganz fraglos: als Künstler, und natürlich als der Künstler, der sich als des Gesamtkunstwerks fähig erwiesen hatte. Insofern ist das Gedankenexperiment des Descartes, diese letzte Umsetzung des Mittelalters in die Ausdrücklichkeit seiner Möglichkeiten, nun radikal umgekehrt: Der trügerische Dämon wäre die höchste Steigerung der Probe auf die menschliche Selbstbehauptung, auf eine Vernunft, die das Lebenkönnen ohne Wahrheit impliziert. Die Passivität des Betrogenen und des Träumenden ist transformiert in die höchste Aktivität dessen, der sich um das, was ist oder sein könnte, nicht mehr kümmert. Gorgias hätte noch eine vierte These seinen drei ersten Nihilismen hinzufügen können: Was auch immer wir von unserer Erkenntnis der Welt mitteilen könnten, es wäre gleichgültig für den, dem es mitgeteilt würde.

Worin liegt der Vorzug der ästhetischen Quasi-Wirklichkeit gegenüber der vorgegebenen Realität der lügenhaften Natur? So darf gefragt werden, weil nach der Erkenntniskritik Kants und nach dem deutschen Idealismus eine Rückkehr zum Realismus der Natur gar nicht möglich ist und, wie Nietzsche es formuliert, *Schein* ohnehin *die einzige Realität der Dinge* geblieben ist.[27] Der Vorteil der ästhetischen Wirklichkeit besteht darin, daß der an ihr orientierte neue Wirklichkeitsbegriff nur aus dem gewonnen zu werden braucht, was uns etwas angeht. In der Gleichgültigkeit der zur Erscheinung degradierten Natur gegenüber dem Menschen gründet als einziger Ausweg der Selbstbehauptung die Gleichgültigkeit des Menschen gegenüber dieser Natur. Gleichgültigkeit aber ist Äquivalenz von Sein und Nichtsein, Ausschaltung der absoluten Alternative des Hamlet-Monologs. Aus dieser Gleichgültigkeit tritt allein das heraus, was mich angeht, was mich nicht gleichgültig ›läßt‹. Nietzsche schreibt: *›Es existirt‹ heisst: ich fühle mich an ihm als*

26 [Ebd.,] 10[. Ebd., 442.]
27 [Ebd.,] 46[. Ebd., 654.]

existent.[28] So kann Nietzsche auch Goethes Erfurt verstehen: *er hätte kein grösseres Erlebnis als jenes ens realissimum, genannt Napoleon,*[29] gehabt, eine antikische Evidenz also.

Bei welchem Wirklichkeitsbegriff befinden wir uns hier? Darf man sagen, angehen tue mich das, was sich durchhält, was zuverlässig ist, rein schon deswegen, weil es dies ist? Dann wären Konstanz und Konsistenz schon die wichtigsten Merkmale dessen, was mich etwas angeht? Macht es viel aus, daß Nietzsche damit unterdefiniert finden würde, was er meint, daß ihm dies zu wenig wäre und er gerade darüber seine Selbststeigerung hinaustreiben möchte? Aber schon seine Umdeutung jener zentralen Zweifelshypothese des Descartes, wir könnten durchaus und in allem Betrogene sein, in die Verschmähung ihrer Widerlegung kraft der Fähigkeit, sie zu überstehen und darin zu überwinden, macht erkennbar, daß hinter dem Vorhang des Pathos der Steigerung die schlichte Probe auf die bloße Selbsterhaltung immer noch steht. Daher ist auch für Nietzsche die Grundform der anthropomorphen Hypothesen, mit denen der Mensch der ihm unbekannten Welt sein Bild aufzwingt, die nackte Durchhaltbarkeit: *Und eine solche* Hypothese *mit einem zähen Willen festhalten und dafür leben!*[30]

Man könnte denken, dies sei die in einen kategorischen Imperativ umgeformte Beschreibung von ›normal science‹ bei Thomas S. Kuhn. Doch zunächst ist es nur eine Formel für die Formierung des menschlichen Daseinskonzeptes nach dem Scheitern des Idealismus. Im Grunde immer noch eine Spätform dieses Idealismus. Der Mensch ist ein angestrengtes Wesen geworden, weil ihm nicht mehr feststeht, was für ihn wirklich ist – und das heißt für Nietzsche: was ihn angeht.

Ich habe zu zeigen versucht, wie das antike Axiom von der Lügenhaftigkeit der Dichtung immer noch die Grundlage dafür ist, diese Dichtung am Ende als die einzige Form von Wahrhaftigkeit einzusetzen. Denn auch dies ist noch wieder eine Folge der antiken Voraussetzung, daß nur *eine* Welt die *wahre* Wirklichkeit sein kann und jede andere

---

28 [Ebd.,] 47[. F. Nietzsche, Nachlaß 1885-1887 (KSA 12). A.a.O., 192.]

29 [F. Nietzsche, Götzen-Dämmerung (Musarion-Ausg. XVII). München 1926,] 150[. F. Nietzsche, Götzen-Dämmerung (KSA 6). A.a.O., 151.]

30 [F. Nietzsche, Aus dem Nachlass: Studien aus der Umwerthungszeit 1882-1888. A.a.O., 56. F. Nietzsche, Nachlaß 1884-1885 (KSA 11). A.a.O., 109.]

als diese eine Welt zum Schein und zur Täuschung degradiert werden muß. Folge für Nietzsche: Die Kunst kann nur wahrhaftig sein, wenn sie die neue einzige Wirklichkeit ist und wenn dadurch die Natur zur Lügenhaftigkeit verurteilt wird.

Aber natürlich ist dies nicht alles. Ohne das Aufkommen des einen großen Satzes, wahr könne für ein Subjekt nur sein, was es selbst gemacht habe (*verum et factum convertuntur*), dieses Satzes, der die Grundlage der ganzen theoretischen Philosophie von Kant ist, ohne das Aufkommen dieses Satzes also wäre es unmöglich zu sagen, die Wirklichkeit, die sich daran erweise, daß sie den Menschen etwas angehe, könne nur aus demjenigen bestehen, was er für sich selbst mache. Insofern hat Nietzsche nur die Konsequenz gezogen, die auf der Linie Vico – Kant – Fichte noch auszuziehen war. Dabei dürfen wir nicht vergessen, daß rein logisch auch die Möglichkeit bestand, aus der Antithese von Wahrheit und Lüge für die Kunst überhaupt herauszuspringen und die völlige Unverbindlichkeit des artistischen Gebildes, seine Unbetroffenheit durch die Unterscheidung von Wirklichkeit und Illusion festzustellen. Aber auch Nietzsche hatte geschichtlich offenbar diese Wahl nicht, das ästhetische Gebilde anders als aus seinem Verhältnis zu einer ›Wirklichkeit‹ zu legitimieren, und wenn es schließlich diese ›Wirklichkeit‹ selbst sein mußte.

Wenn im Neuen Testament der Apostel Paulus bezeugt, er habe den Auferstandenen ›gesehen‹, wie die anderen Apostel ihn ›gesehen‹ hätten, er sei ihm erschienen wie den übrigen, so kommen uns die Christophanien des Paulus als ein exotisches, dem Orient zugehöriges Ereignis in einer Welt vor, wo Wunder die naturgemäße Selbstbezeugung von Göttern sind. Hinzu kommt, daß Paulus vor den Toren von Damaskus durch das Licht vom Himmel geblendet wird und die Stimme hört, die ihn niederwirft und zur Umkehr zwingt. Was den Glauben an dieses Bekehrungsereignis wachgehalten hat, ist der Bruch im Leben des Paulus, der außerhalb jeder psychischen Konsequenz zu liegen scheint: Der rabbinische Verfolger der frühen Gemeinde wird inmitten seines Rasens niedergeworfen und zum radikalen Wandel gebracht. Auch wenn die Bibelkritik wenig von solchen Ereignissen übriggelassen hat, muß sie doch dazu veranlassen, das Verhältnis des Verfassers solcher erbaulicher Geschichten für die frühe Gemeinde zu seinem Publikum und zu denen ins Auge zu fassen, die es vermehren sollten. Auch eine Missionspredigt muß sich an das halten, was ihre Hörer, was die von ihr Umworbenen noch für möglich und vor allem für bestätigend halten. Daß das Wort eines Mannes – *Ich habe ihn gesehen* – überhaupt Bedeutung bekommt, auch wenn er vom gesehenen Gott nichts weiter Wunderbares zu berichten weiß, nicht Zeuge von Überwältigungen der Natur war, setzt einen Wirklichkeitsbegriff voraus, unter dessen Geltung an bestimmten Erscheinungen, die nicht in den Zusammenhang der alltäglichen Natur gehören, gar kein Zweifel geübt wird oder als geübt gedacht werden kann.

Was dem Paulus zustößt und was seine Zuhörer und Adressaten ihm abgenommen haben, ist nichts anderes als das, was im platonischen Höhlengleichnis die Insassen der Höhle dem zu ihnen zurückkehrenden Zeugen der Ideenwelt als dessen philosophische Lehre abzunehmen haben. Auch wenn es sich nicht gerade um Götter handelte, muß es den Griechen als ganz selbstverständlich erschienen sein, daß, wenn einem ein Gott erscheinen sollte, dieser dann so wenig Zweifel an seiner Erscheinung übriglassen würde wie der alttestamentliche Jahwe bei Abraham, als er ihm das Widersinnige und Naturwidrigste befahl, den eigenen Sohn zu opfern. Bei Vergil schickt Jupiter Markus zu Aeneas, er solle Dido veranlassen, endlich Rom zu gründen, ohne daß der Betroffene den ihm doch so naheliegenden Zweifel am Gott aufkommen läßt. Im Gegenteil: Schwerwiegende, fast unzumutbare Entschlüsse werden seit Homer nur so verstanden. Jeder, der solche Texte liest, unterstellt dem Betroffenen verwundert, daß er doch hätte zweifeln müssen, ob ihm da nicht eine böse Täuschung widerfahren sei oder wenigstens ein böser Dämon ihn heimgesucht habe unter der Vorspiegelung, er sei der für ihn zuständige Gott, der allein ihm derartiges sollte abverlangen dürfen. Das ist unsere Schwierigkeit bei der Beschäftigung mit solchen Texten, daß sie ganz unabhängig von der Frage der historischen Zuverlässigkeit der Überlieferung etwas für möglich halten, was doch für unser Verständnis jedem Zweifel und Mißtrauen hätte ausgesetzt sein müssen: Wenn der Gott erscheint, gibt es keinen Zweifel daran, daß er es ist.

Ich will nicht bei alten Wundergeschichten verweilen, sondern sie nur als den Spezialfall eines viel umfänglicheren Sachverhalts herausstellen.

Immerhin war es die griechisch-römische Welt, die mit diesen alten Wundergeschichten erobert worden ist. Wir wissen, daß ein vergleichbares Problem der Sichtbarmachung von nicht mehr irdisch-natürlichen Qualitäten Goethe beschäftigte, als er seine »Pandora« schrieb. Dies wurde ihm zumindest leichter unter dem Einfluß seiner Beschäftigung mit dem spätantiken Philosophen Plotin, auf den ihn 1805 der Begründer der Homer-Kritik Friedrich August Wolf hingewiesen hatte. Goethe hat den Text, der die Gestaltung der Pandora als einer dämonisch-idealen Figur beeinflußt hat, später dem Archiv Makariens in den »Wanderjahren« einverleibt. Dies war eine Wiederentdeckung, denn wir wissen aus den Materialien zum sechsten Buch von »Dichtung und Wahrheit«, daß er schon sehr früh *wie durch eine Inspiration* zu Plotin gefunden und Tag und Nacht über einer geborgten Ausgabe gelegen hatte.[31] Und Plotin ist ein Autor, der es mit den inneren Dissonanzen des antiken Wirklichkeitsbegriffs wie kein anderer zu tun hatte, indem er ihn zugleich verschärft behauptete und dadurch zum Zerfall brachte.

Der Text, den Goethe 1805 herausgreift, stammt aus der fünften »Enneade«. Dabei geht es um eine Revision des Begriffs von Kunst als Nachahmung der Natur. Im näheren um eine Vermeidung desjenigen Einwandes, den Plato im zehnten Buch der »Politeia« gegen die Kunst als Nachahmung der Nachahmung vorgebracht hatte. Der Neuplatoniker ist in diesem Punkt ein Antiplatoniker. Es sei kein Grund gegeben, die Künste zu verachten, weil sie die Natur nachahmen. Dagegen sei vor allem zu sagen, daß auch anderes die Naturen nachahmt. Der Plural von ›Natur‹ läßt erkennen, daß hier die Bedeutung von ›Natur der Sache‹ im Sinne von ›Wesen der Dinge‹ gemeint ist (Goethe hat so nicht übersetzt, sondern den Fehler des Marsilio Ficino – der wohl seine Textgrundlage war – wiederholt, den Plural von ›Natur‹ zum Subjekt statt zum Objekt zu machen und so den Satz seines Sinnes zu berauben; denn er soll doch sagen, daß die Künste nicht allein stehen, wenn sie die Naturen der Dinge nachahmen). Aber das ist nicht der Punkt, auf den Goethes Aufmerksamkeit an diesem Text gerichtet war. Denn Plo-

31 [J.W. Goethe, Dichtung und Wahrheit. In: Goethes Werke (]Weimarer Ausgabe [). Weimar 1897-1905. Abt. 1: Werke, Bd. 27,] 382.

tin wendet weiter gegen den Tadel wegen ›Nachahmung der Natur‹ ein, daß die Künste eben nicht einfach das nachahmen, was sichtbar ist, sondern sich zurückbeziehen auf das und sich aufrichten an dem, wonach schon die sichtbare Natur gebildet sei. Sie hätten ein unmittelbares Verhältnis zu jenen Logoi, auf die sich schon Sokrates nach dem Zeugnis im »Phaidon« von der sichtbaren Natur her zurückgezogen hatte. Wichtiger noch ist das Zugeständnis des Plotin an die Künste, daß sie vieles von sich selbst her und aus sich selbst nehmen und auch dort etwas hinzufügen, wo es daran mangelt, die Schönheit zu erreichen. Hier folgt das Beispiel, das für unseren Zweck unentbehrlich ist, der Hinweis auf das Zeus-Bildnis des Phidias. In der Übersetzung Goethes heißt es bei Plotin: *Ferner bringen auch die Künste vieles aus sich selbst hervor und fügen andererseits manches hinzu, was der Vollkommenheit abgehet, indem sie die Schönheit in sich selbst haben. So konnte Phidias den Gott bilden, ob er gleich nichts sinnlich erblickliches nachahmte, sondern sich einen solchen in den Sinn faßte, wie Zeus selbst erscheinen würde, wenn er unsern Augen begegnen möchte.*[32] Plotin hielt es also für möglich zu denken, daß Zeus einem Menschen erscheine und dabei eine solche Gestalt annehmen könne, daß der menschlichen Wahrnehmung kein Zweifel an ihrer Göttlichkeit und dazu noch an der Identität des Gottes übrigbliebe. Die Lösung für diese Frage ist, in unserem Sprachgebrauch, ästhetisch: Es ist die Evidenz der Schönheit, Unwahrscheinlichkeit im Zusammenhang der übrigen physischen Erscheinungen, die das Überzeugende in der Begegnung des Gottes ebenso wäre, wie sie in der Intention des Künstlers liegt, wenn er glaubwürdig machen will, sein Werk sei das Bildnis des Gottes. Keine Symbolik, kein vertrauter Kontext wie in der Erschaffung Adams bei Michelangelo ist erforderlich, um diese Evidenz zu erzeugen.

Nun ist das für die vom Künstler gewollte und gekonnte Evidenz der Schönheit keine Schwierigkeit, da der Betrachter immer noch bei aller Steigerung und Überbietung des ihm Vertrauten einen beliebigen Abstand zum Gemeinten einkalkulieren kann: Es ist zwar das Höchste, was von Menschenhand erreichbar erscheint, aber damit doch erst

32 [J.W. Goethe, Brief an Zelter (1. September 1805). In: Weimarer Ausgabe. A.a.O. Abt. 4: Briefe, Bd. 19, 56f.]

und nur die Hindeutung auf seinen Gegenstand. Das bleibt uns verständlich. Aber Plotin hatte das umgekehrt: Wenn es möglich ist, daß der Gott erscheint und nicht verkannt werden kann, dann ist es auch möglich, daß der Künstler etwas darstellt, wofür es keine natürliche Vorlage gibt und was daher auch nicht durch Mimesis entstanden sein kann.

Goethe hat seiner Übertragung aus Plotin noch drei Absätze eigener Erläuterungen hinzugefügt: *Man kann den Idealisten alter und neuer Zeit nicht verargen, wenn sie so lebhaft auf Beherzigung des Einen dringen, woher alles entspringt und worauf alles wieder zurückzuführen wäre. Denn freilich ist das belebende und ordnende Prinzip in der Erscheinung dergestalt bedrängt, daß es sich kaum zu retten weiß... Eine geistige Form wird aber keineswegs verkürzt, wenn sie in der Erscheinung hervortritt, vorausgesetzt, daß ihr Hervortreten eine wahre Zeugung, eine wahre Fortpflanzung sei. Das Gezeugte ist nicht geringer als das Zeugende, ja, es ist der Vorteil lebendiger Zeugung, daß das Gezeugte vortrefflicher sein kann als das Zeugende.*[33] In all diesem haben wir es nicht mit Geschichten und Berichten über Erscheinungen von Göttern zu tun, die leicht in den Geschmack oder Geruch der Primitivität eines Wunderglaubens geraten, sondern nur mit Aussagen, die gleichsam die Verifikation solcher Erscheinungen, für den Fall, daß sie eintreten könnten, als ganz unproblematisch ansehen.

Nun besitzen wir ein Gegenstück zu Goethes Exzerpt aus dem Plotin von 1805, ein Gegenstück aus dem literarischen Rokoko des Christoph Martin Wieland in Gestalt seines dritten Göttergesprächs von 1789. Auch hier ist vom Zeus-Bildnis des Phidias in Olympia die Rede. Es vertritt die Kunst in ihrer höchsten Funktion, den Gott erscheinen zu lassen: *Was wäre Theophanie, wenn es dieser Anblick nicht ist?*[34] Aber nun ist die Erscheinung des Gottes dennoch nicht die Wahrheit, weil es nicht der wahre Gott ist, der erscheint, dieser aber sich der Abbildung verweigert. Also ist das Evidenzideal der Kunst an ihrem genuinen

---

33 [J.W. Goethe, Wilhelm Meisters Wanderjahre. In: Goethes Werke (Hamburger Ausgabe). München 1950-1967. Bd. 8, 463f.]

34 [C.M. Wieland, Göttergespräche. In: Sämmtliche Werke. Hamburg 1984. Bd. 25, 46.]

Thema anachronistisch geworden: Der Zeus von Olympia war ein Frevel, weil er die Möglichkeit einer Präsenz des Höchsten unterstellte, die unmöglich ist. Nun läßt Wieland Zeus selbst der puristischen Kritik vom Gottesbegriff her widersprechen: Der Gott kann, wenn er will, auch aus seinem Bild präsent werden. Dieser Wille, der sich auf die Seite der Kunst schlägt, ist erst die Erfüllung der Reinheit des Gottesbegriffs, die Parteinahme des Bildlosen für das Bild, vielleicht sogar trotz des Bildes. Der Zeus des fiktiven Gesprächs droht, nach der Zerstörung seiner Tempel und Bilder würden die neuen Mythologen keinen Phidias hervorbringen, die neuen Phidiasse zu keinem olympischen Zeus mehr fähig sein. Die Strafe des Gottes für die Zerstörung seines Bildes ist sein Rückzug in die Bildlosigkeit, in die ästhetische Verweigerung. Das Bündnis der Götter mit der Kunst ist zerbrochen. Das gilt dem poetischen Aufklärer als Mutwilligkeit des Christentums; aber umgekehrt ist es verständlicher, daß der dualistisch umgepolte und auf bloße Garantie statt momentane Evidenz angelegte Wirklichkeitsbegriff dem Bruch die Voraussetzungen anbot.

Für das Mittelalter wird folgenreich, daß der menschgewordene Gott des Christentums dabei nicht die strahlende Offenbarkeit der Epiphanie, sondern die ›Unscheinbarkeit‹ der Knechtsgestalt, der ›Kenosis‹ gewählt hatte. Die Verkennbarkeit des Gottes war die Voraussetzung für die Unterwerfungsforderung des Glaubens. *Fides est non apparentium* – diese allgegenwärtige Definition des Glaubens ist der auf alle andere Erfahrbarkeit ausgespannte Leitfaden dafür, daß anstelle der momentanen Evidenz die hinzunehmende Beglaubigung getreten ist. Der inkarnierte Gott war nicht die *Erscheinung* des Gottes, nicht seine sinnenhafte Gegenwart, sondern die Anwartschaft auf seine Zukunft, auf die Nähe der Parusie, und nur diese Hoffnung machte zunächst die Dürftigkeit der Gegenwart erträglich. Alles wurde Mittelbarkeit, so auch die Ausweisungsart des Messias durch seine Wunder.

Aber die biblischen Berichte von Jesus sind fast unberührt von den spezifisch antiken Problemen des Wirklichkeitsbewußtseins. Erst beim Eintritt der Mission des neuen Glaubens in die hellenistische Welt kommt die biblische Heilsfigur unter die von lange her ausgearbeiteten Kategorien von Schein und Sein, also unter die Kriterien eines strengeren Realismus. Und nun reicht die Hoffnung auf alsbaldige Offenbarkeit des auf den Wolken des Himmels wiederkommenden Herrn schon gar nicht mehr aus, um den entbehrten Glanz der Verklärung – nur einmal den Jüngern gewährt auf dem Berge Tabor –, die alttestamentliche Doxa (*chabod*) zu ersetzen. Die Heilsverheißung bedurfte mit dem Ausbleiben der eschatologischen Ereignisse immer zwingenderer Bürgschaften. Die Verleiblichung des Gottes selbst erforderte nachträglich die Zeichen ihrer Zuverlässigkeit für ein so langes Warten über die erste Generation hinaus und bald über viele Generationen hinweg. Damit entsteht ein neuartiger und dem biblischen Kontext fremder Zwang zum Realismus der Inkarnation als Heilsgarantie. Sie mußte nun so unbedingt zuverlässig sein, wie es nie ein antiker Gott zu sein brauchte, weil sie ungeheurere Zumutungen stellte. Der Realismus wird durch die ursprünglich eschatologischen Überforderungen ausgelöst, wie er während der vierzigjährigen Wanderung der Stämme Israels durch die Wüste ausgelöst worden war und immer deutlichere Zeichen gefordert hatte.

So auch jetzt; in die Wüste konnte man nur gehen, wenn jener wirklich der menschgewordene Gott gewesen war und als dieser gelitten hatte. Aus diesem neuen Zwang zur Mittelbarkeit des Realismus entsteht die christologische Dogmatik, verteidigt gegen jeden leisesten Zug von Doketismus oder gnostischer Aufweichung. Niemals zuvor hatte es eine solche Nötigung gegeben, Garantien für etwas herbeizuschaffen, was sich selbst als historisches Ereignis nicht mehr manifestieren konnte. Nichts durfte daran rühren, daß dies mit Haut und Haaren ein Mensch war. Aber auch nichts durfte in Zweifel ziehen, daß er völlig gleichen Ranges mit der höchsten Gottheit war. Obwohl ihm davon nichts anzusehen war und es nur den Weg der mittelbaren Erschließung aus den Wundern und der Auferstehung gab, die ihrerseits den Realismus der Leiblichkeit ganz suspekt werden ließ, wie die Geschichte vom ungläubigen Thomas verrät, der berühren wollte, der Bedürfnisse sehen wollte und insofern eine ganz einsame und abseitige Figur des Realisten darstellt. Dennoch gehört dieser Thomas ganz zum antiken Wirklichkeitsbegriff: Er zweifelt nicht am Gott, sondern an der Rettung des Leibes über den Tod hinweg, also nicht an der Identität des Jesus, sondern an seiner Wohlbehaltenheit trotz Leid und Tod.

Vielleicht ist der erste Akt von Garantie, noch weit entfernt von realistischen Anforderungen, die Auffassung des Paulus im Römerbrief von der Rechtfertigung, sie sei die symbolisch bewirkbare garantierte Anwartschaft auf Freispruch im Gericht. Aber auch hier ist die Frische der eschatologischen Erwartung noch frei von allen dogmatischen Erfordernissen, also vom Realismus der schieren Leibhaftigkeit. Wo die Nötigung im Menschlichen akut ist, bleiben die Erfordernisse des Realismus zurückgestellt.

Unterschiede wie die zwischen Metamorphose und Inkarnation tendieren erst darauf, einen neuen Realismus zu produzieren. Aber in der immer schärferen Kontrastierung der theologischen Dogmatik gegenüber dem Mythos, in der Tendenz dieses jahrhundertelangen Prozesses, wird das deutlich, was definitorisch an den beiden Phänomenen Mythos und Dogmatik kaum zu treffen ist, was nur als Tendenz und von ausgewählten Endpunkten und Spätphasen her verdeutlicht werden kann. Es war die Kritik der Philosophie am Mythos, nicht nur an seiner Moral, sondern auch an der Leichtfertigkeit seines Gestaltwechsels und damit an der Unzuverlässigkeit seiner Figuren, was dem neuen Realismus in dem Angebot einer endgültigen Heilsverwirklichung vorgearbeitet hatte. So wurde der von langer Hand vorbereitete Messianismus – bei seinem Eintritt in die hellenistische Welt fast unversehens als Metamorphose eines Gottes, dann als List und Täuschung des Heilbringers gegenüber den bösen Mächten gnostisch umgewertet – in die neue Ernsthaftigkeit der ›hypostatischen Union‹ transformiert. Immer wieder aber muß festgehalten werden, daß dieser Realismus nicht ein solcher der unmittelbaren Evidenz, sondern der mittelbaren Sanktion, der Verbürgung, des endgültigen Vertrages nach dem vorläufigen und vielfältig gebrochenen, also der dritten Instanz als der über jedes Wirklichkeitsverhältnis greifenden Klammer war. Die Klosterkirche der Benediktinerabtei Einsiedeln in Schwyz sollte von Jesus persönlich und eigenhändig geweiht worden sein. Zur Beglaubigung wurde den Pilgern ein Marmorstein vorgewiesen, auf dem die Fingerabdrücke Jesu sichtbar waren. Es ist so einfach zu sagen, nur primitiven Gemütern sei die Frage nicht aufgekommen, woran man die Identität der Abdrükke denn wohl bestätigt finden könnte.

Der mittelalterliche Gott, der alle für den Menschen mögliche Wahrheit (*veritas logica*) durch die ihm vorbehaltene *veritas ontologica* garantierte, wurde selbst solcher Beglaubigungen und Zeichen bedürftig, die ihn zur Durchbrechung der die Erkenntnis sichernden Regelmäßigkeiten der Natur nötigten. Da lag ein Widerspruch, den das scholastische System nicht auf Dauer verkraften konnte und der die Umkehrung der Beweislastlage für Regelmäßigkeit zur unausweichlichen Konsequenz machte: Wirklich kann nur sein, was sich in immanenter Konsistenz, wenigstens in prinzipiell als herstellbar gedachter Konsistenz der Erfahrung und dem Denken darbietet. Der Wirklichkeitsbegriff der Neuzeit ist keine Säkularisierung des mittelalterlichen, sondern so etwas wie dessen umfassendste noch mögliche Reparatur, was gleichbedeutend ist mit der Festlegung auf Undurchbrechbarkeit, also auf Ausschluß von Wundern und Zeichen.

Für das Mittelalter war der ›Rest‹ des antiken Wirklichkeitsbegriffs, die unmittelbare Evidenz der Anschauung, dem *status gloriae* vorbehalten und damit zu einer geradezu ausgeschlossenen Form des Wirklichkeitsbewußtseins gemacht. Niemals ist im Mittelalter, bei all seiner in Scholastik ausgebauten Spitzfindigkeit, die Frage gestellt oder als bohrend empfunden worden, woher denn die den *status gloriae* genießenden Seligen ihre Freiheit von jedem Zweifel haben sollten, nach dem Bruch des Erfahrungszusammenhanges ihrer irdischen Existenz durch den Tod nun nicht zu träumen, nicht der großen und endgültigen Illusion preisgegeben zu sein, sondern endgültig und unverlierbar der nicht mehr revozierbaren Gegenwart ihres höchsten Gegenstandes teilhaftig zu sein. Im Grunde konnte sich in dieser Epoche alle Ästhetik, sofern es sie gegeben hätte oder sogar gegeben hat, nur auf diesen Zustand der Unmittelbarkeit beziehen. Es ist dies, eingeschränkt und aufgeschoben, die Mitgift des antiken Wirklichkeitsbegriffs bis hinein in diejenige Form der Kunst, die aus dem Vorgriff auf die Verklärung in der Darstellung der Heiligen lebt. Es ist zugleich derjenige Wahrheitsbesitz der vollendeten Theorie, der schon dem antiken Denken als der unmittelbare Ursprung der Eudämonie erschien. Es war klar, daß dieser Vorbehalt der ruhenden Position des beglückten Zuschauers für die diesseitigen Existenzformen und theoretischen Anstrengungen die Negation übrigließ.

Der Wirklichkeitsbegriff der momentanen Evidenz hat seine Faszination bis hinein in die Erkenntnistheorien der Neuzeit, als Ideal der

Unmittelbarkeit von Gewißheit, nie verloren. In allen Philosophien, die damit umgingen oder auch nur damit spielten, die Bindung des Erkenntnisvermögens an diskursive Prozesse und deren Regelungen hinter sich zu lassen und die reine Anschauung selbst nicht nur verheißen, sondern praktizieren zu können und wenn schon nicht das Ganze der Erkenntnis, so doch wenigstens dessen Fundamente und Prinzipien derart abzustützen und zu sichern. Und wenn nicht dies, so doch die Eindeutigkeit unserer Begriffe auf vollzogene Anschauung zu begründen. Unabhängig von der im engeren Sinne erkenntnistheoretischen Frage, ob dies möglich und wie es gegebenenfalls einzugrenzen sei, tritt schon in solcher Idealisierung der Intuition der Anachronismus des darin sich behauptenden Wirklichkeitsbegriffs zutage.

Wie schon das Stück aus Wielands lukianischer Göttersatire zeigt, läßt sich vom Anachronismus ironischer Gebrauch machen. Der derart instrumentalisierte Anachronismus ergibt ein vorzüglich überschärftes Kontrastpräparat der Differenzen im Wirklichkeitsbegriff. In André Gides »Les Caves du Vatican« gibt es einen ironischen Reflex der momentanen Evidenz und ihrer Folgen als Äquivalenz von Fiktion und Realität für menschliches Schicksal, als praktische Gleichgültigkeit ihrer Unterscheidung. Es ist der Reflex der Leibniz-Kritik an dem Zweifelsversuch von Descartes, übertragen auf den ersten Wirklichkeitsbegriff. Im Roman scheitert der arme Kreuzfahrer Amadeus an der Aufdeckung einer vermuteten Vertauschung des Papstes. Nach der Trauerfeier für den Kreuzritter kommt es in einer Kutsche zum Gespräch zwischen dem Grafen Julius Baraglioul und dem einstigen Atheisten Anthimos. Der Atheist war, als er sich zum Glauben an Gott bekehrt hatte, vom körperlichen Übel des Hinkens geheilt worden. Nun, bei der Heimfahrt von der Trauerfeier für den gescheiterten Entschleierer der Vertauschung des Papstes eröffnet der Graf dem Altatheisten, der amtierende Papst sei tatsächlich nicht der echte. Beim Nachdenken über die Implikationen dieser Eröffnung wird Anthimos im Handumdrehen wieder zum Ungläubigen. Denn wer könnte ihn jetzt noch von dem Zweifel befreien, daß der gerade zu Grabe getragene Kreuzfahrer Amadeus Fleurissoire nicht beim Eintritt ins Paradies feststellen müsse, der Gott dort, sein Gott, sei gleichfalls nicht der echte? Die Antwort des Grafen impliziert den ungetrübten Fortbestand wenigstens der eschatologischen Möglichkeit momentaner Evidenz: Dieser Zweifel sei bizarr, er setze voraus, selbst von Gott könne es eine Fälschung geben, eine Verwechselung, ›als wenn ein anderer da auch nur zu denken wäre‹, wenn man ihm von Angesicht zu Angesicht gegenübersteht. Auf Anthimos macht diese anachronistische Berufung auf die momentane Evidenz nicht den geringsten Eindruck. Er teilt diesen Wirklichkeitsbegriff als Funktionär der neuzeitlichen Wissenschaft nicht mehr. Er läßt die Kutsche augenblicklich anhalten, steigt entschlossen aus und eilt davon. So gut es geht, denn – er hinkt wieder.

Der Anachronismus kann auch umgekehrt angesetzt werden: Der moderne Autor antiker poetischer Gestalten legt diesen Erwägungen in den Mund, die auf dem Boden des antiken Wirklichkeitsbegriffs nicht möglich wären. So hat Christoph Martin Wieland aufklärerische Gedanken in antike Figuren verlegt und dabei auch die Differenz fast ungewollt herauspräparieren müssen, die zwischen den Wirklichkeitsbegriffen besteht. Wenn er im »Agathodämon« durch den Pythagoreer Apollonius die Möglichkeit von Erscheinungen der Götter gegenüber den Menschen diskutieren läßt, entsteht eine Ironie aus der puren Distanz der Epochen der Adressaten des Textes im Rokoko der Aufklärung und den antik benannten Sprechern des Dialogs. *Gesetzt, Jupiter oder die goldne Aphrodite, seine Tochter, wollten dich so, daß keinem Zweifel Raum übrigbliebe, von ihrem Dasein überzeugen: so könnten sie es doch wohl nicht anders, als wie es deine Natur zuläßt, bewerkstelligen? also auf eben dieselbe Weise, wie du und ich und alle andre Menschen, vermöge unsrer Natur, von dem Dasein irgend eines Dinges außer uns gewiß werden?*[35] Der Empirismus, der hier aufzukommen scheint, ist akzessorisch; er hat mit dem Problem nichts zu tun. Die Unterstellung, der Gott wolle in der Gestalt eines Stiers oder eines Schwans erscheinen, führt zu der keineswegs nur empiristischen Feststellung, Europa und Leda, denen sich Jupiter in den Gestalten des Stiers oder Schwans genähert habe, hätten unmöglich auf den Einfall kommen können, unter dieser Maske den Vater der Götter zu vermuten oder gar zu erkennen. Aber auch die menschliche Gestalt ist von die-

35 [C. M. Wieland, Agathodämon. In: Sämmtliche Werke. Hamburg 1984. Bd. 32, 32.]

sem Zweifel nicht ausgenommen: Wie sollten wir uns im Angesicht von Göttern wähnen, wenn Zeus oder Aphrodite sich unter menschlicher Gestalt unter uns zeigten? Auch zusätzliche Umstände und Eindrücke an diesen Gestalten würden uns der Identifikation mit Göttern keinen Schritt näher bringen. Wie sollten sie es anfangen, sich zur Evidenz zu bringen, *sofern sie nicht das Unmögliche thun, und dem Menschen neue bisher unbekannte Sinnenwerkzeuge, oder Empfänglichkeit für Erscheinungen, die außerhalb des Kreises ihrer Anschauung liegen, geben können?*[36] Wieland kehrt den Spieß um und läßt selbst die Möglichkeit, Jupiter könnte sich in seiner ganzen Fülle und Majestät zeigen, angewiesen sein auf die ästhetischen Mittel, mit denen über Jahrtausende hinweg Künstler die Erscheinungsweise eines Gottes veranschaulicht hätten. *Gesetzt, Jupiter zeige sich dir in der ganzen Majestät, womit ihn Homer und Fidias umgeben, auf einer Donnerwolke sitzend, die Rechte mit Blitzen bewaffnet, und den göttlichen Adler zu seinen Füßen: was hättest du da gesehen, als ein Bild, das dir Dichter und Maler oft genug vorgemalt haben, um es deiner Einbildungskraft einzuprägen? und wie könntest du je gewiss werden, daß es nicht diese, sondern wirklich der äußere Sinn sey, der dir eine so ungewöhnliche Erscheinung darstellt?*[37] Aber selbst dann, wenn die Überwältigung durch die Phantasie ausgeschaltet werden kann, wenn der wirkliche Eindruck des Auges bestätigt werden könnte, so wäre da wieder nichts anderes als eine mit Blitz und Adler ausgestattete Menschengestalt auf einer Donnerwolke, immer noch kein Gott also… *der wirkliche Jupiter hätte in dieser Gestalt keine andre Eindrücke auf dich machen können, als die Schranken, die er selbst seiner Kraft durch seine scheinbare Vermenschlichung gesetzt hätte, zugelassen haben würden; das heißt, weder mehr noch weniger als denselben Eindruck, den eine erhabene Menschengestalt in dem besagten Jupiter-Kostum auf die natürlich disponierten Organe eines Menschen machen kann.*[38]

Das ist ein endgültiger Bescheid, den der Aufklärer bewußt in das vorchristliche philosophische Milieu der griechischen Welt verlegt. Es ist

36 [Ebd., 33.]
37 [Ebd.]
38 [Ebd., 34.]

die Projektion des Problems, wie es vom Wirklichkeitsbegriff der Neuzeit her sich stellt, in dessen Konsistenz ein Gott gar nicht die Möglichkeit fände, sich zu zeigen, selbst wenn er alle seine Verborgenheit preisgeben wollte. Er müßte die Wirklichkeit, in der er sich als solcher zu erweisen hätte, zerstören, das Wirklichkeitsbewußtsein in seiner Angewiesenheit auf die immanente Verknüpfung der Erscheinungen aufheben. Wieland besitzt die nun im kopernikanischen Zeitalter anachronistisch gewordene Freundlichkeit, dies auch der Unüberbietbarkeit der Gestalt des Menschen zuzuschreiben: ... *eine göttlichere Gestalt, als die menschliche, gesehen oder erfunden zu haben, hat sich meines Wissens noch kein Sterblicher gerühmt.*[39] Für den erscheinenden Gott steht also nicht mehr zur Verfügung als die Gestalt des Menschen, aber diese verhüllt ihn zugleich derart endgültig, daß er sich in ihr nicht mehr zeigen kann.

Hier deutet sich an, daß die Sprache jeder versuchten Erneuerung der Theologie nach der Aufklärung und im Wirklichkeitsbewußtsein der Neuzeit bewußt das Paradox, wenn nicht die Absurdität suchen muß. Es ist die Sprache, die von Kierkegaard erfunden wird und in der dialektischen Theologie der zwanziger Jahre unseres Jahrhunderts ihre Erneuerung gefunden hat. Sie nimmt das Faktum der Unmöglichkeit der Selbstbestätigung einer Offenbarung, der Unmöglichkeit der Erfahrung eines wunderbaren, also theophanen Sachverhalts selbst als die Rechtfertigung des Anspruchs auf Glauben an ihn. Die Unfähigkeit zu erkennen enthält die Chance, darauf zu verzichten. Was als *credo quia absurdum* eine imperiale Geste des finsteren Tertullian gewesen war, gliedert sich hier einem Wirklichkeitsbegriff an, der im Widerstand gegen die Vorstellung die äußerste Selbstausweisung eines nur in seinem Widerspruch darstellbaren Gegenstandes sieht, wie den physikalischen Gegenstand letzter Ordnung im Widerspruch der Anschauungen von Welle und Teilchen.

Im Nachlaß von Schopenhauer findet sich aus dem Jahre 1813 folgende Notiz, die man nicht ohne Erinnerung an den antiken Wirklichkeitsbegriff lesen kann. *Man hat Gott nach und nach, besonders in der scholastischen Periode und später, angekleidet mit allerhand Qualitäten:*

39 [Ebd.]

Die Aufklärung aber hat genöthigt ihn wieder auszukleiden, ein Stück nach dem andern, und man zöge ihn gern ganz aus, wenn nicht der Skrupel wäre es möchte sich dann ergeben, daß bloß Kleider wären und nichts drin.[40] Ich will das Zitat nicht fortführen, denn es wendet sich vom Fazit der bisherigen Entwicklung des Problems zu dem, was der Autor übrigbleiben sieht und was vollends seine negative Entscheidung bestimmt: Es seien zwei unablegbare Gewänder bei dieser kritischen Entkleidung, die unzertrennlichen Qualitäten der Personalität und der Kausalität am Gottesbegriff. Nehme man ihm noch diese Bestimmungen, so könne man zwar noch von ihm reden, ihn aber nicht mehr denken. Aber eben dies seien weltliche Prädikate für Subjekte und Objekte, deren weltjenseitiger Fortbestand jede Hoffnung auf ein besseres Bewußtsein zunichte mache. Deshalb könne der Philosoph nur hoffen, daß kein Gott sei.

Diese Wendung will ich auf sich beruhen lassen. Mir scheint wichtig, daß eine klassische Metapher der Aufklärung, die von der nackten Wahrheit mit allen ihren Implikationen der Entkleidung und der hinter allen Einkleidungen und Verkleidungen verbleibenden Substanz, sich in ihrer eigenen Fortsetzung aufgelöst hat: Die Kritik ist unendlich, und an ihrem Ende steht keine Substanz. Die Destruktion der Illusionen und Erfindungen und Tröstungen sollte, so hatte Pierre Bayle die historische Kritik programmiert, schließlich den Restbestand der geschichtlichen Wirklichkeit unversehrt zutage fördern. Eine der großen Enttäuschungen, die das Scheitern der Aufklärung gebracht haben, läßt sich auf eine Figur bringen, die ich das Zwiebelschalenmodell nennen möchte. Die Kritik findet kein Ende, jedenfalls eher das der Ermüdung und des Überdrusses als das ihr vorgeschriebene eines konsolidierten und unanfechtbaren Bestandes.

Ibsen hat im »Peer Gynt« seinen Helden das Zwiebelschalenmodell auf das eigene Leben beziehen lassen. Als er im fünften Akt, am Abend vor Pfingsten, tief im Hochwald schon nahe der Hütte Solveigs, nach eßbaren Knollen und Zwiebeln suchend, sich der Maxime seines Lebens erinnert, ›Man prüfe alles – und halte das Beste fest‹, da geht ihm am

40 [A. Schopenhauer, Der handschriftliche] Nachlaß[, Bd.] I[. Frankfurt a. M. 1966], 41.

Schälen einer Zwiebel auf, daß dies Rezept nicht selbstverständlich und notwendig Geltung habe. *Das nimmt ja kein Ende! Lage um Lage! Tritt denn der Kern nicht endlich zutage? Nein, soll man es glauben – da ist gar keiner! Nichts als Schalen – nur immer kleiner und kleiner!*[41]

Im nachhinein zeigt sich, daß die ausgebreitete Metaphorik der nackten Wahrheit als das dem Denken der Aufklärung zugrundeliegende Orientierungsschema im entscheidenden Punkt noch oder wieder dem Wirklichkeitsbegriff der momentanen Evidenz verhaftet war. Denn wie in Andersens Märchen der unerlaubte Zweifel verdrängt wird, ob denn der Kaiser überhaupt Kleider anhabe, von neuen ganz zu schweigen, so hat die Aufklärung immer den Zweifel verdrängt, es könne im entscheidenden Augenblick unerkennbar bleiben, ob die Wahrheit wirklich schon nackt sei oder immer noch zumindest Schleier trage. Man werde es schon merken, war die implizite Erwartung, wenn alle Hüllen gefallen seien. Woran merken? Eben an der guten alten Evidenz. Es gebe, wenn alle Verkleidungen und Einkleidungen, Verschönerungen und Umschreibungen, Verfälschungen und Vorurteile abgetan sind, eine letzte Stufe der Vergewisserung, daß man es mit einer Wirklichkeit zu tun habe, die nicht mehr durch weitere Schritte der Enthüllung ins Unrecht gesetzt und zur bloßen Vorläufigkeit degradiert werden kann. Das ist immer noch, als Prozeß betrachtet, die Geschichte des Heraustretens aus der Höhle in Platos zentralem Gleichnis der »Politeia«. Im Zwiebelschalenmodell artikuliert sich zumindest der Verdacht, daß es eine letzte Stufe des Herangehens an die Wirklichkeit nicht gibt. Indem der Prozeß der Realisierung von Realismus entschieden vorangetrieben wird, bleibt von der Realität, um die es geht, nichts übrig. Jede abgetragene Schicht legt eine weitere Schicht bloß, die nur auf den ersten Blick wie die nackte Haut der Realität aussieht, aber sich als weitere Verhüllung von Verhüllungen ohne harten Kern erweist.

Ibsens dramatisches Gedicht war 1867 erschienen, 1876 erstmals aufgeführt worden. 1871 hat Nietzsche der Enthüllungsmetaphorik eine andere Variante abgewonnen. Die Arbeit der Enthüllungen lenkt vom Re-

41 [H. Ibsen, Peer Gynt. In: Schauspiele in einem Band. Übers. v. H. E.] Gerlach[. Hamburg 1973,] 124f.

sultat der Enthüllung ab. Dieser wichtige Text steht in § 15 der »Geburt der Tragödie«.[42] These des Werks ist, daß Sokrates als Gegentypus des Tragikers ganz allgemein den theoretischen Menschen in seiner Opposition zum Künstler präformiert. Dabei wird der ästhetische Mensch durch das Enthüllungsschema repräsentiert, der theoretische Mensch hingegen durch dessen Perversion vorgestellt, die, wenn man nur einen Schritt weitergeht, als Fetischismus erscheint. *Wenn nämlich der Künstler bei jeder Enthüllung der Wahrheit immer nur mit verzückten Blikken an dem hängen bleibt, was auch jetzt, nach der Enthüllung, noch Hülle bleibt, geniesst und befriedigt sich der theoretische Mensch an der abgeworfenen Hülle und hat sein höchstes Lustziel in dem Prozess einer immer glücklichen, durch eigene Kraft gelingenden Enthüllung. Es gäbe keine Wissenschaft, wenn ihr nur um jene eine nackte Göttin und um nichts Anderes zu thun wäre.*[43] Man sieht, um wieviel näher Nietzsche trotz seiner die Wahrheit der Wissenschaft diskriminierenden Absicht dem antiken Konzept von Wirklichkeit steht als Ibsen mit seiner Metapher für die Substanzlosigkeit der modernen Existenz. Für die Antike war der Rückgang von der Erscheinung auf das wahrhaft und eigentlich Seiende immer endlich, nicht nur in der definierten Anzahl der Schritte in Platos Höhlengleichnis, sondern auch in der von Plato verachteten und bekämpften Atomistik des Demokrit: Die Atome hatten genauso Gestalten wie die Körper, die aus ihnen zusammengesetzt waren, nur daß die Erklärungsleistung über die räumlichen, aus ihnen gebildeten Körper hinausgehen und noch andere Eigenschaften umfassen mußten, die die Atome als solche nicht haben konnten, nämlich die sekundären Qualitäten. Man braucht nur zu vergleichen, daß Kant an seiner Disjunktion von Erscheinung und Ding an sich gerade deshalb nicht strikt festzuhalten vermochte, weil eben dieses Ding an sich das schlechthin Unerreichbare und nur noch Denkbare war, auf der anderen Seite aber die Nötigung entstand, den Begriff der ›Erscheinung von der Erscheinung‹, den wahrnehmbaren Gegenstand

---

42 [F. Nietzsche, Die Geburt der Tragödie. Aus dem Gedankenkreise der Geburt der Tragödie 1869-1871 (Musarion-Ausg.)] III[. München 1920, 100ff. F. Nietzsche, Die Geburt der Tragödie (KSA 1). A.a.O., 97-102.]

43 [Ebd.,] 101f. [Ebd., 98.]

vom theoretisch erschlossenen zu unterscheiden, einzuführen.[44] Für Demokrit hatte natürlich niemals jemand Atome gesehen, aber sie waren konzipiert als das prinzipiell dem Sichtbaren Gleichende, seine Funktion ganz aus dieser Eigenschaft Ableitende; noch das Unsichtbare war von der Art des Sichtbaren und eben als solches die letzte unüberschreitbare Wirklichkeit. Es ist das, was Lukrez mit dem Vers *eripitur persona, manet res* formuliert hatte.[45] Das bleibt der Kerngedanke der griechischen Philosophie: Wenn der Schein aufgehoben ist, kommt die Sache selbst zutage. Vorausgesetzt ist dabei, daß die Maske als Maske erkannt werden kann, ohne allzu großen Aufwand, und danach die Sache als Sache ohne Verdacht, eine neue Maske vor sich zu haben und das Ganze an dem gerade Aufgedeckten nochmals exekutieren zu müssen. Gegenstück zum Zwiebelschalenmodell und zugleich dessen ›Anwendung‹ durch Verzicht ist der ungeknallte Knallbonbon, die pure Enttäuschungsvermeidung, diffamiert als ›bürgerlich‹, der absolute Erwartungsaufschub.

44 [W.] Bröcker[, Kant über Metaphysik und Erfahrung. Frankfurt a. M. 1970,] 99-104.
45 [Lukrez, De rerum natura, III 57.]

III
[Zum Wirklichkeitsbegriff der Neuzeit]

Die historische Reihe der Wirklichkeitsbegriffe zwingt zu Erwägungen und Analysen über das mögliche logische Verhältnis ihrer Glieder.[1] Logik meint hier nicht die Selbstproduktion der begrifflichen Schritte eines Geschichtssubjekts oder eines Weltgeistes, sondern die bloße Einsehbarkeit der Ablösungsverhältnisse je für sich, also der Destruktion des einen Wirklichkeitsbegriffs und seiner Ablösung durch den folgenden. Dessen Erfolg muß vom Vorgänger her verständlich sein, ohne daß seine inneren Schwierigkeiten, die zu seiner eigenen Destruktion und Ablösung führen, schon in dieser Logik begründet sein müssen. Aber natürlich kann auch dies stattfinden und *post festum* abgesehen werden: Das Mittel zur Behebung der Schwierigkeiten eines Wirklichkeitsbegriffs hat eben nur im Verhältnis zu diesen Schwierigkeiten die entscheidenden Vorteile, nimmt neue Nachteile bereits zugunsten dieser Reparatur in Kauf. So ist es mit der Begründung des mittelalterlichen Wirklichkeitsbegriffs der dritten Instanz und ihrer verbürgenden Funktion; es ist absehbar, daß diese Konstruktion viel schärfere Schwierigkeiten als jemals zuvor zur Folge haben mußte, wenn die Garantie der dritten Instanz nicht nur aus Gründen des Zweifels an ihrer Existenz, sondern aus Gründen des Zweifels an ihrer Bereitschaft und Eignung für diese Funktion untauglich werden sollte. Dieses Risiko ist eingebaut, aber es ist nicht kalkulierbar gewesen. Es liegt nicht die geringste Frivolität in der Ausgestaltung dieses Dreiecksverhältnisses Subjekt – Garantieinstanz – Objekt, solange nichts zuverlässiger und wirkungsmächtiger zu sein schien als ebenjene dritte Instanz für alle Systeme des Mittelalters.

Wirklichkeitsbegriffe lösen sich also nicht ab wie mutierende Typen, et-

---

1 [Maschinenschriftlich hinzugefügte Anmerkung Blumenbergs am oberen Rand des Typoskripts:] Müssen sie überhaupt eine Reihe bilden? Ist nicht möglich, daß sich das Wirklichkeitsbewußtsein aufspaltet in zwei Spezies, Konsistenz und Kontrast? Wo bleibt die Epoche zum Wirklichkeitsbegriff IV sonst?

wa wie die der Weltanschauungen Diltheys, sondern sie werden durch die Ausschöpfung ihrer Implikationen und durch die Überforderung ihrer Nutzungs- und Befragungstoleranzen in den Zwang der Preisgabe und Neubegründung getrieben.

Für Descartes gab es keine momentane Evidenz des letztgültig Wirklichen, weder für das sich selbst in einem Quasi-Schluß erfassende Subjekt des *ego cogito* noch für den aus seinem Begriff oder als Ursache für seinen Begriff als existent deduzierten Gott. Die gegebene Realität wird erst zuverlässig durch eine Garantie, deren sich das Denken in einem umständlichen metaphysischen Verfahren versichert, für das es selbst diese Garantie nicht oder noch nicht in Anspruch nehmen kann. Nur so kann der Verdacht eines ungeheuerlichen Weltbetruges, den das Subjekt aus eigener Kraft nicht durchschauen könnte, wenigstens für den nicht allzu kritischen Adressaten eliminiert werden. Es ist das Publikum aus diesen Adressaten, das den Gedankengang überhaupt durchführbar macht. Denn dieses Publikum ist mittelalterlicher als der Autor des Textes. Dadurch erklärt sich überhaupt diese Differenz zwischen einem Philosophen, der als Begründer der neuzeitlichen Wissenschaftsidee anerkannt werden sollte, und dem epochalen Rückstand seiner Gedanken hinter dieser Wissenschaftlichkeit. Hier wie so oft müssen die neuen Gedanken, indem sie an ein altes Publikum herangetragen werden, sich ganz im Argumentationshorizont dieses Publikums bewegen und bewähren. Descartes also formuliert einen Gedanken aus, den des absoluten Zeugen, der in der ganzen Geschichte der mittelalterlichen Selbstauffassung des menschlichen Geistes seit Augustin vorbereitet war und ganz dieser Formation angehört.

Dieses Schema der dritten Instanz schließt aus, daß es ein Merkmal geben könnte, das als solches das je Gegebene in seiner unüberbietbaren Realität sich von sich selbst her ausweisen läßt. Man kann das auch so ausdrücken: Descartes wird nicht deshalb nicht der Phänomenologe, der nicht geworden zu sein ihm Husserl vorwirft, weil er das Verweilen in der Sphäre des *cogito* vergessen oder versäumt hätte aus Flüchtigkeit philosophischer Methodik, sondern weil der Wirklichkeitsbegriff, auf dessen Basis er zu argumentieren hat, ihm die letzte Selbstausweisung der Gegenstände, mit denen es der Erkennende zu tun hat, verwehrt. So sind auch die Merkmale der Klarheit und Deutlichkeit, die Descartes als Kriterien der Erkenntnis und des Begriffs aufstellt, nur unter den metaphysischen Bedingungen und innerhalb des Systems gültig, die aus dem Zweifelsversuch hervorgegangen waren. Sonst sind sie, wie mit Recht bemerkt worden ist, genausogut die Merkmale des in der Paranoia Gegebenen.

Man könnte nun sagen, die Schwierigkeit dieses Wirklichkeitsbegriffs des absoluten Zeugen sei diejenige, die insgesamt in der Kritik an Zeugen aller Art zutage tritt und sich als historische Kritik etablieren wird. Ich zitiere nur, was Hermann Samuel Reimarus in seiner »Vernunftlehre« von 1756 über die Erkenntnisquellen insgesamt, speziell über die Kriterien der Glaubwürdigkeit von Zeugen, sagt: *Glaubwürdig heißt ein Zeugnis, wenn es wegen seiner Wahrheit werth ist, in die Stelle unserer eigenen Erfahrung gesetzt zu werden.*[2] Vor allem aber: *Wer von der Aufrichtigkeit eines Zeugen urtheilen will, der muß selbst wissen, durch welche Bewegungsgründe das menschliche Herz zur Wahrheitsliebe, und im Gegentheile zur wissentlichen Verhehlung und Verletzung der Wahrheit gereizt werde; und besonders des Zeugen Gemüthsart, Lebensumstände, Urtheile, Handlungen und Schreibart untersuchen.*[3] Es ist klar, wie wenig diese Kriterien auf den absoluten Zeugen und dessen Zuverlässigkeit anwendbar sind. Glaubwürdig sollen daher auch solche Aussagen sein, die *dem Zeugen selbst, oder denen, welchen er wohl will, zur Unehre, Schaden und Unlust gereichen, oder denen, welchen er abgeneigt ist, Ehre, Vorteil und Lust bringen* können.[4] Aber wichtiger ist die andere Feststellung über die Konsistenz der Elemente, die zu einem Sachverhalt gehören: Glaubwürdig ist *eine Sache, die mehrmals geschehen, und in ihren Umständen zusammen hängt…*[5]

Wichtiger noch ist vielleicht die Erfahrung mit der privaten religiösen Erfahrung. Schon Luther hatte, zugunsten des Worts und seiner Bezeugung in seinem Zusammenhang, auf Zeichen und Boten ausdrücklich verzichtet: *Ego nec somnia nec signa curo … non vellem ad me venire*

---

2 [H. S. Reimarus, Vernunftlehre. Nachdruck der dritten Auflage von 1766, hrsg. v. F. Lötzsch. München 1979. Bd. II, 252.]

3 [Ebd., 258f.]

4 [Ebd., 260.]

5 [Ebd., 256; in Blumenbergs Transkription lautet das Zitat: »eine Sache, die mehrmals gesehen, und in ihren Umständen zusammenhängt«.]

angelum, denn ich glaubt im doch nit izt.[6] Seine Alternative lautet: *ich habs verbum.*[7] Der Abbau der Erscheinungen, Visionen, Offenbarungen und Wunder setzt ein, bevor die philosophische Wunderkritik ihre endgültigen Formeln findet. Denn dies alles verletzt die absolute Singularität des *status gloriae* als der durch nichts vorwegzunehmenden und zu ersetzenden Verheißung einer Verwirklichung des Ideals der antiken Theorie, der momentanen Evidenz, der beglückenden Gewißheit. Nur im Phänomen der Mystik des Mittelalters und noch der beginnenden Neuzeit behält die momentane Evidenz ein fast systematisch sich darstellendes Nachleben. Aber es bleibt auch dieser Bezirk der Gewißheit nicht unangefochten. Die mystische Unmittelbarkeit zu Gott bedrückt zumal die spanischen Autoren, die erfüllt sind von dem düsteren Verdacht der Gefahr einer Illusion, vor der das Subjekt nicht mehr unterscheiden kann zwischen dem, was es sich selbst verheißt, und dem, was ihm gewährt sein soll. Es ist bereits die Vorform der These von der Herrschaft des Wunsches über das Realitätsverhältnis, und nur die Beherrschung der Sphäre der Wünsche kann die Gefahr ihrer illusorischen Erfüllung bannen. Hier findet sich eine Parallele zur Kritik von Leibniz am Gedankenexperiment des trügerischen Geistes von Descartes. Dieser Zusammenhang ist von Robert Spaemann untersucht worden.[8] Das mystische Subjekt muß, damit es nicht von den Dämonen mit Gaukelbildern um seine religiöse Sehnsucht geprellt werden kann, indifferent werden gegen die Erfüllung seiner Wünsche, indifferent also auch gegen die Differenz von Realität und Illusion in seinen Erfahrungen. Denn die Bedeutsamkeit dieses Unterschieds liegt hier im Erfüllungsverlangen des Subjekts, das sich durch die wirkliche oder vermeintliche Zuneigung seines Objekts erhoben, erfüllt und ausgezeichnet wissen will. Der Gott, der ihm erscheint und zu ihm spricht, hat kein ›Interesse‹ daran, ein solcher erscheinender zu sein. Es ist das, was die religiöse Sprache ›Demut‹ nennt. Was dem Gegenstand als eine Art ›Behauptungsimplikation‹ zugeschrieben wird, sein Ver-

6 [M. Luther, Tischreden (Luthers Werke 8). Berlin 1962, 67.]

7 [Ebd.]

8 [Robert Spaemann,] Reflexion und Spontaneität. Studien über Fénélon. Stuttgart 1963.

langen, als das akzeptiert zu werden, als was er vorliegt und sich zeigt, erweist sich als Projektion des subjektiven Anspruchs, es im Bereich dessen, was als wirklich erscheint, auch nur mit solchem zu tun zu haben, was das ist, als was es sich gibt und was zu sein es im Vorliegen gleichsam von sich behauptet.

Nicht zufällig ist dies ein Thema der Mystik erst im sechzehnten Jahrhundert, zumal bei der Teresa von Ávila (1515-1582). Im »Buch der Klosterstiftungen« (*Las Fundaciones*) heißt es: *Der Nutzen oder Schaden* (sc. einer Inspiration oder Erscheinung, wie sie Teresa selbst von sich beschreibt) *liegt nicht in der Vision, sondern in dem, der sie empfängt und sich diese entweder in Demut zunutze macht oder nicht. Ist Demut vorhanden, so kann sie nicht schaden, selbst wenn sie vom Teufel wäre; fehlt aber die Demut, so wird sie keinen Nutzen bringen, selbst wenn sie von Gott käme.*[9] Von hier aus ist es nur ein Schritt zu der Erwägung von Leibniz, das cartesische Gedankenexperiment vom trügerischen Geist könne durch das Argument der Bosheit überhaupt nicht entschieden werden, da auch eine Illusion dem Subjekt Erfüllung bieten könne, sofern sie nur nicht in Enttäuschung durch die Realität selbst umschlägt. Der Grundgedanke der antiken Konzeption von der momentanen Evidenz ist insofern preisgegeben, als die Eudämonie vom Inhalt der Theorie, von ihrem Wirklichkeitsgehalt ganz unabhängig gemacht worden ist. Der universal Betrogene kann nicht daran interessiert sein, durch die Realität aus dem Trug seines Traums je zu erwachen; nur die partiell Betrogenen sind betroffen von der Brüchigkeit ihrer Illusionen, indem sie immer wieder sich mit der Wirklichkeit arrangieren müssen. Der Phänomenalismus der Kritik von Leibniz an Descartes und im späten Rémond-Brief ist zwar keine Form des demütigen Gehorsams, aber doch eine solche der vorsichtigen Zurückhaltung des eigenen Anspruchs auf eine Gewißheit, die über das hinausgeht, was sich dem Menschenleben weltlich anbietet.[10] Spaemanns Parallelisierung der im mystischen Ge-

9 [Theresia von Jesu, Das Buch der Klosterstiftungen (Sämtliche Werke II). München 1973,] 74f.

10 [G.W.] Leibniz, Animadversiones in partem generalem Principiorum Cartesianorum. [In: Die philosophischen Schriften von Gottfried Wilhelm Leibniz. Berlin 1875-1890, Nachdruck Hildesheim/New York 1978. Bd. IV, 350-392; Ders., Brief an Rémond (Juli 1714). Nicht abgesandte Beilage zum Brief. In: Die philo-

horsam realisierten Demut mit der Unangreifbarkeit der cartesischen Selbstgewißheit des *cogito* ist verfehlt; die Lösung der Mystiker für das Problem des geistlichen Betruges entspricht vielmehr der des entschiedenen Phänomenalismus, denn dieser vermeidet es, zunächst einen Anspruch aufzubauen, der nachher nicht eingelöst werden kann. Es mag sein, daß man diese Lösung der cartesischen Gewißheitsfrage ebenso wie die mystische als eine praktische Lösung bezeichnen kann; sie ist es zumindest in dem einen Punkt der Vermeidung der Reflexion.
Die Beziehung des Phänomenalismus zum Quietismus ist viel prägnanter als die zum cartesischen Gewißheitsproblem. Der Phänomenalismus enthält statt der Behauptungsimplikation auf der Seite des Objekts eine Verzichtimplikation auf der Seite des Subjekts. Die Gewißheitsforderung des cartesischen Prozesses vom Zweifel zur Selbstgewißheit verstößt gegen das Grundprinzip *sequere deum*, das die Mystik des quietistischen Typs gemeinsam hat mit der Stoa, aber auch mit dem hellenistischen Skeptizismus. Bei Fénélon wird dies exemplarisch formuliert im Kapitel über das Fundament der Gewißheit, wo das cartesische Cogito als ein Akt des Gehorsams gegen einen möglichen Willen Gottes erscheint. Ohne diesen Gehorsamsakt würde auch die vermeintliche absolute Begründung der Gewißheit niemals objektiv werden können. Und dies schon gar nicht durch eine Reflexion, die es doch ist, welche es mir als möglich erscheinen läßt, daß auch die unwidersprechliche Gewißheit nichts anderes wäre als die durch einen bösartigen Druck hervorgerufene Idiosynkrasie einer schlechthin nichtigen und realitätslosen Vernunft. Die schlichte Kapitulation des Gehorsams ist für Fénélon die Antwort auf die Bedrohung jeder Reflexion durch ihre Unendlichkeit. In der realen Übergabe des eigenen Willens an den eines anderen geschieht die reale Befreiung, die nichts anderes als Befreiung aus der Gefangenschaft des Ichs bei sich und in sich selbst ist. Die Rückfrage der Reflexion auf die Reinheit der eigenen Motive, auf die Interesselosigkeit des Wirklichkeitsbezuges, wird nicht beantwortet, sondern aufgehoben. Es gibt eine Therapie des Interesses im Verzicht auf die Emanzipation der Vernunft zum Totalanspruch ihrer Fragen.

---

sophischen Schriften von Gottfried Wilhelm Leibniz. A.a.O. Bd. III, 622-624.]

Aber selbst diese Korrektur, daß die Analogie zum mystischen Quietismus nicht im cartesischen Cogito, sondern im Phänomenalismus des einen Leibniz besteht, räumt den Zweifel noch nicht aus, ob nicht eine tiefere Differenz zwischen diesem neuzeitlichen Verzicht auf die sich selbst behauptende und ausweisende Realität einerseits und dem mystischen Gehorsam der bedingungslosen Kapitulation an den fremden Willen besteht. Mir scheint die Differenz vor allem darin zu bestehen, daß der Phänomenalismus seinen Verzicht nur leistet, weil er als der Preis für einen Gewinn drangegeben werden kann. Was hier geschieht, ist ein elementares Muster der neuzeitlichen Wissenschaftsgeschichte: Fragen zu opfern, die bis dahin als unverzichtbar erschienen waren, um Erkenntnisse möglich zu machen, die nur unter einer reduzierten Fragestellung überhaupt gewonnen werden können. Es ist dies die Grundfigur jeder Form des Positivismus, der tief in der neuzeitlichen Entwicklung verwurzelt ist.[11]

Was ich die Behauptungsimplikation genannt habe, kann man im Zusammenhang damit sehen, daß die Welt mit der Vorstellung einer Schöpfung die Bedeutsamkeit einer Mitteilung erhält. Von der ausdrücklichen Offenbarung der biblischen Texte her kann die Schöpfung dann rückwirkend als primäre Offenbarung bezeichnet werden. Sie ist dies auch als pure Demonstration der göttlichen Macht und Weisheit, indem eine solche voraussetzt, daß auch nicht mit dem Anflug von Illusion gearbeitet worden ist. Als Werk eines Meisters bekommt die Natur die zusätzliche Auflage der Solidität, der untrüglichen Zuverlässigkeit nicht nur in der Regelmäßigkeit ihrer Prozesse, sondern schon in der Rechtmäßigkeit des Eindrucks von Gegebenheit, mit dem sie sich vorstellt. Dann ist, gleichsam rückwirkend, die platonische Nachahmung der Urbilder durch die Erscheinungen auch darin Übernahme einer Verbindlichkeit, daß die Erscheinungen ›so wirklich wie möglich‹ sind, weil sie nur so die letztinstanzliche Wirklichkeit der Ideen nachahmen. Davon allerdings ist im platonischen Mythos vom Demiurgen noch nicht die Rede gewesen: Er macht sein Werk so gut wie irgend möglich, indem er sich getreulich an die Vorlagen hält hinsichtlich der Eigenschaften der Erscheinungen. Alles ist darauf angelegt, verstehen zu lassen,

11 Zu Fénelon [siehe R.] Spaemann, [Reflexion und Spontaneität. A.a.O.,] 180f.

weshalb die menschliche Erkenntnis auf die Welt der Erscheinungen diejenigen Begriffe anwenden kann, die anderen Ursprungs sind. Der Schöpfungsmythos erklärt das Phänomen der Erkenntnis, nicht das der Wirklichkeit des Erkannten, denn diese ist akzessorisch und kontingent, da eine Erkenntnis höherer Stufe vorgestellt werden kann, welche ausschließlich und unmittelbar auf Ideen geht, ohne daß der geringste Verlust entsteht. Der Demiurg ist nur deshalb nötig, weil sich die Urbildlichkeit der Ideen nicht von selbst und automatisch in die Abbildlichkeit einer Welt vollstreckt. Der Demiurg transformiert die Verbindlichkeit der Ideen in die Tatsächlichkeit der Natur; dadurch begründet er deren Erkennbarkeit. Da aber nur diese gegeben ist – und diese unabhängig davon ist, daß sie auf bloße Erscheinungen geht, weil die Erkenntnis ihre Dignität aus der Ähnlichkeit mit den Urbildern hat –, enthält der Mythos vom Demiurgen erst die bloße Andeutung eines Schemas der dritten Position: Die Garantie trifft nur die Erkenntnis, nicht die Bedeutsamkeit der Welt für die Erkenntnis. Das Mittelalter hat den Mythos vom Demiurgen aufs höchste geschätzt, weil es naturgemäß nicht wahrgenommen hat, was in diesem von der Schöpfungsidee als der Verbindlichmachung der Welt selbst nicht ausgesprochen ist.

Wenn es richtig ist, daß Descartes noch ganz dem Mittelalter angehört, da seine Überwindung des Zweifels an der möglichen Gewißheit der Realität auf der Setzung einer dritten Position, der des absoluten Garanten beruht, der dafür einsteht, daß sein Werk auch das ist, als was es erscheint, dann ist es nicht zufällig, daß die Kritik an dieser Position den Wirklichkeitsbegriff der Neuzeit zuerst faßbar macht. Das ist bei Leibniz der Fall. In einer Niederschrift, die spätestens 1692 abgeschlossen gewesen sein muß, hat Leibniz Randbemerkungen zu den »Prinzipien der Philosophie« des Descartes für die Veröffentlichung vorbereitet. Der Text ist niemals von ihm publiziert worden. Die Hauptschwierigkeit, die Leibniz herausarbeitet, könnte auf den ersten Blick eine der bloßen Formulierungen sein. Descartes hatte gefordert, an jedem Satz so lange zu zweifeln und ihn für falsch zu halten, bis der Beweis seiner Wahrheit durch die Kriterien von Klarheit und Deutlichkeit unwiderlegbar erbracht sei. Leibniz will dieses Prinzip anders formuliert wissen: Man solle verpflichtet sein, zu jedem theoretischen Satz die Begründung beizubringen. Was bedeutet diese Differenz? Leibniz ist der radikale Zweifel, den Descartes zum Ausgangspunkt seiner Begründung der Methode gemacht hatte, suspekt. Er sieht ihm wie ein generelles Vorurteil aus und damit selbst als etwas von der Art, was er gerade ausschalten soll. Da aber ein radikaler Zweifel nichts behauptet, ist das Moment des Vorurteils an ihm nur so zu fassen, daß er eine heimliche Voraussetzung hat. Genau das ist es, was Leibniz an Descartes zum Vorschein bringt: Der Zweifel hat schon die Voraussetzung der Gewißheit. Das Absehen vom Faktischen ist nur möglich durch das Absehen auf das Mögliche. Die großen Kühnheiten sind, auch hier, begleitet von den großen Vorabsicherungen. Der Zweifler weiß, wie sich jenseits des Zweifels die Stichhaltigkeit des Wirklichen bezeugen und unter seinen strengsten Ansprüchen behaupten wird. Der Zweifler zweifelt also immer nur an diesem oder jenem und allem, aber er zweifelt im Grunde nicht und kann nicht zweifeln an der Art, wie er Wirklichkeit schon begriffen hat. Der Wirklichkeitsbegriff ist das generelle Vorurteil selbst, das sich im Anspruch des Zweifels verbirgt.

Der Zweifel des Descartes erscheint Leibniz als geleitet von einem Wirklichkeitsbegriff der Überforderung. Was uns erscheint, soll auch sein, was es zu sein vorgibt, und soll dazu durch die Eigenschaft des vollkommensten Wesens, wahrhaftig nicht nur an sich selbst, sondern auch an seinen Geschöpfen zu sein, gezwungen werden. Dem *deus fallax* des Zweifelsversuchs wird am Ende der *deus verax* obsiegend entgegengestellt. Aber Leibniz prüft nicht die Güte des Arguments. Er stellt die Ausweglosigkeit des Problems und seiner Voraussetzung im Wirklichkeitsbegriff fest. Der absolute Anspruch bedingt den totalen Verlust. Jene *exotica fictio* vom trügerischen Gott ist unwiderlegbar und damit als ein letzter metaphysischer Unsicherheitsfaktor nicht ausschaltbar. Mit diesem Einwand müßte der Mensch leben, wenn er auf den Anspruch, gegen den er sich richtet, nicht verzichten könnte.

Hier beginnt der für die Neuzeit fundamentale Bewußtseinskalkül der Abwägungen zwischen Anspruch und Verzicht, die Preisgabe der klassischen metaphysischen Position des ›Alles oder Nichts‹. Angesichts der Unwiderlegbarkeit des großen Zweifels sucht Leibniz sich mit ihm zu arrangieren. Er fragt, was es denn überhaupt zu bedeuten habe, in einer Zweifelserwägung dieser Art von einem möglichen Betruge zu sprechen. Das hat doch zur Voraussetzung, daß etwas behauptet oder angeboten worden ist. Aber die Behauptungsimplikation der Wirklichkeit, so zu sein, wie sie sich uns darbietet, ist eine Zutat des Subjekts, nicht das, was in der Erscheinung selbst manifest wird. Die Versagung der Übereinstimmung unserer Vorstellungen von einer bewußtseinsunabhängigen Natur mit dem, was wir ›Welt‹ nennen, wird dann nicht Betrug genannt werden dürfen, wenn es nur eine undurchschaute Willkür der Interpretation dieser Vorstellungen ist, für sie eine derartige Übereinstimmung zu beanspruchen. Es könnte sogar uns unbekannte, aber schwerwiegende Gründe für diese Vorenthaltung geben, sagt Leibniz.

Denn offenbar kommt hier alles darauf an, welche Folgen sich für den Menschen ergeben, wenn die in seinen Vorstellungen präsente Wirklichkeit nicht das wäre, als was er sie durch sie zu kennen beansprucht? Hier erfolgt der entscheidende Schritt von Leibniz. Er macht geltend, daß es zur Bewertung dieser Folgen ganz gleichgültig sei, ob unseren Vorstellungen jenseits ihrer selbst etwas entspricht und wie diese Entsprechung beschaffen ist. Unser Bewußtsein von Wirklichkeit sei nämlich gar nicht auf eine solche Entsprechung angewiesen. Die Transzendenz der Gegenstände kann auf eine immanente Struktur ihres Gegebenseins im Bewußtsein zurückgeführt werden. Diese Konzeption, dem Begriff der Wirklichkeit seine Äquivalente im Bewußtsein nachzuweisen, kann als das erste Aufblitzen der Idee einer Phänomenologie verstanden werden.

Sucht man aber nach den Voraussetzungen, die uns bestimmen, das von unserem Bewußtsein unabhängige, aber für dieses zugängliche Existieren der Gegenstände der Welt anzunehmen, so stößt man auf eine hervorragende, wenn nicht einzige strukturelle Bedingung im Verhältnis der Gegebenheiten zueinander. Nicht die Übereinstimmung unseres Bewußtseins mit Gegebenheiten außerhalb seiner begründet, daß wir sie für wirklich halten, sondern ihre ›Einstimmigkeit‹ untereinander, gleichsam ihr horizontaler Kontext. Die Konstitution eines lückenlosen, nicht von Sprüngen durchsetzten, nicht in Enttäuschungen zerbrechenden Zusammenhangs gewährt jene kategorische Gewißheit, die uns behaupten läßt, das von uns Vorgestellte sei autonome Realität. Mehr als eine solche Konsistenz dürften, so bescheidet Leibniz beide Seiten, weder die Skeptiker fordern noch die Dogmatiker versprechen.

An diesem Punkt ermöglicht Leibniz selbst eine Bezugnahme auf den antiken Wirklichkeitsbegriff. Er spielt auf das platonische Höhlengleichnis an, indem er es ausdrücklich erwähnt, freilich in einer eigentümlichen, mit der Traumhöhle des Morpheus zusammengewachsenen Gestalt. Es ist das von den Platonikern weiterentwickelte Höhlengleichnis, das sich von dem ursprünglichen vor allem in dem einen Punkt unterscheidet, daß es auch nach den Gründen fragt, die für die Gefangenschaft der Zuschauer in der Höhle beizubringen wären. So sagt Leibniz, die Seelen könnten es durch eine frühere Schuld verdient haben, in ein Leben voller Täuschungen verbannt worden zu sein, *ubi umbras pro rebus captent*, wo sie Schatten für die Dinge selbst nehmen.

Aber nicht auf die Vorgeschichte dieses Höhlenzustandes ist das Interesse von Leibniz gerichtet, auch nicht auf seine paideutische Auflösung, sondern auf seine innere Struktur. Da ist nun das Entscheidende, daß für den Begriff des Betruges die Kriterien nicht erfüllt sind: Es fehlt an Behauptung und Angebot, deren Enttäuschung oder Versagung die Insassen der Höhle zu Schaden kommen lassen könnten. Im Gegenteil, ein Schaden würde erst und gerade dadurch entstehen, daß die Zuschauer einer vermeintlichen Wirklichkeit aus ihrer Illusion herausgerissen würden. Da wäre es uns eher unwillkommen, nicht weiter getäuscht zu werden: *...potius ingratum nobis futurum sit non falli.* In der druckfertigen Vorlage des freilich zu Lebzeiten von Leibniz nicht gedruckten Textes hat er das Nichtbetrogenwerden noch abgeschwächt in ein Anderssehen der Dinge; es wäre uns dann schon lästig, die Wirklichkeit insgesamt anders zu sehen als vorher: *nunc quidem res aliter videre*. Das ist nicht nur eine abschwächende Korrektur, sondern auch der Versuch, die moralischen Kategorien vom Problem des Wirklichkeitszuganges fernzuhalten. Mit anderen Worten: Wir sind nicht disponiert für die platonische Paideia, wir würden den Gewinn der wahren Wirklichkeit ausschlagen, um die Störung der Durchbrechung des Kontextes unserer vermeintlichen Wirklichkeit zu vermeiden.

Aus der Antike gibt es eine vergleichbare Erwägung nur, wie so oft, in Gestalt einer Anekdote. Montaigne hat sie in die »Essais« aufgenommen. Ein Mann namens Lykas, *von übrigens guten Sitten, der mit den Seinigen ruhig und friedlich lebte, gegen diese sowohl als gegen Fremde keine Pflicht versäumte, und sich vor allem, was seiner Gesundheit schaden konnte, sehr gut zu hüten wußte, hatte sich, durch eine kleine Zerrüttung der Sinne, eine Grille in den Kopf gesetzt, die darin bestand, daß er meinte, er sei beständig im Schauspielhause, wo man auf der Bühne, zu seinem Zeitvertreibe, die schönsten Lustspiele von der Welt aufführte. Als ihn die Ärzte von dieser Krankheit befreit hatten, stand er auf dem Punkte, sie gerichtlich zu belangen, um ihn wieder in den Zustand seiner angenehmen Täuschung zu versetzen.*[12] Horaz spielt auf diese Anekdote als eine offenbar bekannte an,[13] ohne den Namen ihres Helden zu nennen, den er nur als einen nicht unbekannten Mann in der Stadt Argos einführt, der im leeren Theater die Stimmen der Darsteller hörte und ihnen seinen Beifall spendete, im übrigen als vollendeter Lebenskünstler und Realist geschildert wird, der nicht einmal das Schicksal des Thales erlitt, aus Geistesabwesenheit bei höheren Gegenständen in eine Zisterne zu stürzen. Dann aber hätten ihn seine Verwandten einer Kur unterzogen und ihm den fiktiven Theatergenuß ausgetrieben. Nach solcher Gesundung habe er den Freunden vorgeworfen, sie hätten ihn getötet, nicht gerettet, ihm den Lebensgenuß ausgetrieben, mit Gewalt des Geistes wohltätigsten Irrtum (*mentis gratissimus error*) zerstört. Die Quelle dieser Geschichte liegt in den »Mirabilia« des Aristoteles offen zutage: *In Abydos soll ein Geistesgestörter ins Theater gegangen und viele Tage geschaut haben, als ob gespielt würde, und auch Beifall geklatscht haben. Als er wieder zu Verstand*

---

12 [M. Montaigne, Essais. Paris 1962. Buch] II[, Kap.] 12. [Der Herausgeber konnte die Übersetzung, die Blumenberg verwendet hat, nicht ausfindig machen. Es sei auf die Übersetzung von Johann Daniel Tietz von 1753/54 verwiesen, nachgedruckt in: M. Montaigne, Essais. Zürich 1992, 130: Lykas »war sonst ganz wohlgesittet, lebte in seinem Hause stille und friedlich; verabsäumte keine Pflicht weder gegen die Seinigen noch gegen andere Leute, und nahm sich vor allem schädlichen sehr wohl in Acht. Allein, er hatte sich in den Kopf gesetzt, als ob er sich beständig auf Schauplätzen befände, und sich daselbst mit Schauspielen und den schönsten Komödien von der Welt die Zeit vertriebe. Da nun die Aerzte diesem Fehler abgeholfen hatten: so hätte er bald einen Proceß mit ihnen angefangen, daß sie ihn wieder in diese angenehme Einbildung versetzen sollten.«]

13 [Horaz,] Episteln II 2, 128-140.

kam, behauptete er, dies sei die angenehmste Zeit in seinem Leben gewesen.[14] Alle antiken Autoren also, die dies mitteilen, legen größten Wert darauf, daß es sich bei diesem Mann um eine von der reellen Normalität seines Lebens abweichende Ausschweifung des Vergnügens gehandelt habe. Das Moment der Konsistenz spielt also dort gerade keine Rolle; im Gegenteil, wie Aristoteles und Horaz die Geschichte verwehrten, geht sie ganz strikt aus von der Isolierung der Situation im Theater gegenüber dem Realismus des alltäglichen Lebens, und dies hat die Prämissen des Wirklichkeitsbegriffs der momentanen Evidenz. Nur Montaigne weicht darin ab, daß er seinen Lykas im Wahne sein läßt, sich beständig im Schauspielhause die schönsten Lustspiele von der Welt aufführen zu lassen. Dies ist nun nötig, weil er sich sonst schon beim Übergang vom Theater ins tägliche Leben der Enttäuschung ausgesetzt gesehen hätte. Nur Montaigne also nähert sich mit einer kleinen, aber in sich nicht problemlosen Variante der Geschichte den Erwägungen, die Leibniz anstellt. Montaigne bezeichnet dies als *imprimé en la cervelle une resverie: c'est qu'il pensoit estre perpétuellement aux theatres…*[15]

Der Vorwurf des Geheilten gegenüber seinen Freunden bei Horaz, sie hätten ihn getötet, statt zu heilen, hört sich dort übertrieben an angesichts der Tatsache, daß der geschäftige und beliebte Mensch eigens ins leere Theater gehen mußte, um dort sein Vergnügen zu haben, während in der Fassung des Montaigne die Klage auf Schadenersatz viel zu geringfügig erscheint für einen, der sich ständig im Theater angesichts der vergnüglichsten Darbietungen glaubte, also Wirklichkeit und Schaustellung insgesamt verwechselte. Der Punkt des Vorwurfs liegt nicht in der Täuschung, sondern in ihrer Hinfälligkeit. Hitlers einziger Jugend-

---

14 [Aristoteles,] Mirabilia [832 b] 31; [dt. Übersetzung v.] Hellmut Flashar[,] Werke XVIII[/2,3. Darmstadt 1972,] 11; Flashar nennt als Quelle [ebd., 83] eine Schrift des Theophrast über den Wahnsinn, aber auch ein Fragment des Herakleides Pontikos aus der Schrift »Über den Genuß« enthält einen ähnlichen Beleg, wo ein geheilter Verrückter sich später gern seines Leidens erinnert. Die Nennung des Namens Lykas stammt aus den pseudacronischen Scholien: *hic Lycas dictus est.*

15 [M. Montaigne, *Essais.* A. a. O., Bd. I, 549. Blumenbergs Zitat weicht vom Originaltext ab: Im Original ist nicht von *cervelle*, sondern von *fantasie* die Rede.]

freund, August Kubizek, berichtet von dem illusionistischen Zustand, in den jener durch den bloßen Erwerb eines Lotterieloses versetzt werden konnte, eine konsistente Sphäre der Ununterscheidbarkeit von Fakten und Plänen: *Wochen vor dem Tage der Ziehung wählte er die Einrichtung, prüfte Möbel und Stoffe, entwarf Dekorationsmuster und entwickelte dem Freund seine Pläne über ein Leben edler Ungebundenheit und großzügiger Liebe zur Kunst, das von einer ›älteren, schon etwas grauhaarigen, aber unerhört vornehmen Dame‹ betreut werden sollte, und er lebte bereits, wie sie ›im festlich beleuchteten Treppenhaus der Etage die Gäste‹ empfangen würde, die ›zu dem ausgewählten hochgestimmten Freundeskreise gehören‹ – ehe der Tag der Ziehung ihm den schon sicher geglaubten Traum zerschlug und er in einem maßlosen Tobsuchtsanfall nicht nur das eigene Mißgeschick, sondern in bezeichnender Steigerung die Leichtgläubigkeit der Menschen, das staatliche Lotteriewesen und schließlich den betrügerischen Staat selbst bis auf den Grund verdammte.*[16] In dieser Jugendanekdote steckt das ganze Realitätsverhältnis des Diktators, seine Konsistenz als purer ›Triumph des Willens‹, wie eine der Lieblingsformeln des Systems lautete, und die apokalyptische Anfälligkeit für den Zusammenbruch. Hier wird alles, was nicht Illusion ist, zum Betrug. Der Wirklichkeitsbegriff der immanenten Konsistenz hat eine gefährliche Disposition für die Selbsterhaltung dieser Konsistenz durch hermetischen Verschluß nach außen und erbarmungslose Durchsetzung mit den Mitteln der Macht nach innen.
Diese Schwierigkeit ist für Leibniz nicht absehbar gewesen, als er das Anspruchsniveau, das im cartesischen Gedankenexperiment steckte, ermäßigen wollte. Seine Bezugnahme auf das Höhlengleichnis bedeutete eine Kritik an den Folgerungen, die Plato so selbstverständlich daraus gezogen sehen wollte, also an der philosophischen und politischen Konsequenz der Forderung nach einem eigentlichen Wirklichkeitsbezug, an der Nötigung, den Blick entschlossen zu wenden, auf den Schein zu verzichten, auch auf die niederen Realitätsstufen, und aus der Höhle herauszutreten. Was für Plato noch Befreiung zur endgültigen Wirklichkeit gewesen war, konnte sich jetzt als fragwürdiger Akt der Gewaltsamkeit erweisen. Fragwürdig für Leibniz vor allem des-

16 Zit. [nach] J.C. Fest, Hitler. Frankfurt [a.M.] 1973[, 42].

halb, weil für ihn der Komparativ der Wirklichkeitsstufen nicht mehr selbstverständlich in einem Superlativ, in einer letzten Instanz unmittelbarer Evidenz von Wirklichkeit, aufzufangen war.

Nochmals 1714 hat Leibniz in dem Entwurf eines Briefes an Rémond – den er freilich nie aus der Hand zu geben gewagt hat – seinen Begriff von Wirklichkeit in Verbindung mit Plato gebracht. Die Erscheinungen der Körperwelt seien Wirklichkeit, insofern sie einen einstimmigen Zusammenhang darbieten. Diese Einstimmigkeit mache die Erscheinungswelt gleichwertig mit einer Sphäre des ›genauen‹ und in keinem Erwachen sich auflösenden Traumes: *comme des songes exactes et persévérants.*[17] Von diesem Sachverhalt habe schon Plato etwas gewußt, stellt Leibniz ausdrücklich fest, bezeichnenderweise ohne zu sagen, daß dieses Wissen von der immanenten Genügsamkeit der Höhle und ihrer Bilder bei Plato gerade der negative Ausgangspunkt eines Prozesses der Befreiung und Steigerung gewesen war. Leibniz kann sagen, die materielle Wirklichkeit sei nur Schatten und Phänomen und dennoch keine Täuschung. Wenn er von der *materia imaginum*, vom Stoff der Bilder oder der bildhaften Stofflichkeit, spricht, so sind nicht mehr Abbilder gemeint, die auf eine Sphäre letzter Wirklichkeit von Urbildern verweisen, sondern selbst und authentisch Bilder, hinter die man nicht mehr zurückgehen kann, die nicht in Abbildungsrelationen stehen, jenseits derer nur die absolute Bildlosigkeit sein könnte.

Der Wirklichkeitsbegriff der Neuzeit ist der einer offenen Konsistenz, die niemals momentan, sondern immer nur in der Zeit und darin niemals endgültig sich erfüllen kann. Verläßlichkeit konstituiert sich sukzessiv, ist immer noch auf jede Zukunft angewiesen, in der Daten und Fakten auftreten könnten, die die bisherige Konsistenz zersprengen und das bis dahin als wirklich Anerkannte in die Irrealität verweisen würden. Auch die abgeschlossene Lebenszeit eines Subjekts erlaubt nur und erst zu sagen, seine Wirklichkeit sei ungebrochen gewesen, aber auch dieses und jenes seien Illusionen und Selbsttäuschungen, eben nur ›seine‹ Realität gewesen. Der alle einzelnen Subjekte übergreifende und umgreifende Horizont der Zeit setzt das einzelne Subjekt entweder ins Unrecht oder gibt ihm die Noch-Zulässigkeit

17 [G.W. Leibniz, Brief an Rémond (Juli 1714). A.a.O., 623.]

einer perspektivischen Position. Wirklichkeit als sich konstituierender Kontext ist ein der immer idealen Gesamtheit der Subjekte zugeordneter Grenzbegriff, ein Bestätigungswert der in der Intersubjektivität sich vollziehenden Weltbildung.

Auf dem Wirklichkeitsbegriff des offenen Kontextes beruht, um nur eins der Fundierungsverhältnisse zu zeigen, die ästhetische Qualität des Neuen, der Elemente des Überraschenden und Unvertrauten. Einerseits sind sie das, was in der alltäglichen und theoretischen Erfahrung die ganze Schwierigkeit der Verarbeitung bringt, also dort, wo der Zusammenhang ohnehin andere Lizenzen und einen anderen Rahmen des Anspruchs hat, den Genuß gerade deshalb freigeben, weil er die bewußte Unangestrengtheit der Rezeption, die Distanz zum sonst ständig Gesollten ist. Aber der mittelalterliche Wirklichkeitsbegriff der garantierten Realität hatte das Unvertraute und Neuheitliche nicht wirklich werden lassen, weil er eine durch Tradition und Autorität immer schon bewältigte und als Summe des überhaupt Erkennbaren aufgearbeitete Welt voraussetzte, die ganz in dem Postulat Petrarcas *nihil novum dicere* steckt.[18] Der Wandel des Wirklichkeitsbegriffs hatte dem Neuen den Suspekt genommen. Eine *terra incognita* oder ein *mundus novus* werden möglich, und nicht nur dies, sondern als schlechthinniger Reiz menschlicher Aktivität empfunden. Paradox formuliert: Die Überraschung wird erwartbar. Das greift auch in die Geschichte des Topos von der Lügenhaftigkeit der Dichter und der Dichtung ein. Das ästhetische Vergnügen am Erlogenen wird legitim, insofern sich dies als neuheitliches, also noch mögliches, nur jenseits des Horizontes bisheriger Erfahrung Wirkliches deuten ließ. Julius Caesar Scaliger verhandelt eine These des Gerolamo Cardano, daß das Lügenhafte erfreut, weil es das Erstaunliche ist.[19] Natürlich darf auch nicht übersehen werden,

18 Petrarca, Epistolae familiares, VI, 2; X, 1.

19 [J. J.] Scaliger, [Exotericarum exercitationum. Liber XV.] De subtilitate ad Hieronymum Cardanum. 1557, hier zitiert nach der Ausgabe von 1582. Scaliger verwahrt sich gegen den Zusatz des Cardano, es seien nur die Kinder und Toren, die solches Vergnügen am Erlogenen und Unwahren hätten, und zwar deshalb, weil sie noch *plus veritatis* darin vermuteten. Letztlich wäre es dann doch wieder die wenn auch nur vermeintliche Wahrheit, was zu Recht Vergnügen bereitet. Dagegen kann die Kunst einem seiner Natur nach unendlichen Verstand uner-

daß die Abteilung des Wunderbaren und Erstaunlichen in der mittelalterlichen Literatur besetzt ist mit den Wundern im engeren Sinne der biblischen und hagiographischen Auszeichnungen und daß diese letzteren der ständigen Anreicherung fähig waren.
Wie auch immer der Wirklichkeitsbegriff sich epochal gewandelt hat, im Auge behalten blieb gleichsam unvergeßlich die Möglichkeit der momentanen Evidenz, wenn nicht für den Menschen, so doch wenigstens für Gott selbst. Aber diese singuläre Auszeichnung fand eine neue Begründung: Sie wurde perspektivisch. Man muß sich daran erinnern, daß die Implikation der momentanen Evidenz in der Antike mit dem ausgezeichneten Standort des Menschen in der Welt verbunden war, der von der Erde als der Mitte des Kosmos aus nach allen Seiten einen endlichen und vollständigen Weltanblick in einem einzigen Augenblick gewinnen konnte. Anthropozentrik und momentane Evidenz sind nur zwei Formeln für denselben Sachverhalt des exzellenten Wirklichkeitszugangs. Dagegen muß die Darstellung des nachkopernikanischen Wirklichkeitsbezugs von der Voraussetzung der Exzentrizität des Menschen ausgehen. Die Dinge zeigen sich nicht von selbst, sie werden nicht dem Menschen vorgewiesen, sondern sie bedürfen der mühsamen, listigen, sogar gewalttätigen Entdeckung. Der Zugriff des Menschen auf die Wirklichkeit durchstößt Kulisse um Kulisse, ohne je den Hintergrund selbst zu gewinnen. Aber die Metaphorik des großen Welttheaters ist nicht negativ. Die Dinge nicht so zu sehen, nicht so sehen zu können, wie sie sich von einem ausgezeichneten Standpunkt aus darbieten würden, hat weder Schrecken bei sich, noch mindert es die Würde des Menschen als Vernunftwesen, das sich erfolgreich dagegen verwahrt und gewehrt hat, mit der Unwahrheit nicht leben zu

---

schöpflicher genügen als die Natur, und so erweisen sich jene Verlogenheiten, an denen doch auch Verständige Gefallen hätten, wie etwa an den Erdichtungen des Homer, als der überschießende Reichtum der Kunst über den noch als konstant gedachten Naturbestand hinaus. *At quare delectant admirabilia? Quia movent. Cur movent? Quoniam nova. Nova sane sunt, quae nunquam fuere neque dum existunt … Mentem nostram esse natura sua infinitam. Quam obrem et quod ad potentiam attinet aliena appetere, et quod spectat ad intellectionem, etiam e falsis ac monstrorum picturis capere voluptatem … Naturam enim in eo superat ars.* (Ebd., 963)

können. Die großen Metaphern des Barocks, die Welt als Traum und die Welt als Theater, sind nicht mit negativen Implikationen geladen. Sie haben nichts mehr an sich von der spätmittelalterlichen Krudität des Gedankens, daß die Schrecken des Menschen in der Welt, seine Täuschungen und Enttäuschungen durch die Welt, die heimlichen Freuden eines darin unbegreiflichen Zuschauers sein könnten. Damit hängt es zusammen, daß die für absolute Wahrheitsansprüche fragwürdig gewordene Welt sich als Inbegriff von Objekten des Genusses zu erschließen beginnt.

Im Zusammenhang dieses Wirklichkeitsbegriffs läßt sich verstehen, wie Leibniz für die Entwicklung der Ästhetik des achtzehnten Jahrhunderts eine so große Bedeutung bekommen konnte, obwohl unter dem unübersehbar Vielen, das er seiner Aufmerksamkeit gewürdigt hatte, der Kunst von ihm kein erkennbarer Platz eingeräumt worden war. Man muß das noch im antiken Sinne des Inbegriffs der Kunstfertigkeiten fassen. Wenn es, entgegen aller traditionellen Absolutsetzung des theoretischen Zugangs zur Wirklichkeit, kein Unglück für den Menschen und daher auch kein Betrug am Menschen wäre, wenn er sein Leben in der strikten Undurchdringlichkeit eines Traumes verbrachte, so gilt dies auch für die Welten seiner eigenen Erfindung.

Die Monade habe keine Fenster, lautet die populärste Formel von Leibniz. Diese Verschlossenheit, dies Höhlenhafte der Monade hat kein negatives Vorzeichen, denn der hermetische Verschluß nach außen sichert die innere Spontaneität. Exemplarisch für das Bild des Menschen ist nach Leibniz, daß er in seinem Kabinett sich mit geschlossenen Augen die Zeichenwelten der Geometrie und Arithmetik selbst zu erzeugen vermag. Es ist dasselbe Bild, das mehr als zwei Jahrhunderte zuvor Nikolaus von Kues erfunden hatte, als er den imaginativen Prozeß der symbolischen Darstellung mit der Tätigkeit des Kartographen verglich, der in seinem Kabinett die Nachrichten verarbeitet und in die originär erfundenen Zeichen seines Kartenbildes umsetzt, die ihm von außen zugetragen werden, deren ›Originale‹ er aber nicht gesehen hat und nicht zu sehen braucht.

Die Unüberschreitbarkeit der Sphäre der Bilder bekommt Positivität. Nietzsche hat den Gedanken von Leibniz, die Ununterscheidbarkeit von Traum und Wirklichkeit ließe sich nicht eindeutig dahingehend beurteilen, das Verharrenlassen im Traum wäre Betrug, konsequent und entscheidend verschärft: dann sei es notwendig, den Traum festzuhalten. Wer nicht weiter träumen kann, geht zugrunde. Jedes ›Erwachen‹ kann nur der Vergewisserung dienen, daß man geträumt hat und *weiterträumen muss.*[20] Man sieht leicht, daß diese Radikalisierung des von Leibniz als Gegenwehr gegen Descartes angesetzten Gedankens nur auf dem Boden des Wirklichkeitsbegriffs der immanenten Konsistenz möglich ist. Die Inhalte des Traums und die Verständigung der Träumenden über sie dienen nur der einen Funktion, *die Dauer des Traums aufrechtzuerhalten.* Selbsterhaltung ist die Solideszenz des Traumes, aber zugleich ist Selbsterhaltung das Minimum, zu wenig, weil es ein Traum ist und er die theoretischen Konstanzsätze einer Wirklichkeit nicht zu erfüllen braucht. Nichts anderes ist begründbar als diese Notwendigkeit. Wer nicht träumt, geht aus Mangel an Realismus zugrunde.

Ist das so abseitig, wie es klingt? Ist es bloßer Ästhetizismus? Ich möchte diese Einwände mit einer Gegenfrage beantworten: Sieht eine wissenschaftliche Theorie anders aus? Der Status einer Theorie läßt sich so beschreiben, daß sie jeweils allen bekannt gewordenen Tatsachen eines bestimmten Gebiets durch die Beschreibung der gesetzmäßigen Zusammenhänge dieser Tatsachen angemessen ist. Darin besteht ihr hypothetischer Modus, daß sie sich nur auf einen faktischen Bestand von Sachverhalten beziehen kann und jedem weiteren auftretenden Sachverhalt insofern ausgeliefert ist, als dieser ihrer Geltung nur beschränkt Verstärkung verleihen kann, andererseits aber, sofern er sich dem theoretischen Zusammenhang nicht fügt, die ganze Theorie zu sistieren vermag. Nun gilt für diesen jeweils letzten Sachverhalt, daß er nicht mehr und nicht weniger Evidenz besitzt als alle anderen Sachverhalte, auf die sich die Theorie bereits stützt. Es ist also keine überragende momentane Evidenz, bei der das Schicksal des ganzen Aussagensystems liegt. Dennoch kann man die Funktion des jeweils letzten Elementes so beschreiben, daß die gefährdete Konsistenz des

---

20 [F. Nietzsche, Die fröhliche Wissenschaft (Musarion-Ausg.] XII[). München 1924], 84[. F. Nietzsche, Die fröhliche Wissenschaft (KSA 3). Berlin, New York 1988, Aph. 54.]

Zusammenhanges aller jeweils gesicherten Ergebnisse unter dieser Theorie vor dem Bruch zu bewahren vermag und damit die der Erfahrung gegebene Wirklichkeit als das miteinander Mögliche konsolidiert. Die Anstrengung, die immanente Konsistenz des Wirklichkeitsverhältnisses in der faktischen Form von Theorien zu behaupten, ist im Typus von derselben Art wie die von Nietzsche beschriebene Anstrengung, am Traum festzuhalten, nämlich nichts ihm widersprechen zu lassen. Zu diesem Wirklichkeitsbegriff der offenen Konsistenz gehört die Last, die auf dem jeweils letzten Befund liegt, obwohl er prinzipiell nicht von größerer Evidenz als vorhergegangene Befunde zu sein braucht, im allgemeinen nicht einmal ist, weil hier immer noch der Vorbehalt der empirischen Nachprüfung bleibt. Ein großes und langfristig gehütetes, auf vielen experimentellen und observatorischen Arbeiten beruhendes System von Hypothesen kann durch einen einzigen Befund zerstört werden, und es bleibt nur die einzige generelle Annahme übrig, es werde ein umfassenderes und dann haltbareres System von Hypothesen geben, das auch dem letzten inkonsistenten Befund Rechnung trägt. Zumeist ist dieses theoretische System unter den konkurrierenden, aber bis dahin nicht erfolgreichen Angeboten schon in Wartestellung gewesen.

Ich brauche nicht eigens zu sagen, daß dieser Wirklichkeitsbegriff nicht in einem einzigen philosophischen System Ausdruck gefunden hat. Aber eine Tendenz zu einer transzendentalen, wenn nicht idealistischen Interpretation des Verhältnisses des Menschen zur Wirklichkeit ist unverkennbar und in der Struktur dieses Wirklichkeitsverständnisses selbst begründet. Das ließe sich vielleicht am ehesten zeigen an den konsequenten Wandlungen einer philosophischen Schule, die zunächst ausschließlich in der Beschreibung von Sachen und Sachverhalten aufzugehen beanspruchte, der Phänomenologie Husserls. Sie mündete schließlich in einen Idealismus unbestimmter dogmatischer Fixierung.

Einer der sich befremdlich anfühlenden Sätze von Leibniz, den er wiederholt und in verschiedenen Zusammenhängen ausspricht, behauptet, Erkenntnis lasse sich auch im Traume gewinnen. Dieser Satz ist nicht identisch mit dem, der dauerhafte Aufenthalt in einer Traumwelt würde uns nicht um die Wirklichkeit betrügen. Erkenntnis ist mehr als das beruhigte Verweilen bei dem, was uns umgibt; sie präpariert das Gegebene so, daß es in Behauptungen über Sachverhalte aufgearbeitet werden kann. Wenn Erkenntnis auch im Traum soll gewonnen werden können, muß es für Erkenntnis gleichgültig sein, ob sie es überhaupt mit Wirklichkeit zu tun hat und nicht vielmehr mit Möglichkeit. Für Leibniz ist die wirkliche Welt zwar die beste aller möglichen Welten, aber als solche doch nur ein marginales Faktum: Das Reich der Möglichkeiten, erschließbar durch Kombinatorik und *ars inveniendi*, ist der wahre Gegenstand aller Erkenntnis, insofern er nur aus Wesenssachverhalten besteht. Die Rede von der im Traum möglichen Erkenntnis ist nur eine besonders verblüffende Formel für diesen Umstand, denn der Traum variiert und kombiniert freier und ungebundener, als dies den Kräften der Assoziation und Imagination leichthin möglich wird. Aber methodisch ist er, wie sich versteht, nicht.

Methodisch wurde, was Leibniz so auf den Grenzwert hin formuliert hatte, durch das methodische Prinzip der freien Variation in der Phänomenologie. Hier wurde die wirkliche Welt unter den möglichen Welten nicht nur als marginales Faktum festgestellt, sondern durch den technischen Zugriff der phänomenologischen Reduktion überhaupt eliminiert: Von der Existenz der Welt durfte und mußte abgesehen werden, um zu denjenigen eidetischen Sachverhalten vorzudringen, die für schlechthin jede Welt und jedes in einer solchen Welt existierende Subjekt Gültigkeit haben sollten. Und diese Befunde sind das Thema der Phänomenologie. Mit dieser Präparation ihres Gegenstandes vermeidet die Phänomenologie die Schwierigkeit der Aussage, auch im Traum lasse sich Erkenntnis gewinnen, die darin besteht, daß in Träumen nicht geurteilt wird. Der universelle Betrug, den Descartes im gedanklichen Versuch seiner Radikalisierung des Zweifels eingeführt hatte, hat zur Voraussetzung, daß alles Gegebene die Implikation der Behauptung hat, das wirklich zu sein, als was es erscheint. Es ist insofern schon gedacht als die strikte Entsprechung von assertorischen Urteilen und Realität, und erst durch das Urteil wird der Betrug vollendet, weshalb allein der methodische Ratschlag, sich bis zur Herstellung klarer und deutlicher Gegebenheit des Urteils zu enthalten, zur Vermeidung der passiven Täuschung und zur Erhaltung der jederzeitigen Freiheit des theoretischen Aktes genügt hatte. Dies war der Ausweg, der Descartes auch den Einwand der Unvermeidlichkeit des radikalen Zweifels hatte erträglich erscheinen lassen. Wenn Leibniz den totalen Lebenstraum nicht als die erschreckende letzte Möglichkeit sieht, dann aus dem schon erwähnten Grunde, daß er eine Welt des bloßen Zuschauens, des bloßen Genusses, eine im Grunde ästhetische Welt, für möglich hält. Dagegen ist die Methode der freien Variation eine Zubereitung von Gegenständen für Urteile. Husserl ist den Weg, der zwischen Descartes und Leibniz historisch durchschritten worden war, deskriptiv noch einmal gegangen. Aber als er so weit war wie Leibniz, ging ihm die Gefahr auf, die Leibniz nicht zu schrecken brauchte, das Subjekt der freien Variation könne unfähig zu jeder Objektivität sein, weil alle anderen Subjekte bloße Erscheinungen, weil es selbst ein *solus ipse* wäre. Bei solchen philosophischen Qualifikationen wie der des Solipsismus ist es oft schwer zu sagen, weshalb sie gefürchtet und gemieden werden. Natürlich, wenn man Jean Paul liest, ist die eisige Vereinsamung des Fichteschen Ich im Universum so etwas wie der Verlust jeder humanen Behaglichkeit. Aber Husserl fürchtet erkennbar etwas anderes: den Verlust der Möglichkeit zu verstehen, was Wirklichkeit ist. Denn wir begreifen diese als einen Modus der Unabhängigkeit der Welt von unserem Bewußtsein, während wir doch zugleich unmöglich uns darauf einlassen könnten zu sagen, sie sei die Unabhängigkeit von jeglichem Bewußtsein überhaupt. Das läßt sich sagen, aber es läßt sich nicht verstehen. Also: Weil es die anderen gibt, ist Wirklichkeit nicht von unserem Bewußtsein abhängig. Die Intersubjektivität verleiht dieser Rede ihren Sinn und damit all dem, was im Prozeß der Wissenschaft als Objektivität beansprucht wird. Ein nochmaliger Rückblick auf das platonische Höhlengleichnis lehrt, daß der Wirklichkeitsbegriff der momentanen Evidenz die Intersubjektivität nicht benötigt.

Noch Leibniz hat offenkundig keinen Anstoß daran genommen, daß die platonische Erfahrung der letzten Wirklichkeit jenseits aller Komparative in völliger Einsamkeit des damit konfrontierten Subjekts geschieht. Man muß sich nur einmal vorstellen, ein neuzeitlicher Theoretiker wäre einer solchen Herausführung aus der Höhle teilhaftig und vor die überraschende Deutlichkeit einer ihm bis dahin unbekannten Wirklichkeit gestellt worden; ganz abgesehen von der Frage, wieweit er der Letztstelligkeit dieses Anblicks traute, würde er doch bei Beanspruchung seiner Priorität nichts dringender herbeizuführen suchen als die Beteiligung anderer an der Besonderheit dieser Erfahrung. Er würde überhaupt von vornherein nicht für möglich halten, daß ohne eine solche Teilnahme anderer ihm der ›Erfahrungsbericht‹ über das Geschaute abgenommen werden würde. Auf dem Boden des antiken Wirklichkeitsbegriffs war es kein Mangel, daß die letzte Wirklichkeit nur dem einen Organ des einen Rezeptors zugänglich wurde, um sich nicht nur diesem in ihrer überzeugenden Präsenz darzustellen, sondern auch durch diesen und seinen Bericht den anderen mittelbar bekannt zu werden. Dabei darf man voraussetzen, daß ein solcher Bericht noch andere zum Streben aus der Höhle heraus leitete oder verleitete; für den Rang der Erfahrung und die Autorität, die sie zu verleihen vermochte, wäre das nur noch ein Nachspiel gewesen. Deshalb auch konnte es im Horizont des Wirklichkeitsbegriffs der momentanen Evidenz immer so etwas wie stellvertretende Erfahrung geben und diese den wenigen, die sich Philosophen nannten, anvertraut sein.

Es ist der Typus von stellvertretender Erfahrung, der noch bis in die Neuzeit hinein im Genus des exotischen Reiseberichts existent bleibt. Die Funktion der Sprache in diesem Zusammenhang war die einer Vermittlung, die erst nach der authentischen Erfahrung einsetzte und sich in Gestalt der Lehre, des Lehrvortrags, darbot. Die Sprache stellt die Gemeinschaft der Subjekte nicht primär als die einer Verständigung angesichts der Objekte her, sondern als den Zusammenhang einer sekundären Vermittlung. Selbst der platonische Dialog, in seiner Stellung gegen den sophistischen Lehrvortrag, degenerierte zwangsläufig zu der späten Einseitigkeit. Für Husserl hingegen ist der einzelne ein Verlorener, weil er unfähig ist, die Welt als unabhängig von sich selbst zu erfahren und diese Unabhängigkeit in Wissenschaft zu realisieren. Für den Theoretiker ist eine Welt sinnlos, die nicht Gegenstand der Theorie sein könnte, weil die Distanz zwischen Subjekt und Objekt unmöglich ist. Diese beruht nämlich gerade nicht darauf, daß die Subjekte sich ihrer Subjektivität absolut entäußern, sondern darauf, daß sie ihre subjektive Differenz der Erfahrung in den Verbund der objektivierenden Einstellung einbringen. Eine Pluralität von Subjekten, welche identische Eigenschaften hätten und nur eine empirische Position zum Gegenstand einnehmen könnten, würde dem Erfordernis der Intersubjektivität nicht genügen. Die offene Konsistenz des Wirklichkeitsbegriffs der Wissenschaft ist nicht die Revue, die die Gegenstände vor dem theoretischen Subjekt passieren, sondern die Vereinbarkeit ihrer Daten, die sie für verschiedene Subjekte in verschiedenen Positionen und unter verschiedenen Bedingungen abwerfen.

Wenn mich nicht alles täuscht, ist der Erfinder des Begriffs der Einstimmigkeit Newton, der von der Natur gesagt hat, sie sei *always consonant with itself.*[21] Er hat dies auf die Zulässigkeit der Annahme bezogen, daß die Eigenschaften der Körper im Bereich unserer Erfahrung derart generalisiert werden könnten, daß sie die Eigenschaften von physischen Körpern im gesamten Universum seien. Nun liegt allerdings dieses Prinzip nicht erst der Physik Newtons, sondern schon der des Aristoteles zugrunde – und ist die unmittelbare Quelle seiner Irrtümer, zumal seiner Verfehlung des Beharrungsprinzips. Aber es sind nicht die Unstimmigkeiten in der Erfahrung gewesen, die zur Korrektur führten, sondern die Notwendigkeiten der Begriffsbildung. Bei Husserl ist der Gegensatz zur Einstimmigkeit die Widerstimmigkeit. Dieser Begriff ist auf der Basis der Intentionalität als der Bewußtseinsstruktur geschaffen: So, wie sich eine gegenständliche Intention erfüllt, kann sie auch enttäuscht werden, indem der vermeinende Ansatz unerfüllt bleibt. Eine Welt ist nichts anderes als *das Universum möglicher einstimmiger Erfahrung*,[22] und der Plural von Welten bezieht sich auf die *im Leben und Wirken vernünftiger Subjektivität sich immanent herausstellende*[*n*] *Gestalten der Einstimmigkeit.*[23] Aber wo wäre hier je eine solche Störung der Weltgewißheit, ein solcher innerer Widerstreit des Ich mit sich selbst, daß die Korrektur des Widerstreits und die Wiederherstellung der Stimmigkeit ausgeschlossen werden müßte? Es ist mit der Methode der freien Variation nirgendwo gelungen, etwas Derartiges wie die Unwiederherstellbarkeit der Welt vorzustellen. Sie ist diejenige *vorlogische Vernunft der Erfahrung*, die in jeder Schwierigkeit und in jeder Ratlosigkeit der Deutung von Erfahrungen immer

---

21 [I. Newton, Philosophiae naturalis principia mathematica. Buch] III[:] Regulae Philosophandi [regula II].

22 [Husserliana VII, 273.]

23 [Ebd., 256.]

noch *rechtmäßig präsumiert* wird.[24] Dies genau war doch der längst vergessene Ausgang der Wunderkritik gewesen, daß es überhaupt keine Erscheinung geben könne, auf deren natürliche Einordnung in den Kontext der Natur das vernünftige Subjekt jemals verzichten würde, welchen Aufschub es sich dafür auch immer ausbedingen müßte. Aber genauso klar ist, daß die Vergewisserung für jede derartige Erscheinung, deren Integration in den Erfahrungskontext Schwierigkeiten bereitete, zuerst den Rückgriff auf die Einstimmigkeit in der Intersubjektivität gebieten würde.

Versucht man sich vorzustellen, welche Zumutungen an Widerstimmigkeit dem Subjekt gestellt werden können, so ist sicher eins der großen Beispiele von Inkonsistenz die Nötigung in der Physik Newtons, so etwas wie eine *actio per distans* anzunehmen. Nichts widersprach der Tendenz des Zeitalters, die okkulten Eigenschaften von Gegenständen hinter sich zu bringen, so sehr wie diese Voraussetzung. Newton wollte über die den Raum erfüllende Kraft keine Aussagen machen. Aber wir können aus seinem Briefwechsel leicht sehen, daß er sich diese empirische Schwierigkeit durch die Stärke seiner theologischen Prämissen nicht nur sehr erleichterte, sondern geradezu willkommen machte. Der Typus dieser Hintergrundannahme ist der Okkasionalismus; seine Grundthese ist, daß die Kausalität auf Distanz nicht rätselhafter oder überhaupt anders sei als die der Kausalität durch Berührung. Aber der Okkasionalismus ist noch ganz ein Produkt des Wirklichkeitsbegriffs der dritten Instanz, der transzendenten Garantie: Daß die Phänomene in inkonstanten und zuverlässigen Verknüpfungen stehen, beruht nicht auf den Bedingtheiten, in denen sie untereinander stehen, sondern auf dem direkt wirksamen Ordnungswillen Gottes. Dies sieht wie ein obskures Hilfsprinzip der Physik Newtons aus, ist aber in Wirklichkeit nicht nur eine subsidiäre Annahme, sondern der subjektiv zentrale Erfolg des theoretischen Systems.

Eine Frage, die hier nicht mehr zu stellen ist, wäre die, ob die Objektivität als Interdependenz der Subjekte der große Zugewinn durch den Wirklichkeitsbegriff der Neuzeit geworden ist. Welche Leistung auch immer in der Intersubjektivität als einer unerläßlichen Bedingung des

24 [Ebd., 262.]

Wirklichkeitsbezugs begründet sein mag, sie enthält auch die Forderung eines Verzichts, indem sie den vollen Reichtum der integralen Erfahrung dem Individuum nicht mehr zubilligt. Was vorübergehend einmal mit dem großen Ausdruck ›Erlebnis‹ benannt worden ist, enthält die Sehnsucht, es möge eine nicht nur der Objektivität dienstbare und in diese integrierbare Erfahrung geben.

IV
[Illusion und Realität]

Einer der Grundgedanken der Neuzeit – ein noch unterhalb der Ebene des Gedankens liegendes Defizit an Weltvertrauen – ist die Problematik ihres Realitätsbewußtseins, die Unsicherheit ihres Wirklichkeitsbegriffs. Das ist den Zeitgenossen der Epoche immer mehr selbstverständlich geworden, auch dadurch, daß diese Selbstverständlichkeit in die theoretische Bearbeitung des Problems selbst aufgenommen worden ist. Fast müßte man sagen: legitimiert worden ist. Denn alle Arten von Verunsicherungen des Wirklichkeitsbewußtseins sind, früher oder später, zu Spezifikationen der Selbsttäuschung geworden: zu Ausgeburten der Unendlichkeit des Willens, der Hinterlist der Wünsche, der Unstillbarkeit der Triebe, der Verschlagenheit des Interesses. Es war nicht Schopenhauers spekulative Willkür, die Welt der Erscheinungen zum Inbegriff der bloßen Selbstbespiegelungen des Willens zu erklären, der sich darin als das einzig Wirkliche hinter allen Quasi-Wirklichkeiten – als der harte Repräsentant für jeden künftigen ›Realismus‹ – erweist.

So selbstverständlich, wie es geworden ist, war es für die Epoche nicht von vorneherein, obwohl sie aus dem Mißtrauen gegen die Möglichkeit der Erkenntnis hervorgegangen ist. Aber als Descartes allen Zweifel auf die Spitze treiben wollte, um der Philosophie einen neuen Standard ihrer Grundprobleme zu geben, dachte er an einen fremden Betrüger, nicht an den Selbstbetrug. Der Typus dieses Betrügers war ein *genius malignus*, ein unbestimmter Dämon mit der Physiognomie des spätmittelalterlichen *deus absconditus*, dessen Wohlwollens gegenüber dem Menschen in Weltdingen – außerhalb von Offenbarung und Heilsweg – man nicht sicher sein konnte. Der *genius malignus* ist die Hypostase, die Symbolfigur alles dessen, woran das Mittelalter zugrunde ging – sich selbst zerstörte, wie Epochen der Geschichte es tun, sobald sie in Vergessenheit ihrer Existenzbedingungen diese in ihre Bereitschaft zum Durchdenken (›Hinterfragen‹) aller Voraussetzungen unversehens einbeziehen. Hier nun, bei der äußersten Zuspitzung der Vorbereitungen des Descartes für seine ›Methode‹, ging es nicht mehr um diese oder jene Einsicht oder Ansicht, Dogma oder Schulmeinung, Kenntnis oder Erkenntnis – es ging um die Frage, wie zuverlässig es sei, daß überhaupt eine Welt existiere. Es war der Versuch, den größten aller möglichen Irrtümer zum Inbegriff der Bedrohungen des Menschen zu machen. Wenn dem Menschen die Wirklichkeit der Welt nur ›vorzuspielen‹ war, gab es Auswege, von denen die meisten Philosophen – darin Descartes nachfolgend – den harmlosesten verachteten: von solchen Grenzerwägungen nicht weiter Notiz zu nehmen und so zu tun, als gäbe es eine Ohnmacht, an der doch nichts zu ändern wäre, sofern sie bestände, einfach nicht. Das hieß, die Erscheinungen für Erscheinungen zu nehmen und die Art ihrer Zuverlässigkeit auf sich beruhen zu lassen. Nicht einmal die Vorsicht der Sprache eines Phänomenalismus brauchte eingehalten zu werden. Sogar die Erwägung blieb möglich, dieses Als-ob zur Unterwerfung unter die besondere Vorsorge Gottes oder der Weltvernunft zu machen: Aus der Universalität einer Täuschung, hinter die er doch niemals kommen könnte, brauchte dem Getäuschten kein Nachteil zu erwachsen, wenn er nur nicht mehr verlangte, als ihm zustand, und sich so mit dem Bewußtsein des Täuschbaren unheilbar selbst infizierte. Zwar war noch nicht an Selbsttäuschung als Grundtypus gedacht; wohl aber an die Selbstirritation mit einem Verdacht, der sich – einmal in die Welt gesetzt – niemals wieder zur Ruhe bringen ließ. Descartes ist nur zu verstehen, wenn man ihm zubilligt, sich bereits in der irreversiblen Situation gesehen zu haben: im Versagen des mittelalterlichen Vertrauens, schon die Schöpfung – nicht erst die Erlösung – sei eine Stufe von garantierender Gottesmitteilung und des zugehörigen Wahrhaftigkeitswillens gewesen. Dieses Garantiemoment holte Descartes nicht mehr aus dem Schöpfungsglauben, dem es durch die Verborgenheit Gottes verwehrt zu sein schien, sondern aus dem philosophischen Begriff des *ens perfectissimum.* Dieser Begriff enthielt gleichsam die Konzession, zuvor den Zweifel bis zum Äußersten zu treiben, ohne sich um die Solidität der Garantie für die Wirklichkeit der Welt zu bringen. Wurde die Denkbarkeit der Garantie gestört, war allerdings der Zweifel in seiner Verschärfung geblieben. Seine Auflösung konnte dann nur noch aus dem anderen Element der Philosophie betrieben werden: aus dem ›Ich denke, ich bin‹.

Blickt man auf die Konsequenzen hin, so wird der Mensch am Ende als das von seinen Wünschen sowohl beherrschte als auch betrogene Wesen gesehen – bei Freud als der, der sich die Wünsche in Träumen erfüllt. Die Wirklichkeitsbeziehung des Menschen ist ganz durchdrungen von der Intensität seiner Wünsche, denen gegenüber sich der Widerstand einer zu dürftigen Erfüllungssphäre meldet: Knappheit ist der Index der Realität, Versagen der Zweckmäßigkeit der Welt zugunsten des Menschen führt zu einer Kultur der Selbstversagung als Vermeidung der Niederlagen und Enttäuschungen: zur Sublimierung der Wünsche als der Prävention vor dem Grundkonflikt. Damit ist aber Kultur auch ein Inbegriff der Abschirmung gegen die Fremdversagungen, an denen sich ein Realitätsbewußtsein aufbauen kann. Illusionismus ist ein Ausstattungsstück der Kultur, verfeinert in ihren ästhetischen Grundformen. Wünsche werden nicht nur in Träumen, sondern auch in einer der Realität vorgeschalteten Spielform ›erfüllt‹, Versagungen am virulent gemachten Fiktum eingeübt. Man ›benimmt‹ sich, statt sich ›gehen‹ zu lassen.

Für diese Kultur der Versagungsvermeidung gebe ich ein fast heiteres Beispiel: Freud gratuliert Thomas Mann zu dessen 60. Geburtstag im Juni 1935. Zwar mit einem *herzlichen Liebesgruß* – was ja bei diesem Schreiber etwas heißen will –, aber mit der ausdrücklichen Zurückhaltung vom Wünschen des üblichen langen und glücklichen Lebens: *Aber ich enthalte mich dessen, Wünschen ist wohlfeil und erscheint mir als Rückfall in die Zeiten, da man an die magische Allmacht der Gedanken glaubte.*[1] Freud zuckt selbst zurück vor der Macht des Begriffs, den er ins Zentrum seiner Anthropologie gestellt hatte – und doch nicht zur Klarheit zu bringen vermochte: Jede Konzeption vom Menschen hat Begriffe, die zu fundamental sind, als daß man sie genau bestimmen könnte. Dies trifft in der Freudschen Doktrin zweifellos für den Wunsch zu.[2] Aber was auch immer den Begriff des Wunsches bestimmen mag, er definiert seinerseits, was Realität und Realismus sind: Negationen der Herrschaft des Wunsches.

---

1 [S.] Freud, Thomas Mann [zum 60. Geburtstag. In: Gesammelte Werke XVI, London 1950, 249.]

2 [J.] Laplanche, [J.-B.] Pontalis, Das Vokabular der Psychoanalyse[. Frankfurt a.M. 1972. Bd.] II[,] 635.

Nun kann man sagen, dies alles möge für das libidinöse Triebtier namens Mensch richtig sein. Aber gibt es da nicht die Gegeninstanz der Vernunft, die den alten Garantiegott beerbt und dem Wirklichkeitsbewußtsein einen aufgeklärten Grund bereitet hat? Hier ist zu erinnern, daß schon Kant in der Vernunft die Erfüllerin ihrer eigenen Wünsche, ihrer selbsterzeugten und ganz legitim entfalteten Neigungen gesehen hat: eine Fallenstellerin ihrer eigenen Hinterhalte, in die sie mit ihrer Metaphysik gegangen und in denen sie sich in ihre Antinomien, Paralogismen, transzendentalen Scheine verstrickt hat. Die Vernunft täuscht sich selbst, weil sie Vernunft ist – nicht als ihr eigener *genius malignus*, sondern als ihr eigenes *ens perfectissimum*. Sie gibt sich notwendig die Ansprüche vor, die die Grenzen der Erfahrung überschreiten und sie in die Irrealität einer nur zu denkenden, nicht zu erkennenden Sphäre führen. Sie ist gar nicht preiszugeben imstande, was ihr versagt wird: Freiheit, Unsterblichkeit, Gott und damit auch implizit das ›Ding an sich‹ – sie erhebt als Forderung, was ihr nicht zur Realität zu werden vermag.

Sie würde bei ihren Illusionen bleiben, würde ihr nicht die abgeschwächte Befriedigung ihres Wesensanspruches angeboten: die Postulate. Sie sind, wie später Freuds Sublimierung der Triebenergie, die Kulturform der Selbstversagung als Prävention der Fremdversagung durch bloße Widerlegung vermeintlicher Beweise, wie der Gottesbeweise, deren Kritik Kants härteste Form von ›Realismus‹ gewesen ist. Und mit Recht, wie man an Hegels Restauration des ontologischen Gottesbeweises als der Grundform aller anderen: der Erzeugung des Daseins aus dem Begriff – dem rationalen Pendant der *causa sui ipsius* des absoluten Subjekts – sehen kann.

In diesen Erwägungen steckt, was man den Wirklichkeitsbegriff der Neuzeit in Konsequenz nennen kann; die Ausschaltung des Verbundes von Wunsch und Unwirklichkeit, Trieb und Illusion. Realität ist schlichtweg das Unverdächtige – konkret-situationell: das Unverdächtigte, was keinen Hintergrund irgendeines Wunsches hat, keine Beziehung zu irgendeinem Lusterfolg.

Nun kann man dieses Ergebnis auf sich selbst anwenden und sagen, so hart mit den Illusionen der Wunschherrschaft umzugehen müsse selbst ein wunschgeleitetes Verfahren sein, indem es diejenigen privilegiert, die sich dessen als fähig erwiesen, ohne Illusionen zu leben – eben einzig mit der Illusion dieser realistischen Selbstdisziplinierung mit ihrer rhetorischen Aura. Das ist auf dem weiten Feld der Ideologiekritik und ihrer Adepten zwar kaum nachweisbar, aber auch kaum auszuschließen: Die Energie zur Aufspürung des Mangels an Realismus, der Verführbarkeit durch die Prämissen der eigenen Begünstigung, wird gespeist aus der Illusion des bevorzugten ›kritischen‹ Blickpunktes auf das soziale Szenarium. Ob es sich bei der Sicherung der Illusionsfreiheit am Kriterium der ›Wunschexklusion‹ um einen Vorgang intellektueller Analyse und Kritik, also der Vorurteilslosigkeit, handelt – dafür wird es keine Sicherheit geben. Die Kritik der Kritiker bleibt immer unausgetragen und unaustragbar. Darin liegt so etwas wie die Wiederkehr des *genius malignus* aus dem Geiste der Aufklärung, aus dem Schoße der Philosophie selbst. Der einmal geborene Verdacht begründet eine extreme Verdachtsanfälligkeit des Realitätsbewußtseins.

Philosophie ist eine Wunscherzeugerin und Wunscherfüllerin von großem Raffinement. Gerade mit der Negation, die zur Definition von Realität und Realismus unentbehrlich erscheint, zaubert sie unter Hinzunahme des Zeitfaktors neue Aussichten auf der Basis, die Illusion von heute habe ihre Finalität gerade darin, Indikator der Wirklichkeit von morgen zu sein. Was nicht ist, kann noch werden, ist kein Schlechtes – aber auch kein für jede Epoche Denkbares –, ist kein Apophthegma. Aber daß das, was nicht ist, gerade deshalb, *weil* es noch nicht ist, noch werden *müsse*, ist ein billiges Kunststückchen, das seinen Effekt wegen der finalen Implikation selten verfehlt.

Der Mensch will kein Wesen der Vergeblichkeit sein, und das kann man ihm nicht verübeln. Sollte ihm der Philosoph die kleine Gefälligkeit verweigern, dabei tätig mitzumachen? Wünsche als Vorboten geschuldeter Realitäten anzusehen ist zum geschichtsphilosophischen Instrument geworden. Darin steckt die alte biologische Deutung des Wunsches als eines transformierten Instinktes. Dagegen wird auch die genetische Untersuchung der Negation kein probates Hausmittel werden: Sie sei gerade unser Hilfsmittel dafür, mit unseren Enttäuschungen ohne Schaden fertig zu werden, statt sie verbal aus der Welt zu schaffen. Auch unsere Fähigkeit zum Realismus beruht auf der Negation.

Philosophie ist sehr tauglich zum Wunscherfüllungsersatz. Es gibt eine

Magie der Negativität: Wegschaffung des Falschen müsse schließlich das Wahre und Richtige zutage bringen, Destruktion der falschen Ontologie den Zugang zum Sinn von Sein freilegen, negative Dialektik den Verblendungszusammenhang brechen. Nur: Woher werden wir je gewiß sein, daß nicht eine Verblendung nur die andere abgelöst hat? Werden wir nicht verführt sein, das *nur Andere* mit dem *jedenfalls Wahren* zu verwechseln, *weil* es das jedenfalls Falsche ausgeschaltet hat? Die Verwechslung des Anderen mit dem Einen ist die Grundversuchung des Philosophen. Es muß erlaubt sein, an den Heidegger von 1933 zu erinnern, der kein prädisponierter ›Faschist‹ war, aber das Andere schon für das Eine zu halten allzu gründlich sich eingestimmt und eingestellt hatte.

Dazu gehört, daß Theorie nicht ein von sich her ›realistisches‹ Verhalten ist. Auf ein Ensemble von Befunden, Beobachtungen, Elementaraussagen gibt es immer eine Mehrheit möglicher Theorien. Folglich ist keine Theorie, die als solche anstandslos fungiert und allen Kontrollen genügt, schon deshalb eine ›Darstellung‹ der Realität. Zwischen zwei durch Beobachtung gesicherten Punkten gibt es nie nur *eine* theoretische Verbindung; und dem Risiko nach sind beide Punkte immer unbestimmt weit voneinander entfernt. Auch ist nicht ausgemacht, daß die Realität sich um so deutlicher meldet, je bestimmter sie gegen eine konsolidierte Theorie steht: als der eine Befund, der sich der wünschbaren Konsistenz nicht mehr einfügen läßt. Sosehr die Theorie darauf angewiesen ist, die Mannigfaltigkeit der schon vorliegenden Befunde zu integrieren und unter verschärften Bedingungen der Beobachtung und Messung weitere signifikante Werte gefügig zu finden, so sehr ist dann gerade der eine Befund, der alles umzustürzen scheint, zur äußersten Stabilität gegen Versuche genötigt, seine Ausnahmestellung durch Nebenbedingungen wegzuerklären: von der Ausnahme in der Sache zur Ausnahme in der Wahrnehmung der Sache zu drängen.

Das Unlustmoment an der Falsifikation hat es schwer – und hätte es noch schwerer, wenn nicht die jeweils nachdrängenden Bewerber um Plätze [...][3] *ihre* Lust an der Unlust der den Zugang Blockierenden hätten. So findet der Ausnahmefall gegen die zahllosen Normalfälle seine

3 [Unleserlicher handschriftlicher Einschub.]

Verbündeten. Evidenz steht gegen Konsistenz – obwohl sie nicht auf derselben Ebene von Wirklichkeitsbegriffen liegen. In den Mitteln der theoretischen Generationenkonflikte kollidieren zugleich Epochenbegriffe. Und das nicht zufällig. Lust ist das Symptom der sich erfüllenden Konsistenz; Schmerz das Symptom des Auflaufens im Vollzug auf die Klippe, das Riff im Strom, der Verletzung durch Realität als das Unvermutete, sogar Unwahrscheinliche, indem es allen Anschein durchbricht. Realität ist nicht so sehr Instanz als vielmehr Gegeninstanz. Was uns schmerzlich berührt, wird als real erlebt, da es – den fabulösen Masochismus ausgenommen – den Wunsch nach dem Schmerz nicht geben sollte, also darin auch keine Quelle der Illusion.

Man muß sich hier ganz abgewöhnen, im Schein das Minderwertige, den Trug und Betrug zu sehen; in gehobener Position kehrt er als ästhetische Größe wieder, nun gerade die erhebende Gabe der Unabhängigkeit von realen Bedingungen und ihrem schnöden ›Realismus‹ mit sich führend. Diese Lockung hätte immer den Vorrang, stände nicht vor allem Lustgewinn als dessen Minimalbedingung die Selbsterhaltung, vor dem Zugewinn der nackte Zustand. Realismus schafft die Bedingungen, deren Überschreitung erst ihre Sicherung zuläßt. Es ist ja kein ›geistesgeschichtliches‹ Dekret, daß die große Metaphysik des Ästhetischen als Sanktion aller Künste eine Sache äußerster kultureller Verspätung ist. Alle Sicherungen müssen angebracht sein, ehe diese Blüte aufgehen kann: den Schein als den geheimen Sinn der Realität, die Erscheinung als den Hintergedanken der Idee zu enthüllen.

Es genügt nicht, daß die ästhetische Illusion, der Schein als Kunstwerk, die Entschuldigung genießt, die Leibniz für die Möglichkeit gefunden hat, Gott selbst könnte es mit der Erkennbarkeit der Welt für den Menschen nicht so ernst genommen haben, wie Descartes es forderte, um ihn noch gut nennen zu können: Sogar die Wirklichkeit als lebenslanger Traum wäre kein Betrug Gottes am Menschen, sofern er diesem keinen Nachteil zufügte – vor allem nicht den des Erwachenmüssens. Der Vorteil des ästhetischen Genusses ist es, daß sein Schein im Wachzustand konsumiert werden kann; das heißt in Erwartung seiner Endlichkeit als der Steigerung seiner Qualität.

Kant freilich hätte der Rechtfertigung des vollkommenen Scheins durch Leibniz als Nichtbetrug widersprechen müssen. Mit demselben

Argument, mit dem er moralisch auch die schadlose Lüge verwirft: Sobald die Lüge keinen Schaden für ihren Adressaten enthalte, werde ihre Meidung zur Pflicht des Sprechenden gegen sich selbst. Das Aussprechen der Unwahrheit stehe, so Kant, mit der Würde der Menschheit in der eigenen Person in Widerspruch. Das müßte für einen Gott und seine Heiligkeit noch zwingender gelten. Er würde Welt-Künstler und Träume-Macher nur insoweit sein dürfen, als er andere vernünftige Wesen damit nicht täuscht, also sie für Wirkliches nehmen läßt, was es doch nicht wäre, statt dessen nur Spiel, nicht Ernst, Welttheater, Traumvorführung, ohne daß es als solches erkennbar wäre. Hingegen Verblendungszusammenhänge zu stiften, wie ästhetisch sie sein mögen, ist dem Gotte so wenig wie dem Menschen erlaubt. Aber steht Kant damit nicht auf verlorenem Posten? Schließlich hat er Nietzsche, ihm ins Angesicht zu widerstehen, die Formel für die nicht nur erlaubte, für die geweihte ästhetische Lüge – für die Notwendigkeit der Lüge bei Lebensunwürdigkeit des Lebens – geliefert.

Nietzsche hat seinen Wirklichkeitsbegriff schon früh aus der Opposition gegen das Lustprinzip heraus entwickelt. Nicht zufällig steht die markanteste Formel dazu in unmittelbarem Zusammenhang mit der »Geburt der Tragödie«: *Realität des Schmerzes gegenüber der Lust.*[4] Wie sich aus den Notizen ergibt, will diese Grundformel gelesen werden: Realität für den Schmerz und Realität dessen, was im Schmerz ›sich zeigt‹, sich kraft des Schmerzes auf keinem Umweg umgehen läßt.

Ein Entwurf aus dem Winter 1870/71 gibt näheren Aufschluß, wie die Realität des Schmerzes im Kontrast zur Irrealität der Lust gemeint gewesen sein kann. Die These, es gebe das Naturschöne gar nicht, der unausgesprochen die andere komplementär ist, es gebe nur das Kunstschöne, orientiert sich für das Verhältnis von Realität und Illusion an der Musik. Nietzsche spricht wiederholt von der *Realität der Dissonanz* im Unterschied zur *Idealität der Konsonanz*. Dann gilt – und zumal gegen die Griechen –, daß Anschauung, demnach ›Theorie‹, den Realitätsbezug nicht herzustellen vermag. Realität und Schmerz gehö-

---

4 [F. Nietzsche, Die Geburt der Tragödie. Aus dem Gedankenkreise der Geburt der Tragödie 1869-1871 (Musarion-Ausg.)] III[. München 1920,] 327 [.F. Nietzsche, Nachlaß 1869-1874 (KSA 7). Berlin, New York 1988, 205.]

ren zusammen wie Anschauung und Genuß auf der Gegenseite. Diese sind auf Distanz zur Sache gestellt, auf deren Schein bezogen, haben die Handgreiflichkeit immer schon vermieden, die Kollision unmöglich werden lassen. Anschauung und Anstoß schließen einander aus. Daraus folgt: *Die Anschauung ist ein aesthetisches Produkt. Was ist dann real?*[5]
Wäre alles Schein, könnte man vor Anstößigkeit sicher sein; wir würden uns selbst nur eine Welt der Gefälligkeit erschaffen oder vorspiegeln. Der Anstoß entsteht an der Sache, die Anschauung am Schein. Die wesentlichste Erfindung der Griechen, ihre Tragödie, ist die Probe auf diese Wahrheit: Obwohl sie im Wortsinne vor Augen führt, wie es dem Menschen besser wäre, nicht geboren zu sein, enthebt sie ihn zugleich dem Widerwillen gegen sein Dasein. Sie führt so nahe heran an den Schmerz wie möglich und versichert sich doch zugleich der Distanz zu ihren Qualen, die schon durch die Vorkenntnis der mythischen Stoffe in ihrer Ferne der Unwiederholbarkeit gewährleistet ist.
Dieses Paradox von Nähe und Distanz fehlt der antiken Theorie wie der neuzeitlichen Naturwissenschaft, um des Realismus fähig zu werden. Indem sie ihren Antrieb aus der Lustbezogenheit von Wißbegier und Neugierde zieht, also dem triebhaften Wunschbereich zugehört, ergibt sich zwangsläufig, daß *die Naturwissenschaft nur hinter dem Scheine her ist: den sie höchst ernsthaft als Realität behandelt.*[6] Unverkennbar steht hinter dieser Auffassung von Wissenschaft als der Verwechslung von Schein und Realität noch Schopenhauers Vorstellung von der Objektivität des Willens. In den Erscheinungen schafft dieser sich den Spiegel; er selbst ist einzig Realität: *Die Welt ist nur der Spiegel des Willens.* Aber: Was ist schon Wirklichkeit eines Spiegelbildes?
Wirklichkeit ist wesentlich Versagung von Erfüllung. Sofern Theorie den Wissenstrieb befriedigt, tut sie es gerade in ihrer Gleichgültigkeit dagegen, die Realität zu erfassen oder nur ihren Zusammenhang vorstellbar zu machen. Lust ist das Symptom gerade dafür, daß die Theorie sich ihren Schein vorgegeben hat und darin das ihr Genügende immer findet, denn es gibt sie zu jeder Voraussetzung. Damit erreicht Nietz-

5 [Ebd.,] 319[. Ebd., 165.]
6 [Ebd.,] 314[. Ebd., 130f.]

sche die gesuchte Gegenposition zu Plato, die er mit dem Satz proklamiert: *Meine Philosophie* [sei] *umgedrehter Platonismus...*[7] Daher ist das Schöne *nur Negation*, während die platonische Idee als das behauptete eigentlich Seiende zum reellen Ding unter der Negation durch den Trieb wird, der genau *nicht dieses* und *dieses nicht* so haben will und es durch seine Macht in die Transzendenz abdrängt.[8]

Der neuzeitliche Begriff des Willens bis hin zu Schopenhauers voluntaristischem Absolutismus vertritt die platonische Transzendenz zwischen Realität und Idealität insofern, als seine unersättliche Natur als Organ der Bedürftigkeit eines endlichen Wesens zwar nicht Endgültigkeit, aber Unerfüllbarkeit impliziert. Mit dieser Bestimmung bleibt verhindert, daß es der Wille je mit anderem als der Illusion von Idealität zu tun bekommt. Die Wirklichkeit erweist sich als solche durch den Widerspruch gegen diesen Typus von Quasi-Idealität. Wenn die uns gegebene Welt nicht Illusion sein kann und darf, so deshalb, weil sie gerade das ist, was nicht sein soll, und so ist, wie es nicht sein soll – wenn nicht mehr noch: das, dessen Nichtsein Glück wäre. Die Gefälligkeit einer Gottheit, gegen wen auch immer, bestände letztlich darin, das zu gewähren, was nicht Realität werden könnte: den Schein. Sie gliche den Selbsttäuschungen, die der Mensch sich in ›Selbstgefälligkeit‹ bereitet, in ihrer Annehmlichkeit.

Wirklichkeit ist nicht so, wie sie sein soll, das hatte auch Plato mit dem Begriff der Erscheinung gemeint, aber zugleich im Konzept der *methexis* die Bestimmung getroffen, daß von der Obligation der Idee her sein solle, was doch nicht so sein könne, wie es sein solle. Aus dem Versagen der Erscheinung gegenüber der Idee, des Abbildes gegenüber dem Urbild, ließ sich deshalb keineswegs folgern, daß Erscheinung und Abbild ihr Daseinsrecht verwirkt hätten – im Gegenteil: Nur ihr gesolltes Dasein kraft der Idee entschuldigt ihr *ungesolltes Sosein*, das sie zur ›bloßen‹ Erscheinung degradierte. Die Differenz ist entscheidend, daß der Abfall der Erscheinung von der Idee die absolute Realität voraussetzt und deshalb gerade nicht sein kann, während der Wunsch eine Irrealität zur Maßgabe dessen macht, was ihn erfüllt und darin sich endgültig zur

7 [Ebd.,] 318[. Ebd., 199.]

8 [Ebd.,] 330[. F. Nietzsche, Nachlaß 1875-1879 (KSA 8). A. a. O., 9[1].]

Illusion entleibt. Dieser vorgegebene Rahmen läßt die Antithese von Tragödie und Idealität sich dramatisch zuspitzen: Das Tragische ist das Verhängnis, dessen Notwendigkeit die des Ungesollten ist. Daher ist sie das Widerspiel zur Erscheinung: das, was nicht erscheint, wovon nur Boten unheilträchtig berichten können. Die Tragödie spielt hinter der Szene.

In Nietzsches Theorie der griechischen Tragödie, ihres Ursprungs aus dem Geist der Musik, ersteht das Paradox des reinen Schmerzes: die Illusion des spielenden Kindes, die Wirklichkeit als Unwirklichkeit. Das Kriterium der Wirklichkeit, der Schmerz, wird dadurch widerlegt, daß er als Substanz der Tragödie dennoch Illusion sein kann. Das bestimmt den Zuschauer der tragischen Szene. Er hat sie eben nicht anders denn als Anschauung; und Anschauung ist immer verstanden als die Lust daran, etwas ›haben‹ zu können, ohne es ›sein‹ zu müssen. Dazu ist nicht nötig, Realität ins Spiel zu bringen. Der Schein genügt allemal. Schein ist die Lust des Habens bei Ausgeschlossenheit des Seins. Es ist, nach Plato, nicht besser als sophistisch, daß, wenn es das Nichtsein nicht gibt, auch noch die *eidola*, die rhetorisch infiltrierten Bilderchen, obwohl fast nichts, doch ›etwas‹ sein müssen. Darin liegt die Bannung der disjunktiven Hinterlassenschaft, mit der Parmenides und seine eleatische Schule schwer auf der werdenden Philosophie gelastet hatten: Was nicht im vollen und strengen Sinne seiend sein konnte, verfiel eben dadurch dem Verdikt, das Nichtseiende sei nichts anderes als nichts. Die Logik hätte der Ästhetik endgültig den Garaus gemacht, wäre es dabei geblieben: bei einer erbarmungslosen Geschichte des europäischen Ernstes als Erbitterung eines Gerichts über Sein oder Nichtsein. Es ist nicht ohne Ironie, daß Plato in der Gegenwehr gegen die Sophistik den langlebigen Ernst verhinderte, dem er selbst verfallen war.

Hier wird die Frage unausweichlich, ob der Begriff der Anschauung nicht allzusehr an den Leitfaden der griechischen Theorie als einer unangefochtenen Betrachtung des Kosmos, der Natur gebunden ist. Ich möchte ein Phänomen besprechen, bei dem das Kriterium der Wunschfreiheit der Anschauung einwandfrei zu erbringen ist: das Phänomen des Ausdrucks. Insofern in der Erfahrung Ausdruckswerte auftauchen, sind sie zugleich Werte der Fremdheit, die über die bloße Gegenstandsbeziehung hinausgehen. Was Ausdruck hat, ist *eo ipso* nicht mehr bloßes Objekt. Es ist das Objekt, in dem oder hinter dem, gegenwärtig oder vergangen, ein Subjekt steckt, welches meinen Wünschen seine Wünsche entgegensetzt oder schon entgegengesetzt hat. Im Ausdruck wird ein Gegenwille wahrgenommen. Diese Implikation ist immer da, weil Ausdruck eben gerade nicht von dem, der ihn empfängt, hergestellt sein kann. Einfachstes Experiment: Ich kann mir im Spiegel nicht selbst zum Ausdruck werden. Trotzdem gibt es eigene Fremdheitserlebnisse im Spiegel: *Man gibt nicht sein Einverständnis, diese Ruine zu sein…* (Paul Valéry).

Insofern die Ausdruckswelt älter ist als die Dingwelt, ist sie das eigentliche Fundament der Ausbildung unseres Wirklichkeitsbegriffs. Cassirer schreibt in der »Philosophie der symbolischen Formen«: *Denn alle Wirklichkeit, die wir erfassen, ist in ihrer ursprünglichen Form nicht sowohl die einer bestimmten* Dingwelt, *die uns gegenüber- und entgegensteht, als vielmehr die Gewißheit einer lebendigen* Wirksamkeit, *die wir erfahren. Dieser Zugang zur Wirklichkeit aber ist uns nicht in der Empfindung, als sinnlichem Datum, sondern allein in dem Urphänomen des Ausdrucks und des ausdrucksmäßigen ›Verstehens‹ gegeben. Ohne die Tatsache, daß sich in bestimmten Wahrnehmungserlebnissen ein Ausdruckssinn offenbart, bliebe das Dasein für uns stumm. Wirklichkeit könnte niemals aus der Wahrnehmung als bloßer Sach-Wahrnehmung* gefolgert *werden, wenn sie nicht in ihr, kraft der Ausdruckswahrnehmung, schon in irgendeiner Weise* beschlossen *läge und sich hier in einer durchaus eigentümlichen Weise manifestierte.*[9] Welche Wichtigkeit diese Einsicht hat, kann man leicht ermessen, wenn man sie mit einer anderen deskriptiven Theorie der Wahrnehmung vergleicht, die gar nicht auf das Moment ›Wirklichkeit‹ eingestellt ist, sondern auf den ›Gehalt‹ der Wahrnehmung, ihre Struktur, ihre Abstufungen und deren ›Umsetzung‹ in ›Urteile‹ – also in Gebilde vom Typus ›Theorie‹. Ich meine etwa den Vergleich mit Husserls ›Genetischer Logik‹ (Vorlesungen ab 1920), die die Entstehung der Urteilsformen in der Wahr-

9 [E. Cassirer, Philosophie der symbolischen Formen. Dritter Teil – Phänomenologie der Erkenntnis. Darmstadt 1964.] 86[f. E. Cassirer, Philosophie der symbolischen Formen. Dritter Teil – Phänomenologie der Erkenntnis (Hamburger Ausgabe 13). Hamburg 2002, 82.]

nehmung selbst aufsuchen will, dabei aber ausschließlich auf die Dingwahrnehmung zurückgeht, in ihrem Bereich die elementaren Vorgänge der Identifizierung, der Neutralisierung, der Negation, der Modalisierung auffinden zu können meint. Es ist klar, daß diese Wahl des deskriptiven Fundaments der Logik schon geleitet ist von einer vor- und übergreifenden theoretischen Tendenz, die der *Gegenstand*sbildung innerhalb der Dingwahrnehmung den Vorzug geben muß und unter den Urteilsformen die der *Modalisierung* für den Verbund von Frage, Problematisierung, Hypothese, Zweifel vor allem benötigt, weil sie im wissenschaftlichen ›Prozeß‹ vor allem vorkommen, wenn nicht diesen sogar erst in Gang bringen, konstitutiv bedingen.

Es ist bei Husserl nur auf den ersten Blick erstaunlich, in welchem Maße er seine genetische Logik loslöst von allen seinen Überlegungen zur Intersubjektivität. Denn auch diese sieht er vorwiegend als eine Sphäre des Austausches von Urteilen, Fragen und Antworten, Bestätigungen von Befunden, standpunktbedingten Differenzierungen von Gegenstandsaspekten. Wäre er primär auf den Ausdruck als Medium der Intersubjektivität eingestellt gewesen, hätte er vielleicht als das repräsentative Phänomen der Intersubjektivität den Komplex der Verweigerungen mit ihren heftigen Ausdruckskorrelaten hervorgehoben, den Ausdruck von Ablehnung, Widerspruch, Auflehnung, Bestreitung, Empörung, Zurückweisung usw. Denn hier, in der Ausdruckssphäre, scheint vor allem und mit der größten Deutlichkeit die Negation verwurzelt zu sein. Also nicht, wie bei Husserl, in der Korrektur einer Wahrnehmung durch eine andere.

Es gibt eben weniger und weniger intensive Ausdrucksmittel etwa für Skepsis und Zurückhaltung, Frage und Zweifel als für den bezeichneten negativen Ausdruck. Skeptiker demonstrieren nicht, sind *cunctatores*! Dies ist so, weil es weniger akute Situationen in der Lebenswelt für Zweifel als für Verweigerung gibt, die schon das Kleinkind bei der Ablehnung von Speisen etwa kräftig ausbildet. Drücken wir die Einsichten aus, die sich im Zusammenhang mit der Emotionalität des Schmerzes und des Unbehagens für den Wirklichkeitsbegriff herausgebildet haben, so ist eine allgemeinere, auch schon von Nietzsche gewählte Bezeichnung für dieses Grundphänomen, daß sich die Realität unseren Wünschen verweigert und dadurch als Realität in ihrer Unabhängigkeit von diesen Wünschen manifestiert, der Begriff des Widerspruchs. Dafür gibt es die früh ausgebildete Bewegung des Ausweichens, die – von der Situation der angebotenen Speise entbunden – zum Kopfschütteln führt. Dann das Zeichen der erhobenen Handfläche, welches die unüberschreitbare Distanz bekundet. Hier wurzelt eine ganz und gar nicht dingbezogene Symbolik, sobald die Loslösung von konkreten Situationen zu allgemeiner Brauchbarkeit sich vollzogen hat. So läßt etwa ein Redner, der nichts auf ihn Zukommendes abzuwehren hat, dennoch seine Zuhörer die erhobenen Handflächen sehen, um eine von ihm negativ dargestellte Möglichkeit beschwörend auszuschließen. Überhaupt muß man den rhetorischen Vorgang beobachten, um die situationsentbundene Symbolik zu studieren. Aber auch Lachen und Weinen als *Reaktionen auf Grenzen, an welche unser Verhalten stößt*,[10] die Verlegenheit, die Unruhe des Nicht-aus-noch-ein-Wissens.

Die Entstehung der Negation ist für diesen Wirklichkeitsbegriff der wichtigste Vorgang, weil Ausdruck und Bedeutung dann auch sekundär Gegenstände annehmen, die als solche nicht ausdrucksfähige Subjekte oder schon von ausdrucksfähigen Subjekten geprägte Dinge sind. So kann ein Material, das jemand zu bearbeiten und für einen bestimmten Zweck zu verwenden beabsichtigt, schon rein optisch – etwa durch seine Ähnlichkeit mit Granit oder Stahl – den Ausdruck äußerster Verweigerung gegenüber dem Akt der beabsichtigten Bearbeitung annehmen. Will man dies, um keine Verwischung der Terminologie zuzulassen, nicht mehr ›Ausdruck‹ nennen, so kann man es auch allgemeiner als ›Bedeutung‹ oder *implikative Bedeutsamkeit* bezeichnen. Es mag sein, daß der Sinn für Bedeutung älter ist als der für Ausdruck. Es ist eben mehr als Wahrnehmung eines Dinges und seiner Eigenschaften, wenn schon der Anblick etwa eines Materialblocks, aus dem eine Figur gebildet werden soll, die äußerste Widerspenstigkeit gegen diese Absicht sinnfällig macht, so daß eine erste Abschätzung der aufzuwendenden Arbeit mit allen damit verbundenen Emotionen einsetzt, oder der plastische Zustand des Tons die Herstellbarkeit fester und dichter Gefäße abwegig erscheinen läßt, bis eine andere Beobachtung, die der

---

10 [H.] Plessner, [Conditio humana (Gesammelte Schriften VIII). Frankfurt a. M. 1985,] 62.

Brennbarkeit, die erste entkräftet. Es ist dies auch mehr und anderes als die Ablesung von Anzeichen an Phänomenen, etwa das Anzeichen des bevorstehenden Regens an der Wolkenbildung am Himmel, die als solche durchaus vom bloßen Anzeichen in den Ausdruck – etwa der Bedrohung eines gerade beabsichtigten Spaziergangs – umschlagen kann.
Wenn der Wirklichkeitsbegriff einer Epoche erlaubt, sich das Ideal des Zuschauers, des *theoros*, zu setzen – also Muße zur Grundeinstellung gegenüber allem Gegebenen zu machen –, dann ist für sie das Moment ›Ausdrucksqualität‹ nivelliert und abgeblendet. Verständlicherweise gilt das vor allem für die Ausdrucksqualität ›Widerstand‹: des Materials gegen den Zugriff seiner Bearbeitung. Noch elementarer für die paradoxe Ausdrucksqualität von ›Material‹ als solchem: die Qualität ›Substrat‹, die Antinomie des unpräparierten Präparats, der Ausdruckslosigkeit als Ausdruck.
Wo nicht zugegriffen wird, da entzieht sich auch nichts, wo nichts zugemutet wird, verweigert sich nichts. Das gilt nicht nur für feudale Vorwelten. Auch moderne Welten, genauer deren tertiäre und quartäre Sektoren, lassen die Grundvorstellung von einer tollen Widerstandslosigkeit der Realität gedeihen, die sich dann als eine jederzeit und für jeden Zugriff ›veränderbare‹ geradezu anzubieten scheint, so daß sie sogar – wenn nicht vor allem – gegenüber bloß verbalen Resolutionen gefügig vorkommt. Die unvermeidliche Enttäuschung (Frustration) wird dann einer halbdämonischen ›Reaktion‹ angelastet. Woran auch etwas Richtiges ist. Realität ist als solche träge, zähflüssig, starr, was – wenn man es aus dieser metaphorischen Sprache zu übersetzen sucht – vor allem heißt, daß Wirklichkeit die Beweislast für ihre Bedürftigkeit, nicht so bleiben zu dürfen, wie sie ist, denen auflastet, die ihr Veränderung zumuten. Realismus hat immer etwas zu tun mit der Berücksichtigung der Beeinflußbarkeit von Gegebenem. Deshalb kann sogar Rhetorik der Ausdruck von Realismus sein.
Die Kultur der Griechen war weithin eine Zuschauerkultur. Nicht nur, weil sie die Tragödie erfunden haben und dadurch noch den Inbegriff von Leid und Schmerz auf Distanz zu bringen lernten; auch weil sie die Natur am Standpunkt des Menschen vorbei Revue passieren ließen. Es ist verständlich, daß sie ein Weltmodell für gottlos erklärten, in welchem sich der Standort des Menschen nicht als ruhender Körper in der

Mitte aller Dinge befand und diese Dinge alle sich um ihn zur günstigsten und vollständigen Selbstdarbietung drehten. Daraus haben sich für den Theoriebegriff unserer ganzen wissenschaftlichen Tradition im weitesten Sinne, aber auch für unsere ästhetische Tradition weittragende Folgen ergeben.

Zunächst ist ganz naheliegend, daß die Griechen an ihrem Kosmos physiognomische Qualitäten nicht intensiv wahrgenommen haben. Was zu betrachten ihnen als Inbegriff des Glücks und des erfüllten Daseins erschien, hatte die Ausdrucksqualität der Wirklichkeit nicht im einzelnen, sondern im ganzen: gleichmäßig über die Phänomene ausgebreitet, so daß sie sich nur schwer als spezifische Größen abzuheben vermochten. Daraus folgt, daß die Qualität der Meßbarkeit in dieser theoretischen Einstellung kaum wahrgenommen wurde. Diese Wirklichkeit war morphologisch erfaßbar. Die Phänomene haben für den Zuschauer ein Moment der Selbstpräsentation, des Sich-Zeigens, der Andringlichkeit. Als solche sind sie Gestalten und Formen, woher denn allein die Verwechselbarkeit der Schatten mit den Dingen verständlich wird, die Plato in seinem Höhlengleichnis so selbstverständlich zugrunde legt. Was die Gegenstände solcher Art nicht benötigen, ist gezielte Beleuchtung, Präparation, Isolierung gegenüber der Umgebung; sie sind Gestalten aus sich selbst heraus, aus einem internen Formprinzip.

Hat man die Weltansicht der Griechen derart beschrieben, wird verständlich, weshalb ihre Metaphysik so aussieht, wie sie uns überliefert ist: als eine Metaphysik der Formen und Ideen. Ihr Kosmos ist eine profilierte Wirklichkeit. Die Deutlichkeit seiner Profile ist identisch mit jenem *phainesthai*, dem Sich-Zeigen, das logisch übersetzt werden kann in etwas, was Alexander Pfänder aus der Münchener Schule der Phänomenologie die ›Behauptungsimplikation‹ genannt hat – nur daß er sie kategorischen *Urteilen* zugeschrieben wissen wollte.

Der Kosmos, so verstanden, leistet keinen Widerstand. Der Zuschauer, gebannt an seine bevorzugte Position, nähert sich ihm gar nicht bis zur Berührung oder gar bis zur Handgreiflichkeit. Mitte ist die Position, die nach allen Seiten den günstigsten optischen Abstand, die sicherste taktile Unbetroffenheit gewährt. Akzeptiert wird, was sich zeigt. Das ist schwer verständlich für eine Epoche, die sich immer wieder das Selbstlob der kritischen Einstellung erteilt hat.

Darauf beruhen noch Einzelheiten jenes platonischen Gleichnisses, in welchem die Zuschauer in einer Höhle vorgestellt werden und am Kopf gefesselt sein müssen, damit sie sich nicht umdrehen können und im Rücken die Machinatoren der Schattenspiele erblicken können, die ihnen die Wirklichkeit vorstellen. Dabei wird diesen Zuschauern gar nicht irgendeine Neigung unterstellt, auf die Schattenwand zugehen zu wollen, um endlich einmal mit Händen zu betasten, was ihnen dann sofort zur Illusion zerrinnen müßte. Nur auf die fixierte Blickrichtung kommt es an. Auch der intersubjektive Konkurs führt sie keinen Schritt weiter in Richtung auf Enthüllung der Illusion, die ihnen bereitet wird und die im politischen Zusammenhang des Werkes, das dieses Gleichnis enthält, die Gefährdung durch Rhetorik und Demagogie bezeichnen soll.

Ein Vergleich mit Modernem hilft hier sicher weiter. Eines der Urerlebnisse des Begründers der Phänomenologie, Edmund Husserl, war eine Täuschung, die sich nicht auf einen Gegenstand der objektivierenden Theorie, sondern auf ein Mitsubjekt bezog: die Sache mit der Puppe im Panoptikum, die einen Zuschauer simulieren soll. Hans-Georg Gadamer hat jüngst dieses Urphänomen der Phänomenologie in seinen »Philosophischen Lehrjahren« zur Veranschaulichung seiner Erfahrung mit Husserl dargestellt. *Einen durchaus ›wilhelminischen‹ Gelehrten vorzufinden, mit Bart und Brille, steifem Kragen und goldener Uhrkette auf der Weste, war keine Überraschung. Das war Zeitstil. Mein Vater trug sich auch so. Husserls Vortrag war zwar flüssig und nicht ohne Eleganz, aber ohne rhetorische Wirkung. Was er vortrug, klang alles wie Verfeinerungen schon bekannter Analysen. Aber es war eine eigene Intensität darin, wenn er sich wirklich einmal, statt Programme zu entwickeln, in eine Deskription verlor. Etwa, wie er, zur Demonstration einer Wahrnehmungstäuschung, seinen Besuch im Berliner Panoptikum in der Friedrichstraße erzählte: wie ihm zu seiner Verlegenheit eine junge Dame am Eingang zuwinkte, bis er erkannte: ›Es ist eine Puppe‹ – die weiche, östliche Aussprache des Wortes ›Puppe‹ habe ich heute noch im Ohr. Oder der rote Apfel, der beim Hereinbeißen sich als Seife erweist …*[11]

11 Hans-Georg Gadamer, Philosophische Lehrjahre. Frankfurt [a. M.] 1977, 30f.

Es ist zwar hübsch, daß diese Puppe winkt und den weltfremden Gelehrten damit in die Verlegenheit versetzt, ihm könnten Zumutungen bevorstehen. Doch so hat Husserl selbst es nicht niedergeschrieben. Ich möchte dem Erinnerungsvermögen Gadamers nicht zu nahe treten; aber in seiner Version der Wachspuppengeschichte ist zu viel Expression, zu viel Aufwand, um, wenn schon zutreffend, so auch typisierend für Husserl zu sein. Denn diese Geschichte ist erkennbar der Prototyp für seine genetische Analyse der Negation: In seinen Werken gibt es die fast lächerliche Beschreibung eines Vorganges, bei dem ein von ferne wahrgenommener Mensch sich beim Näherkommen als Schaufensterpuppe erweist und die einmal eingenommene Position durchgestrichen werden muß.

Husserl war in seiner Berliner Studentenzeit, als er bei Carl Stumpf psychologisch angeregt wurde, ins Wachsfigurenkabinett gegangen und offenbar nicht ohne Skrupel ob solcher Ausschweifung. Denn er leitet den Bericht mit den Worten ein: *Im Panoptikum die Schaulust einmal befriedigend* ...[12] Verloren in derartige Lust, gewahrt er neben sich ein Mädchen, das die Schaustücke betrachtet wie er selbst, mit dem Katalog in der Hand. Das ist in einem Nachlaßtext aus den Jahren 1920/21 als Ergänzung zu einer Vorlesung niedergeschrieben, die dreimal in Freiburg gehalten worden ist: im Wintersemester 1920/21, im Sommersemester 1923 und im Wintersemester 1925/26. Sie könnte also sehr wohl diejenige sein, die Gadamer 1923 gehört hatte und die in jenem Sommer den Titel »Ausgewählte phänomenologische Probleme« trug.[13] Husserl fährt in seinem puritanischen Erlebnisbericht fort: *Nach einer Weile* – bei näherem Interesse, dürfen wir ungeachtet der asketischen Attitüde des Studenten Husserl ergänzen – *kam mir das Mädchen verdächtig vor.*[14] Und natürlich ist es eine als Zuschauer aufgemachte mechanische Puppe – fast möchte man sagen: Das ist der Preis für zu viel des gehüteten Cartesianismus!

Im Unterschied zu Gadamers Version ist dies also ein Zuschauer, dessen Gegebenheit erst nach der Negation der Intersubjektivität um-

12 [Husserliana XI, 351.]

13 Im Nachlaßband XI abgedruckt unter dem Titel »Analysen zur passiven Synthesis«.

14 [Husserliana XI, 351.]

schlägt, aus der Mitsubjekt-Sphäre in die des verkannten Objekts. Es steckt in dieser Szene eine vielleicht von Husserl empfundene, auch nicht verwundene Bestreitung der Rolle des Phänomenologen. Es definiert sich als Zuschauer, der von sich erwartet, einer Sphäre gegenüberzutreten, die von ihm und seinesgleichen streng unterschieden und ständig unterscheidbar ist. Aber es gibt diesen nicht mehr. Zumal und gerade dann nicht, wenn er Zuschauer *bleiben* will. Husserl wäre schneller zum Erfolg seiner Enttäuschung gekommen, wenn er die junge Dame mit dem Katalog angesprochen oder sie gar zu berühren versucht hätte.

Dieses zu ständiger Reduktion und Reinigung bestimmte phänomenologische Subjekt, das der Anlage nach in dem Studenten Husserl steckt, geht ja nicht einmal mit schlechtem Gewissen aus Schaulust ins Panoptikum; er geht, weil er zur Welt ein Verhältnis der Anschauung festzuhalten entschlossen ist. Dieser Entschluß liefert ihn der Illusion aus. Dabei ist ganz gleichgültig, was die Museumsleitung mit ihren auf Täuschungen ansprechbaren, die Sphäre der Kuriositäten suchenden Zuschauern vorgehabt haben mochte. Es ist ja nicht das Trauma einer Enttäuschung an einer Wachsfigur, das übrigbleibt; das bohrende Bewußtsein, daß sich der Zuschauer von seinen Objekten so wenig abhebt, daß er mühelos mit den Mitteln der Figurenwelt dargestellt werden kann.

Husserl hat seither die Heterogenität des Subjekts unter allen Objekten zum Thema seiner Analysen der Intersubjektivität gemacht, ohne je über die Linie hinauszukommen, an die er im Berliner Panoptikum geraten war. Nur das Ich für sich selbst konnte die radikale Heraushebung aus der Welt durch transzendentale Reduktion schaffen. Die Abtrennung des transzendentalen Egos vom mundanen Ego, ein Akt der Reflexion und Reduktion, schafft den absoluten Zuschauer, dem alles gegeben ist und der seinerseits keinen Bezugspunkt des Gegebenseins mehr hat. Die Katastrophe dieses phänomenologischen Anspruchs am Aufkommen Heideggers läßt sich auf die Differenz bringen, daß es den reinen Zuschauer, jetzt ›Begaffer‹ genannt, nicht gibt, nicht mehr geben kann. Wir sind immer schon in Bewegung, keine ruhenden Subjekte. Die Wirklichkeit zwingt uns dazu, die Gerade als die kürzeste Verbindung zweier Punkte preiszugeben. Insofern gilt, daß sich die

Wirklichkeit der Rationalität widersetzt. Sie ist ihrem Wesen nach Anpassungszwang, nicht Abbildbarkeit.
Zum Thema Illusion und Realität gibt es eine wichtige Parallele der Husserlschen Panoptikums-Szene. Sie gehört in die Mythologie der Entstehung des Impressionismus, dessen Namengebung veranlaßt war durch ein Gemälde von Monet mit dem Titel »Impression, Soleil levant«. Anläßlich der Pariser Jahrhundertausstellung der Werke des Impressionismus wurde 1974 gesagt, es habe in diesen Anfängen eine frenetische Feindseligkeit gegen die neue Richtung gegeben und der Anführer dieser Opponenten sei ein obskurer Journalist mit dem Namen Louis Leroy gewesen, der anhand des Gemäldes von Monet den Ausdruck ›Impressionismus‹ als Schimpfwort erfunden habe. Leroy hatte seine Ausstellungskritik in die Form eines satirischen Dialogs gekleidet, der bei Besichtigung jener ersten Ausstellung 1874 mit einem fiktiven Landschaftsmaler namens Joseph Vincent geführt wird. Die satirische Szene endet damit, daß Kritiker und Vertreter der akademischen Reaktion in der Malerei den Ausgang erreichen und der Maler den dort stehenden Wärter als das einzig gelungene Kunstwerk der Ausstellung anerkennt: *Zwei Augen ... und eine Nase ... und ein Mund! ... Die Impressionisten wären nicht so ins Detail gegangen*. Eine herrliche Wiederaufnahme des kunstkritischen Witzes von Diderot und Heine über die Pariser Salons. Aber zugleich auch eine ironische Pointe auf die Panoptikums-Episode in Berlin nur ein gutes Jahrzehnt später. Denn ob die Wachsfigur als mitzuschauendes Subjekt oder ob das lebende Subjekt als Kunstwerk verkannt wird, das macht für die Einebnung der Differenz nicht viel aus. Nur ist der zum Kunstwerk nicht ernannte, sondern verkannte Wärter eine satirische Erfindung, während die verkannte Wachsfigur offenbar eine fast traumatische Urerfahrung des Phänomenologen gewesen war.
Vielleicht bedarf es wenigstens der Erwähnung, daß Husserl seine Ernüchterung hinsichtlich der Nachbarin im Panoptikum mit dem Katalog in der Hand an keiner Stelle mit *dem* Ausdrucksverhalten schließen läßt, das man bei Mißverhältnis zwischen Anspruch und Einlösung erwarten sollte: mit einem Lachen. Es ist eher ein qualvoller Vorgang des Sich-Herauslösens aus der einmal eingeschlagenen Apperzeption. Er beschreibt das folgendermaßen: *Was geht in einem solchen Fall inner-*

lich vor? Nun, wir sind zuerst schwankend, zwei Wahrnehmungsauffassungen sind miteinander in Widerstreit, im Beispiel Mensch aus Fleisch und Blut und – mechanisch bewegte Puppe aus Holz und Wachs. Sind wir sicher geworden, so können wir doch aus der einen in die andere Auffassung willkürlich übergehen und können also, was vor uns steht, einmal als Menschen, einmal als Puppe ›sehen‹.[15] Das ist erstaunlich und unerwartet, wohl auch deskriptiv unhaltbar.

Kein Übergang, kein Umschlag kann radikaler die Änderung des Verhaltens bestimmen als der, etwas bis dahin für ein Mitsubjekt Gehaltenes nur noch als Ausstellungsobjekt betrachten zu müssen. Während es zuvor, etwa noch beim Schwanken zwischen den beiden Möglichkeiten, eine Hemmung gegeben haben mag, dem Mitsubjekt durch prüfende Berührung lästig zu fallen, ist diese Hemmung jetzt entfallen. Sie läßt sich unmöglich als wiederhergestellt denken. Aber an diese Art der Realitätsversicherung durch Taktilität denkt der angehende Phänomenologe, der vielleicht anachronistische Vertreter der Anschauung, nicht. Denn Skepsis, Zögern, Schwanken – das sind charakteristische Verhaltensweisen des Zuschauers, der es nicht auf die harte und handgemeine Probe ankommen lassen will. Nicht so sehr oder überhaupt nicht aus Furcht vor der Berührung, sondern weil er seine eigene Stellung und Einstellung, sein Rollenkonzept oder seine Selbstdefinition dadurch zerstören würde.

Der Wirklichkeitsbegriff des Zuschauers beruht auch darauf, daß er es nie nötig hatte und nie nötig haben will, es so genau wissen zu wollen, wie es nur durch das Hinausgehen über die bloße Betrachtung möglich wäre. Er hat es nicht nötig, weil seine Lebensführung und Selbsterhaltung nicht von den Graden der Vergewisserung abhängen. Insofern dies der von den Griechen herkommende Wirklichkeitsbegriff ist, gilt, daß sie niemals durch die Schule des Mißtrauens gegenüber der Welt hindurchgegangen ist, die mit dem Christentum und zumal mit der Gnosis beginnt und im Ausgang des Mittelalters das erreicht, was man nur als metaphysischen und erkenntnistheoretischen Ausnahmezustand bezeichnen kann. Die Phänomenologie ist ein Spätprodukt dessen, was im Cartesianismus zuerst verarbeitet worden war.

---

15 [Ebd.]

Auch die Art, wie Husserl die Beschreibung seiner ursprünglichen Erfahrung zu Ende führt, bleibt ganz gebunden an das Schema der optischen Distanz. Weder die Berührung noch der Geruch, noch der Versuch, akustisch eine Reaktion anzusprechen, werden auch nur erwogen; deshalb kann der Akzent auf der Identität von Leibhaftigkeit und Aspektfolgen der Wahrnehmung liegen und es dem Autor so sichtlich schwerfallen, den Umschlag der Evidenzen einleuchtend zu beschreiben. *Es tritt jetzt aber im Kontrast der vorangegangenen Wahrnehmung des Mädchens und der jetzigen Art, dieses selbe Mädchen zu sehen, ein wesentlicher Unterschied hervor, obschon nicht nur das Objekt dasselbe ist und im Modus der Leibhaftigkeit erscheint, sondern auch die Folgen von Wahrnehmungserscheinungen, in denen es sich gibt, die Aspektfolgen, im wesentlichen dieselben sind. Kurz vorher noch stand das Mädchen als daseiend in Gewißheit vor uns, und jetzt im Charakter der Illusion, im Charakter der Nichtigkeit. Der intentionale Gegenstand, der Wahrnehmungssinn, ist in gewisser Weise genau derselbe, aber bewußtseinsmäßig in verschiedenem ›Seinsmodus‹: einmal seiend schlechthin, das andere Mal nichtig, nicht seiend. Genau besehen ist im zweiten Charakter der frühere in gewisser Weise noch enthalten, das ›seiend‹ ist im ›nicht seiend‹, wie der Ausdruck es korrekt andeutet, noch darin, aber aufgehoben gleichsam, durchgestrichen.*[16] Exemplarisch im Widerspruch und Widerstand gegen das der Erscheinung vorprädikativ Unterstellte wird die Erlebnisweise dessen, was dann ›Wirklichkeit‹ heißt, darstellbar. Doch ist das Exemplarische weder ausschließend noch vollständig. Man muß mit einer reichhaltigen Skala und mit Akzentverschiebungen epochaler wie typologischer Art rechnen. Widerstand im Material, Widerspruch im Ausdruck, das scheint ganz auf ›Introspektion‹ zu beruhen. Als bloßes Verhalten beobachtbar ist das Bemerkbarwerden und Akzeptiertwerden von Wirklichkeit in der topographischen Figur des Umwegs. Als Verhaltensmuster können Umwege freilich nur dort ausgemacht werden, wo der Prozedur ein Ziel zugeschrieben werden kann: Nur was sich auf einem Wege befindet, kann einen Umweg einschlagen. Das verlangt nicht unbedingt die Voraussetzung des Bewältigens akuter Ansprüche auf Erfüllung von Bedürfnis-

16 [Ebd.]

sen; sonst könnte das Bewegungsmuster des Umwegs nicht die Grundfigur einer auf Kultur beruhenden, auf Kultur bezogenen Dynamik sein. Es ist ein trivialer Satz, um ausnahmsweise Hegel einmal zu zitieren, der lautet: *Die Natur kommt auf dem kürzesten Weg zu ihrem Ziel; dieß ist richtig, – aber der Weg des Geistes ist die Vermittelung, der Umweg.*[17] Da ist das kultivierte Verfahren, Hindernisse nicht zu durchbrechen, sondern zu umgehen, mehr als nur Metapher: Der Geist gewinnt seine Freiheit, indem er zum Ritual macht und darin nur noch simuliert, was er als Hilfsorgan der Selbsterhaltung aus Notwendigkeit eingeübt und dann aus Schwäche angenommen hatte. Denn der Grenzwert des Umwegs ist die Aporie, die Weglosigkeit, die Verirrung, nicht vordringlich als Mangel an Weiterwissen, denn vielmehr als Gebanntwerden vom Entgegenstehenden, der Gorgo Medusa, dem Basiliskenblick, dem Faszinosum. Auf eine solche Oberwirklichkeit des nicht nur Hindernden und Widerständigen, sondern Bannenden und Erstarrenlassenden bezogen, ist der Umweg die realistische Lösung, sich der Probe gar nicht erst zu stellen. Einmal mag vieles List gewesen sein, was nachmals als Verfeinerung des Umgangs mit Mächten erscheint. Soweit Kultur aus der nackten Notdurft der Selbsterhaltung herausgewachsen und ihr entwachsen ist, hat sie diese Prozeßform der Umständlichkeit angenommen, die die Gattung des Umwegs ist: der Prozeß im Zelebrationsfall der Prozession, die es sich weit machen muß und dies durch Langsamkeit verstärkt. Es sieht so aus, als vermeide sie Kollisionen, auch wenn sich nicht wahrnehmen läßt, worin deren Drohung bestehen könnte.

Eine Kultur leistet sich die Vereinfachungen ihrer Verfahren, die Verkürzungen ihrer Wege, die aus den Distanzen und Entlastungen vom Absolutismus der Wirklichkeit unter dem Titel ›Rationalität‹ gewonnen zu werden vermögen, nur in Maßen – soll heißen: nur im Maß einer Verträglichkeit, die die Entlastung selbst nicht zur Last werden läßt, das Prinzip der Angemessenheit an Realität nicht derart in Vergessenheit kommen läßt, daß es für jeden jederzeit möglichen Fall erneuter Verschärfungen und Herausforderungen durch Wandel der Umstände entschwunden wäre. Darauf trainiert die Künstlichkeit der rituellen Er-

17 [G.W.F. Hegel,] Vorlesungen über die Geschichte der Philosophie I. [Sämtliche Werke. Stuttgart 1965. Bd. 17], 66.

schwerungen, den Menschen als Vernunftwesen der kürzesten Wege an die momentan weniger effektive, an die jeweils kaum aktuell noch begründbare Rationalität der Verzögerung und des Zauderns zu binden. Deshalb simuliert die Grundfigur des Umwegs im Wege Stehendes. Dabei verliert der Schluß vom Umwegverhalten auf eine akut im Wege stehende Realität seine Zulässigkeit, obwohl es das Wirklichkeitsbewußtsein in seiner wichtigsten Selbsterhaltungsfunktion, der auf potentielle Realitäten in einer nicht mehr lebensweltlichen Welt, habitualisiert. Für das Bewußtsein nämlich ist es gleichgültig, ob es sich auf den Umweg beruft oder auf das dazu Zwingende, um sich im Realismus zu behaupten. Es ist daher nur Beschreibung eines Verhaltens zu sagen: Wirklichkeit hat, was uns zu Umwegen zu veranlassen vermag, da der Trieb auf die Ökonomie des durchschlagenden Erfolges, des kürzesten Weges zum Lustgewinn treibt. Gegen ihn steht nicht etwa nur die Dürftigkeit der Vernunft; auch die Phantasie hat ihre Art von Lustgewinn daran, sich zu bestätigen, was und wie sie sich alles leisten kann. Für sie bedeuten Umwege nichts und alles, Umständlichkeiten sind ihr adäquat; sofern sie es mit Bedürfnissen zu tun hat, nimmt sie deren Erfüllungen ohne Rücksicht auf Gegebenheiten der Realität vorweg. Darin ist sie stärker als der Trieb, der zwar mit nichts rechnet, absolut ökonomisch nur für sich selbst ist, aber in dieser Realitätsfreiheit sich gerade das nicht leisten kann, womit er nicht rechnet, weil ihn die Realität kontert, auf Umwege und Umständlichkeiten auch als bloße Täuschungen über die Unerfüllbarkeit der Wünsche verweist, so daß die vermeintlichen Umwege schließlich nicht einmal Wege sind. Aber nur indem er durchhält, wird er ernst genommen und nimmt sich ernst. Das läßt wiederum die rituelle Umkehrung zu: Wo einer ernst genommen sein will, zeigt er sich auf den skurrilsten Umwegen und spiegelt vor, was ihn derart umtreibt. Anthropologisch auf die Formel gebracht, heißt das: Der Mensch simuliert Realitätserfahrung, um ernst genommen zu werden. Im Ritual und erst recht im Spiel, das sich als ›Sport‹ seinem Ursprung allzu schnell entfremdet, erfindet der Mensch sich strengere Verbindlichkeiten für Umwege als irgendwo sonst. Alle Institutionalisierung ist Verbindlichkeit von Umwegen, als Realitätssimulation Kultur, sogar die der Zweckmäßigkeit der Sprache inhärente Umständlichkeit und Redseligkeit. In der Erotik, im Liebesspiel oder

Liebesvorspiel, hat eine Kultur alle diese Merkmale bis zum Selbstzweck gesteigert: Der Umweg kann lebenslänglich sein und kein anderes Ziel als das des Abbruchs seiner Anstrengung erreichen, wie in Ibsens »Peer Gynt«, dessen Grundformel das Wort des Krummen zu Gynt ist: *Mach einen Umweg, Peer! Geh außen rum!*

Es gibt die Verselbständigung der Umwege gegenüber ihren Zielen als Wege, wie es die Selbstverzwecklichung der Mittel gegenüber den Zwecken gibt, auf die hin sie aufgeboten waren. Energie und Sinngebung bleibt auf dem Umweg stecken, dieser wird wertüberladen aus dem Lebensanteil, den er bindet, und seine Aktualitäten lassen vergessen, wohin er führen sollte. Es ist die Logik, mit der das Mittel aller Mittel selbst zum Zweck und dessen Besitz zum Inbegriff aller Werte wird; und dies ist die Beschreibung des Geizes. Aber der Umweg ist nicht nur Kraftverschwendung gegenüber der Ökonomie der kürzesten Wege. Die Verlängerung der Zeitstrecke, die unter der Intention des Zieles durchzuhalten ist, ermöglicht auch immer mehr an Erlebnishaltigkeit, während die bloße Konzentration auf ökonomische Erreichung von Zielen – wie jede Form der Geschwindigkeit auf Wegen – den Weg zur bloßen Funktionalität degradiert. Immer ermöglicht der Umweg die größere Ausbeute an Differenzierung bei zugleich geringerem Risiko der Rivalität und Kollision mit anderen. Daher ist der Umweg auch die adäquate Form der Individualisierung. Es gibt nur einen kürzesten Weg zwischen Start und Ziel, aber unendlich viele Umwege, darin steckt das Prinzip der Individuation unter dem Schutz einer Kultur, die den Kampf ums Dasein – und das heißt hier: den um die Benutzung des kürzesten Weges – nicht mit Prämien absolut begünstigt. Die Findung der Individualität ist, je unerreichbarer das Ziel, die Geschichte der Stadien auf dem Lebensweg selbst. Überraschend gewährt der Weg als Umweg, was zu gewähren nur dem Ziel zugetraut wurde. Nur: Diese Art von Realismus kann nicht rational vorgezeichnet und aus Gründen vorentschieden werden.

Die Seltsamkeit des Resultats dieser Überlegungen liegt darin, daß Realismus und Rationalismus nicht kongruieren. Der Realismus liegt gerade in der Geschicklichkeit bei Vermeidung des Rationalismus, unter dem ich hier das Prinzip der kürzesten Wege verstehe, ohne den Vorwurf zu scheuen, es sei doch nur Sache der Definition, es könne nichts anderes als der Realismus rational genannt werden. Dagegen ist nichts einzuwenden. Wenn aber nach neuzeitlicher Übereinkunft das Ziel identisch sein soll – nämlich die Maximierung der Glückssumme –, kann und darf der Weg zu diesem Ziel nicht der kürzeste und als solcher identische sein. Er wäre tödlich für die, die nicht zu den Stärksten gehören. Zunächst sieht es nach dieser These so aus, als käme es nur auf die Streuung der Umwege beiderseitig des kürzesten Weges an, die rechten und linken Umwege also. Dann gäbe es keine Regel für die Umwegwahl. Das kann so nicht sein, soll es nicht zum Leiden an der Faktizität kommen, wie es faktisch kommt. Es muß eine Abhängigkeit der Umwegwahl von der Individualität geben, von dem Subjekt, das den Umweg wählt. Georg Simmel hat diese Abhängigkeit der Umwegwahl von der Subjektivität das ›individuelle Gesetz‹ genannt. Es macht den Umweg selbst zur Erfüllung, zum subjektiven Wert, zum ganz Eigenen eines jeden, dessen Wahrnehmung und Orientierung ihn ausfüllt – und dann wird eben der Weg selbst zum Ziel. Das ist keine Negation des Glücks, sondern einer der Kunstgriffe des Bewußtseins, die Unverträglichkeit von Lebenszeitzufall und Lebenssinnanspruch zu unterlaufen.

Es bleibt die unüberschreitbare Paradoxie, daß die Realität es sein soll, was zum Umweg zwingt, und der Realismus es ist, der ihn wählen läßt und das Ritual unserer Umständlichkeit realistisch macht. Darin liegt der unschätzbare Selektionsvorteil ausgebildeter Kulturen mit pedantischen Zumutungen an ihre Mitglieder, ebenso wie die Gefahr der Verwechslung von Pedanterie mit Sachgemäßheit. Der Mensch macht nicht nur seine Umwege, er will außerdem auch noch wissen, was sie zu bedeuten haben; diesen unsinnigen Anspruch leistet er sich, weil er nicht unmittelbar fragen muß, wie er noch leben kann.

Sigmund Freud meinte, das Realitätsprinzip sei allein das, was das Lustprinzip zu einem Umweg zu zwingen vermöchte. Realität bestände in gar nichts anderem als im Potential dieses Zwanges gegenüber dem Lustprinzip. Aber das ist, wenn es nicht ganz falsch ist, doch sicher einseitig. Zuerst machen wir unsere Umwege und dann bezeichnen wir das, was sie veranlaßt hat, als Realitäten. Darin liegt die große Bedeutung der Interpretation des Verhältnisses von Ritus und Mythos: Der Ritus ist der Umweg, der Mythos die Interpretation darauf.

Für den Wirklichkeitsbegriff läßt sich deskriptiv ausmachen, daß Unmittelbarkeit und Wirklichkeitsbegriff einander ausschließen. Daher die Schwierigkeiten hinsichtlich des Wirklichkeitscharakters all derjenigen Gegenstände, die in wirklicher oder vermeintlicher Anschauung, Intuition, Unmittelbarkeit gegeben sind, wie die logischen und mathematischen Gegenstände, deren Existenzweise deshalb eine umstrittene ist, weil wir gar nicht genau wissen, was das Prädikat Existenz in bezug auf solche Gegenstände bedeuten kann. Einfacher zu erfassen ist dieser Sachverhalt an allem, was wir ein Medium nennen können. Stellt man sich vor, daß es starke Bewegungen der Luft wie Winde und Stürme nicht gäbe, hätten wir große Schwierigkeiten, die Wirklichkeit der Luft, die wir atmen, festzustellen.

Es ist durchaus eine Welt denkbar, in der für ein Subjekt alles selbstverständlich und leicht verfügbar ist; in einer solchen Welt ließe sich nicht sinnvoll von einem Wirklichkeitsbegriff sprechen. Anders ausgedrückt: Es gäbe in ihr keine Umwege. Nun kennen wir keine Lebenswelten, die dieser Bedingung entsprechen; aber Lebenswelten sind charakterisiert durch ein hohes Maß an Selbstverständlichkeit und Unmittelbarkeit. Man kann diese Charaktere idealisieren. Dann ist eine Lebenswelt eine Welt, in der Urteile wohl vorkommen können, aber nicht vorzukommen brauchen.

Vielleicht läßt sich das mit einer biologischen Erwägung noch deutlicher machen. Die vollkommene Realisierung von Unmittelbarkeit ist nicht eine Umwelt, in der alle Wahrnehmungsdaten den Charakter von Auslösern, Signalen, Reizen oder Informationen haben, also bereits selektiv von einer geräuschartigen Hintergrundumgebung abgehoben sind; die vollkommene Unmittelbarkeit besteht zwischen einem organischen System und einer Nährlösung, in der es sich befindet und aus der es sich reproduziert, durch die Verbindung etwa der Osmose. Deshalb der hohe Reizwert der Vorstellung der Verwurzelung als verbunden mit einem Lebenstypus der Unmittelbarkeit: der minimalen Differenz zwischen Subjekt und Objekt. Daher die Bedenklichkeit so traditioneller Metaphern wie der Einwurzelung und Entwurzelung, aber auch der des An-die-Wurzel-Gehens, der Radikalisierung. Ein Subjekt in einer Nährlösung wäre unfähig, einen Wirklichkeitsbegriff zu haben, von einem Wirklichkeitsbegriff Gebrauch zu machen, darauf zu kommen, was die Rede von Wirklichkeit bedeutet.

Mittelbarkeit hingegen besteht überall dort, wo das Bedürfnis nicht kraft seines bloßen Bestehens befriedigt werden kann, wo zwischen ihm und seiner Erfüllung eine Distanz eingeschaltet ist, über die hinweg die Verbindung erst hergestellt und durchgehalten werden muß. Das geschieht dadurch, daß eine Richtung eingeschlagen und eingehalten wird, Einstellungen aufgebaut und in Handlungen umgesetzt werden, deren Zusammenhang – da es eine einfache Handlung nicht gibt – durch Regeln hergestellt wird, die aus der Intention abgeleitet werden. Das Gegenstandsbewußtsein ist nichts anderes als die deutlichste Stufe solcher Mittelbarkeit. Ein Gegenstand nämlich geht in keiner seiner momentanen Gegebenheiten und Vorstellungen als er selbst auf. Es muß bei ihm gleichsam ausgehalten, der Griff nach ihm durchgehalten werden. Theoretisch stellt sich hier nur eine Insistenz dar, die ursprünglich nichts anderes als die emotionale Überbrückung des Abstandes zwischen Appetit und Sättigung ist. Es ist der Begriff, der die Beute festhält, noch bevor sie physisch ergriffen, zerrissen und verschlungen ist. Denn der Begriff hat die Wirklichkeit dessen, was er begreift, nicht zur Bedingung. Aber gerade weil er dies nicht hat, ist der Begriff die Bedingung dafür, daß noch vorprädikativ, noch vorbegrifflich überhaupt zwischen dem Wirklichen und dem Unwirklichen unterschieden werden kann. Der Begriff schafft und homogenisiert die Reihe der Schritte, die dort hinführen, wo der Gegenstand wirklich und leibhaftig anwesend sein könnte. Der Einzeller und die Pflanzenwurzel sind auf die garantierte Anwesenheit einer bestimmten Auswahl von Nährstoffen unmittelbar an der Grenze ihrer Oberfläche, ihres Resorptionssystems angewiesen. Das Tier, das eine viel höher spezifizierte Nahrung benötigt, kann auf deren Anwesenheit an der Grenze seines Körpers oder auch nur in der Reichweite seiner Organe nie rechnen. Es ist zur räumlichen und zeitlichen Aktivität verurteilt. Deshalb benötigt es Anzeichen, Informationen, Spuren, während die Umwelt der Pflanze mit den Substanzen selbst besetzt ist, die ihre Bedürfnisse ausmachen. Die erste Form der Mittelbarkeit ist die Ersetzung der Substanz durch das Signal, das sie anzeigt. Nicht erst der Umweg also, sondern schon der Weg überhaupt, der Bedürfnis und Befriedigung miteinander verbindet oder auch voneinander trennt, zerreißt die Unmittelbarkeit, schafft die erste Voraussetzung dafür, daß Wirklichkeit und Unwirklichkeit differieren, noch bevor an irgendeinen Begriff dieser Differenz gedacht werden kann.

Umwege dynamischer Natur gibt es im Raum und in der Zeit. Ein temporaler Umweg ist die Investition, der nicht auf den augenblicklichen Erfolg bezogene Aufwand an Energie, die nicht unmittelbare Ausbeutung des gerade Vorhandenen. Darin steckt immer die Kategorie der Zukunft, wenn ein Erfolg nur mit Verzögerung hingenommen, aber auch vorgesehen werden kann. Es ist das Sich-Herauslösen aus einer rein parasitären Existenz der Nichtinvestition. Das gilt auch dann, wenn man sagen kann, daß ohne einen Aufwand von Zeit auch von der Natur nichts zu haben ist. Das gilt für die primitivsten Sammler und Jäger auch in einer Umwelt, die Hortung oder Schonung der Bestände fast überflüssig macht. Die Steigerung des Energieaufwandes auf der Stufe der Mittelbarkeit wird erreicht durch die Nutzung des auf der Stufe der Unmittelbarkeit geringeren Energieaufwands. Deshalb ist der Mensch, das Wesen der größten Mittelbarkeit, ein Allesfresser und schließlich sogar ein Kannibale. Das setzt ihn instand, experimentell zu existieren, also nicht nur sichere Mittel zu notwendigen Zwecken einzusetzen, insgesamt mit dem immer höheren Risiko des Mißerfolgs zu arbeiten. Ob das Risiko von Fehlern zugunsten der Entwicklung neuer Möglichkeiten eingegangen werden kann, hängt vom Überschuß der verfügbaren Energie ab, also vom parasitären Verhältnis des höheren organischen Systems zu den niederen, des animalischen Systems zu den vegetativen. Freiheit ist in einem gewissen Sinne der Inbegriff der Möglichkeit von Mißerfolgen, Erfahrung das Korrelat der Energieverschwendung, also eines Zustandes, in dem es auf Ökonomie nicht mehr ankommt. Das Tier ist, energetisch betrachtet, unendlich viel teurer als die Pflanze, von deren Primärerfolg es lebt. Beim Menschen potenziert sich dieses Mißverhältnis, er ist, der Möglichkeit seiner Natur nach, ein ausbeutendes Wesen. Darin liegt, daß er nur überleben kann, wenn es ihm gelingt, mit diesem Verfahren noch auf die vororganische Natur zurückzugehen. Die Wirklichkeit der Erde selbst ist die höchste Zuverlässigkeit, aber auch der dichteste Widerstand. Zuverlässigkeit tendiert zur Selbstverständlichkeit, Widerstand opponiert dieser Tendenz. Zwischen diesen konträren elementaren Tendenzen liegt das, was als ›Wirklichkeit‹ ins Bewußtsein eingeht.

Wirklichkeit hat immer ein Moment der Unverfügbarkeit. Man braucht sich nur das genaue Gegenteil, die aufs äußerste gesteigerte Verfügbarkeit zu denken, das leichteste Nachgeben gegenüber jeder Berührung, jedem Griff, jeder Verformung, um in einem Grenzwert das schiere Ungreifbare, äußerst Quallige, nur noch Fluide, Wollige, Wattige, zu bekommen. Negation dessen ist nicht mehr der Körper, der umschritten und umfaßt, zumindest berührt, vorstellbar durch Kräfte bewegt und angehoben werden kann, sondern der Boden der Erde, von der wir zwar wissen, daß auch sie ein Körper ist, der sich in nichts von anderen Körpern bis zum Abstraktionsgrad des Massenpunktes unterscheidet, der aber von uns nicht als Körper erlebt werden kann. Die Erde ist vielmehr das, worauf man steht und wohin man fällt, was jedem Versuch, anderes anzuheben, die absolute Trägheitsstütze gibt und jedem Fall oder Wurf ein definitives Ende setzt. In der Erlebniswelt ist der Boden die letzte Bezugsgröße und, sofern es überhaupt derartiges gibt, die absolute Wirklichkeit. Erst seit wir optisch zumindest Erfahrungen mit Schwerelosigkeit kennen, ahnen wir überhaupt näher, was die Beziehung auf den Boden als Orientierung, Achsenbildung, Widerlager bedeutet.

Verlangt man, Phänomenologie müsse der *Weg zurück zur Urevidenz, in der die Lebenswelt ständig vorgegeben ist,*[18] sein, so trifft man immer wieder auf Welten, die an ihren Rändern zumindest instabil sind, also auch Unbekanntes und Zweifelhaftes, nur Gehörtes und in Widerspruch Geratenes, Monströses und Fabulöses kennen, aber alle dieses gemeinsam haben, daß sich alles auf einem durch Selbstverständlichkeit unbemerkbaren Boden abspielt. Einen Grenzwert dieser Selbstverständlichkeit hat die Natur dem Menschen gelassen: das Erdbeben. Einen anderen Grenzwert der Selbstverständlichkeit hat er sich früh selbst geschaffen: die Seefahrt. Was das Erdbeben für den Aufenthalt auf dem festen Land bedeutet, ist der Schiffbruch für den Aufenthalt auf dem Meer; in diesen beiden Bildern hat sich denn auch das Bewußtsein einer letzten und katastrophalen Unsicherheit des menschlichen Daseins niedergeschlagen.

Ein solches Phänomen weist sich dadurch aus, daß es als heimliche Vor-

---

18 [Husserliana VI, 131.]

aussetzung in literarischen Beispielen von höchster Dignität enthalten ist. Der zweite Faust Goethes ist ein Illusionist von hohen Graden, nicht zufällig Währungsmanipulator für den Kaiser, auch eine Figur schließlich des ständigen Selbstbetrugs. Aber die letzte Steigerung dieses faustischen Illusionismus ist als eine Illusion des Bodens dargestellt: Der blinde Faust läßt sich betrügen und zum Zugeständnis der verlorenen Wette überlisten durch den Klang der Spaten, der ihm den Gewinn von Land aus dem Meer vorgaukelt, den Gewinn von Boden für die Menschenwelt. Goethe muß sich gewünscht haben, für den Zweck der Darstellung der betrügerisch verlorenen Wette die höchstmögliche, fast möchte ich sagen absolute Illusion aufzubieten. Dieser Faust durfte an nichts Geringem zugrunde gehen, er mußte am Höchsten scheitern. Es ist die Illusion, dort am Ende auf festem Grund zu stehen, wo das Meer zuvor die äußerste Unsicherheit erzeugt hatte, die ständige Drohung, den schwankenden Boden. Es ist die Illusion, Freiheit zu gewähren durch das, was den Menschen immer als das schlechthin Unvermehrbare erschienen ist, durch den Boden selbst. Andererseits: Der Prometheus des Aischylos geht in einem Erdbeben zugrunde, stürzt in den offenen Hades. Gegen den Trotz des Titanen gibt es nur eine Widerlegung höchsten Ranges, die Demonstration der Unfestigkeit des Bodens, auf dem er steht und stehen muß, um seinen Trotz durchzuhalten. Das ist das eine, was, wenn es nicht standhält, alles Standhalten zunichte macht. Man braucht sich nur den Kontrast anzusehen in den Jugenderinnerungen eines Philosophen, der von den ersten Autos sagt: *Welch erdbebengleiches Gerüttel ...*[19]

19 [Hans-Georg Gadamer, Philosophische Lehrjahre. Frankfurt a. M. 1977, 7.]

V
[Zum Welt- und Wirklichkeitsbegriff der Phänomenologie]

Bei Untersuchungen über den Begriff der Wirklichkeit kann man Sätze oder Erlebnisse oder das Verhältnis von Sätzen zu Erlebnissen betrachten. Sätze von folgender Art:

1. Es gibt Elefanten.
2. Es gibt wirklich Elefanten.
3. Es gibt keine Mammute mehr.
4. Es gibt keine Kentauren.

Es ist nicht nur eine logische Aufgabe zu erörtern, welche Bedingungen erfüllt sein müssen, damit Satz 1 wahr ist. Dazu ist erforderlich, daß es wenigstens einen Elefanten gibt. Ist aber die Unterscheidung zwischen dem, was Existentialurteile wahr oder falsch macht, schon die abgeschlossene Analyse des Wirklichkeitsbegriffs? Das Auftauchen des Adverbs ›wirklich‹ im Satz 2 kann in logischer Betrachtung leicht genommen, ja vernachlässigt werden. Es fügt dem Satz logisch nichts hinzu. Aber es läßt erkennen, daß sich die Situation, in der solch ein Satz gebraucht wird, von der des Satzes 1 unterscheidet. Jemand besteht darauf, daß es Elefanten gibt. Und er weiß, wie er solches Insistieren verbal am stärksten vorbringen kann. Die Beziehung auf eine Situation, in der Sätze gesprochen werden, ist noch nicht die phänomenologische Begründung dieser Sätze in Erlebnissen. Denn zweifellos verweist derjenige, der darauf besteht, daß es wirklich Elefanten gibt, auf die Stärke von eigenen Erfahrungen, auf das Erlebnis der Glaubwürdigkeit anderer Berichterstatter oder auf die Solidität von Dokumenten, Filmen, Lehrbüchern der Zoologie oder gar auf eine Deduktion aus dem ihm bekannten Weltzweck, die man gar nicht von außen ernst zu nehmen braucht, die aber der Betreffende selbst als ernsthaft erlebt, durch die Elefanten als unentbehrlich in der besten oder in einer anders qualifizierbaren Welt erwiesen werden können.

Ein Wirklichkeitsbegriff wird da im Vorbeigehen erkennbar, den wir alle als den solidesten anerkennen müßten, wenn wir nicht ebenso solide Zweifel hätten, daß es Fälle gibt, die unter diesen Wirklichkeitsbegriff subsumiert werden könnten. Es handelt sich dabei um solche Gegenstände, deren Existenz als notwendig bewiesen werden könnte, wobei es dann ganz gleichgültig wäre, ob es dafür empirische Bestätigungen, zuverlässige Zeugen oder Dokumente, historisches Beweismaterial und anderes gibt. Den Begriff jedenfalls können wir bilden, auch wenn wir uns sicher zu sein glauben, mit ihm weiter nichts anfangen zu können. Das ist nicht immer so gewesen. Nicht nur, daß Anselm von Canterbury die Existenz Gottes aus dem Begriff eines vollkommensten Wesens ableiten zu können glaubte, auch Descartes noch glaubte, die Physik einer existierenden Welt aus dem Begriff der Vollkommenheit ihres Urhebers deduzieren zu können. Der Grenzfall wäre, daß man zeigen kann, daß eine Welt ohne Elefanten kein Erzeugnis eines vollkommensten Wesens sein könnte und daß es dieses vollkommenste Wesen geben muß.

Trotz aller Widerlegungen eines solchen Begriffs der Wirklichkeit für ein *ens necessarium* ist er immer wieder philosophisch verteidigt worden. Darüber ist ebensooft mit freundlichem Lächeln oder auch Verächtlichkeit hinweggegangen worden. Doch wäre es philosophisch leichtfertig, wenn die Philosophie nicht den Grenzwert ihrer Aufgabe, auch einen unerreichbaren und einsichtigerweise unerfüllbaren, nicht im Auge behielte. Henrich hat in seinem Buch über den ontologischen Gottesbeweis gezeigt, welche zentrale Funktion diese extreme Erörterung der Leistung des Begriffs hat. Es wird deutlich der Begriff einer Welt, in deren metaphysischen Voraussetzungen der Begriff des Willens keinerlei Bedeutung hätte,[1] so, wie Leibniz das nach dem Prinzip des zureichenden Grundes, zumal in seiner Polemik gegen den absoluten Raum und die absolute Zeit, gezeigt hat. Das dem Wirklichkeitsbegriff zugrundeliegende Erlebnis, wie es von der Phänomenologie für die Anschaulichkeit jedes Begriffs gefordert wird, bestände dann ausschließlich in dem Gedankengang dieser Deduktion der Existenz aus dem Wesen selbst. Aber schon Duns Scotus hat gegen Anselm eingewendet, man müßte für die Schlüssigkeit seines Beweises vor allem der

1 [An dieser Stelle befindet sich im Typoskript ein handschriftlicher Einschub, der nicht entziffert werden konnte.]

Widerspruchsfreiheit des Begriffs sicher sein können, aus dem Existenz folgt. Dazu fehlt aber für den Gottesbegriff unsere Fähigkeit, die Unendlichkeit der Attribute zu denken. Für den Phänomenologen heißt das: Es handelt sich um einen Begriff, für den absolut ausgeschlossen ist, seine Anweisung auf Anschauung jemals einzulösen.

Für unsere Beispiele ergibt diese Erörterung des Grenzwerts nur, daß wir für Elefanten keine Deduktion ihrer Notwendigkeit besitzen, also das Insistieren auf der Existenzbehauptung Quellen in andersartigen Erlebnissen haben muß. Nur muß man vorsichtig sein, da ausschließlich die authentische Empirie zur Erlebnisquelle zu machen. Ob ich dem Bericht eines frühen Afrikareisenden über die Existenz von Elefanten glaube, ist selbst Frage der Konstitution eines Erlebnisses, zwar nicht von Elefanten, aber sowohl von der Lebhaftigkeit und Genauigkeit der Schilderung ihrer Eigenschaften als auch von der Glaubwürdigkeit dessen, der den authentischen Anblick solcher Tiere für sich in Anspruch nimmt. Aber auch der Einfügung dieses Berichts in die mir bekannten Voraussetzungen der Systematik der Organismen, ihrer Lebensbedingungen, sogar einer gewissen Typik ihrer Morphologie, also der Einfügbarkeit solcher Nachrichten in ein schon vorhandenes Panorama möglicher Wirklichkeit. Unsere Tradition hat diese Frage fast ausschließlich erörtert an der Möglichkeit des Wunders, wie es in biblischen Erzählungen vorkommt, und dabei erst sehr spät an der Möglichkeit, Wunder überhaupt, selbst wenn es sie gäbe, erfahren, erleben zu können. Diese für den Wirklichkeitsbegriff sehr wichtige Fragestellung, die ganz abgeht von solchen Erwägungen, ob die Durchbrechung der Naturordnung mit Wundern dem Urheber dieser Ordnung zuzumuten, seiner würdig wäre usw., ist eine der frühesten Leistungen für eine Phänomenologie des Wirklichkeitsbegriffs. Wer als Zeuge zugibt, er habe erlebt, wie ein Wunder geschah, ist nicht nur aus diesen oder jenen psychologischen Gründen leichtfertig verfahren, hat nicht nur dieses oder jenes sicher oder wahrscheinlich übersehen,[2] sondern er hat etwas konzediert, was prinzipiell auf kein Erlebnis hin konzediert werden kann. Diese Analyse hat zum ersten Mal gezeigt, daß der Wirklich-

2 [An dieser Stelle im Typoskript ein teilweise nicht zu entziffernder handschriftlicher Einschub: »sich nachweisbar an Widersprüche … (Bayle, Reimarus),«.]

keitsbegriff mit der Identität des Bewußtseins selbst in irgendeiner Form verknüpft ist, ja diese an jenem oder jener an diesem hängt. Das Erlebnis von Wirklichkeit ist, unter der Einwirkung der Wunderkritik der Aufklärung und nach den großen Leistungen der historischen Kritik, weitgehend unter dem Gesichtspunkt der Möglichkeit von Ereignissen beschrieben worden. Man kann das, übertragen auf unser Wahrnehmungsvermögen, so beschreiben: Da wir ohnehin sparsam mit unserer Aufmerksamkeit umgehen müssen, das meiste in unserem Wahrnehmungsfeld anhand weniger Merkmale aussortieren und unbeachtet lassen, ist auch das Wirklichkeitserlebnis vorwiegend ein Nichtbeanstanden von solchem, was unsere Wahrnehmung im weitesten Sinne, auch die mittelbare, passiert. Wir lassen es durchgehen, und solches Durchgehenlassen ist der ökonomische Prozeß der Zuerkennung von Wirklichkeit. Danach weiß man eben, daß es so etwas gibt, wie man schon aus Bilderbüchern oder aus der Schule weiß, daß es Elefanten gibt, noch bevor man sie im Zirkus oder im Zoo oder im Fernsehen gesehen hat. Erst das Zusammentreffen von einem, der Elefanten nur aus Bilderbüchern oder Abenteuerromanen kennt, und einem anderen, der welche gesehen hat, könnte einen leicht darstellbaren Dialog ergeben, in welchem der Satz 2 vorkommen muß und schon feststeht, von wem er nur ausgesprochen werden kann. Es ist auch im Typus absehbar, welche Einreden derjenige immer noch erheben könnte, der an die Existenz von Elefanten nicht glauben will. Der Typus einer solchen Einrede würde etwa sein: ›Es kann gar keine Elefanten geben, weil ...‹ zum Beispiel nirgendwo auf der Erde für so große Tiere genügend Nahrung wäre. Gegen das Insistieren des einen ist nur noch ein Satz von dem Typus möglich, daß es das gar nicht geben kann, weil es in den Zusammenhang der Bedingungen für die Existenz von Lebewesen auf der Erde nicht paßt. Es ist keine kausale, es ist eine typologische Überlegung. Es besagt nichts, daß sie leicht fehlgehen kann, weil etwa jemand argumentiert hätte vor der Entdeckung der Fossilien ausgestorbener Saurier und Riesenechsen. Eine Möglichkeitserwägung sucht sich stärker zu machen als die vorliegenden Anerkennungen von Wirklichkeit. Es geht dabei keineswegs um logische Stringenz. Aber in solchen Stärkeverhältnissen und deren Veränderung werden die Beziehungen auf den Wirklichkeitsbegriff zugänglich und beschreibbar. Die Phänomenologie verwendet Sätze nur als Leitfäden auf solche Erlebnisse, die die Stärke des Anspruches auf Wirklichkeit fundieren. Ich habe zu zeigen versucht, daß es dabei nicht nur auf Urteile, Urteilsformen, Urteilsmodalitäten ankommt, sondern auf die Stellung eines Satzes in einem Satzzusammenhang, vor allem aber in einer Situation und den verschiedenartigen Voraussetzungen, die die an der Situation Beteiligten in sie einbringen.

Dazu gehört auch, aber davon spreche ich gegenwärtig nicht, daß Anspruch auf einen durchgängigen, gleichsam zum Charakter gewordenen oder professionell erworbenen, zu bestimmten Fähigkeiten gehörigen Wirklichkeitsbezug erhoben wird. Das geschieht zum Beispiel, wenn jemand sich als Realisten bezeichnet oder das, was er tut, als Realpolitik, Realismus im ästhetischen Sinne, realistisches Wirtschaftsverhalten, realistische Menschenkenntnis bezeichnet. Darin haben wir erst eins der Resultate vor uns, die unter der Norm oder Regel des Wirklichkeitsbegriffs gewonnen oder erworben werden können. Ein Realist ist einer, dem man nichts vormachen kann – aber das ist vielleicht nur eine Tautologie, denn woran erkennt er, wenn ihm etwas vorgemacht wird, womit widerlegt oder entlarvt er es?

Nun hört sich diese Bestimmung so selbstverständlich an, die Phänomenologie verwalte unter ihren Zuständigkeiten für Beschreibbares auch die für die Beschreibung des Erlebnisses von Wirklichkeit. Aber gerade das ist von vornherein in der Entstehung der Phänomenologie am wenigsten wahrscheinlich von allen zu erwartenden Thematisierungen. Denn das Thema der frühen Phänomenologie ist das Wesen im Unterschied zum Dasein, zur Existenz, zum Faktum. Das Wesen ist definiert durch seine Unabhängigkeit davon, ob etwas von seiner Art in der Welt vorkommt oder nicht. Wollte man der frühen Phänomenologie einen Wirklichkeitsbegriff zuschreiben, so wäre er viel eher die Antwort auf die Frage, ob es denn solche Wesenheiten auch unabhängig davon gäbe, daß sie, wenn schon nicht in einer Welt vorhanden, so doch von Subjekten einer Welt gedacht, als Wesen beschrieben, dargestellt, benannt werden. Denn die Subjekte sind nicht betroffen von der Vorschrift der frühen eidetischen Phänomenologie, die Welt als nicht bestehend zu denken, um herauszubekommen, was unabhängig davon Wesenssachverhalt ist. Daß nach der phänomenologischen Reduktion der Existenz der Welt die Subjekte, die das nach dieser Operation verbleibende Residuum denken, doch keine Wesenheiten dieser Art sein können, also unmöglich verbleiben, wenn die Reduktion durchgeführt ist, war noch nicht bedacht und zwingt zur transzendentalen Wendung, die den Subjekten eine Ausnahmestellung zubilligt, unabhängig von einer Welt zu sein, obwohl sie keine Wesenheiten sind. Für sie muß daher ohnehin ein Wirklichkeitsbegriff geschaffen werden, dessen einziges Erlebnis im cartesischen *cogito ergo sum* steckt. Aber *ist* das ein Erlebnis?

Die frühe Phänomenologie hat also einen Wirklichkeitsbegriff für das Bestehen von wesentlichen, eidetischen, reinen Sachverhalten, insofern diese unabhängig davon ›gelten‹, ob eine Welt existiert oder nicht, ob sie gedacht werden oder nicht. Was das für eine Wirklichkeit ist, bleibt unentschieden. Das Problem behält auch keine Wichtigkeit, weil die transzendentale Wendung zur Folge hat, daß Wesenssachverhalte als Gegenstände der transzendentalen Subjektivität interpretiert werden können, also doch aus ihrem Gedachtwerden, nur nicht aus dem der mundanen Subjekte, für die es zufällig ist, ob sie Wesenssachverhalte denken oder nicht, ob sie Phänomenologie treiben oder nicht.

Husserl ist Schüler Brentanos, und seine ganze Theorie der Reduktion beruht auf der Voraussetzung, daß Existenz und Essenz eine *distinctio realis* besitzen und dabei die Existenz nur eine Art Zusatz zur Essenz ist, also nichts am Wesen selbst verändert oder zu ihm beiträgt. Das ist auch, was von Kant gesagt wird, Existenz sei kein reales Prädikat, und womit er die Unmöglichkeit des ontologischen Arguments von Anselm von Canterbury begründet. Wogegen richtet sich dieser Satz? Vor allem gegen Leibniz, bei dem die Existenz eines Gegenstandes letzten Endes daraus abgeleitet werden kann, daß er Bestandteil einer durch die Vernunft begründbaren vollkommensten Welt ist. Das Vollkommenste existiert, weil es existieren muß. Seine Existenz ist also reales Prädikat. Ich möchte gleich sagen, daß auch die Entwicklung der Phänomenologie von der eidetischen Reduktion weg ganz wesentlich ein Hindrängen auf die Veränderung des Satzes ist, Existenz sei kein reales Prädikat. Denn sobald dieses Prädikat auf Erlebnissen, auf beschreibbarer Anschauung beruht, rückt es mit herüber auf die Seite dessen, was Wesen hat: Existenz ist zwar nicht das reale Prädikat einzelner Gegenstände oder jedenfalls nicht als solches gewinnbar, aber doch reales Prädikat der Welt. Damit wird die phänomenologische Reduktion zwar vollziehbar für gegenständliche Sachverhalte, aber unvollziehbar für die Welt, in der sie vorkommen. Jede Negation der Existenz eines bestimmten Gegenstandes setzt voraus, daß der Zusammenhang in seiner Totalität, innerhalb dessen er auftritt, gerade fortbesteht. Ist Welt aber ein ›Erlebnis‹, etwas jemals in Selbstgegebenheit zu Habendes? Sie ist doch der Horizont der Horizonte, der Ausdruck dessen, daß keine Horizontüberschreitung je in einen Nichthorizont erfolgen könnte – nicht einmal die des Todes, denn auch den Tod verstehe ich nur darauf hin, daß trotz der Unbestimmtheit aller gegenständlichen Wirklichkeit für mich die Welt fortbesteht in völliger Bestimmtheit. Dies bedeutet, daß ›Welt‹ wieder als ›series rerum‹ definiert werden kann.

Zu sagen, es gebe keine Kentauren, setzt eine Welt voraus, in der es sie geben könnte, in der sie überhaupt vorgestellt werden können, in der sie widerspruchsfrei gedacht werden können, obwohl uns Mischgeschöpfe dieser Art bisher nicht bekannt sind, aber genetisch herstellbar erscheinen. Auch der Satz, es gebe keine Mammute mehr, ist von der Raum-Zeit-Struktur einer Welt abhängig, er hätte in bezug auf eine Sphäre reiner Wesenheiten keinen Sinn, könnte in bezug auf sie nicht verstanden werden. Für sie gilt zum Beispiel: Mammute müssen von hochgradiger morphischer Konstanz (Reduplizierbarkeit) sein, anders als Steine oder Kristalle.

In der Wissenschaftsgeschichte gibt es eine Konkurrenz zwischen zwei Kriterien für die mögliche Leistung wissenschaftlicher Sätze: das Definitionskriterium und das Deskriptionskriterium. Spätestens seit Locke gilt eine theoretische Sprache nur in dem Maße als wissenschaftlich, wie sie die von ihr eingeführten Ausdrücke zu definieren imstande ist. Es war die Definitionsforderung, die den Begriff der Existenz als bloße Ableitung des Existentialurteils erscheinen ließ: *Existenz ist, was Existentialurteile wahr macht.* Es war Wilhelm von Ockham gewesen, der die scholastische *distinctio realis* abschaffte: *Non sunt plus esse et existentia duae res quam essentia et essentia* ... Phänomenologie war die entschlossene Subjektivierung der deskriptiven Sachverhalte: Es läßt sich weder definieren noch beschreiben, was Existenz, Wirklichkeit einer Sache, ist, es läßt sich nur genetisch beschreiben, wie wir dazu kommen, einer Sache dieses nicht reale oder doch reale Prädikat beizulegen. Da auch die Sache selbst in der phänomenologischen Deskription hinsichtlich des Vorgangs beschrieben wird, wie sie sich für das Subjekt konstituiert, unterscheidet sich der Gegenstand der Existenz prinzipiell nicht mehr von dem der Essenz, sobald die Phänomenologie ihre Thematik auf die Konstitution der Gegenstände im Bewußtsein homogenisiert hat. Diese Homogenisierung ist die Rückverwandlung des Existenzprädikats in ein reales, nämlich durch Konstitution fundiertes.

Nun ist das Muster aller genetischen Untersuchungen in der Phänomenologie die der Konstitution der vorprädikativen Entsprechungen zu den Urteilsformen. Man kann dort das vorprädikative Äquivalent zu den Qualitäten des Urteils, also zu seiner positiven und seiner negativen Form, finden; und es wiederholt sich die alte Kunstfrage der Logik, ob unser Verständnis des positiven Urteils schon ein mittelalterliches ist, ob es die Negation voraussetzt, es also zwar möglich ist, über ein Loch Aussagen zu machen, weil es eins in einem Weltstück ist, nicht aber über einen Elefanten, der nicht in einer Welt existierte, wenn er nicht wenigstens in ihr existiert hätte. Deshalb lehrt die Reduktion nichts anderes, als daß sie nicht vollkommen möglich ist: Die Welt ist nicht negierbar. Wir gelangen leichter zu der Aussage, daß es irgendwo keine Elefanten gibt, als zu der, es gebe Elefanten und nichts weiter, wenn es nichts weiter gäbe. Es ist die Welt, die uns die Negation ermöglicht. Es ist eine der Urteilslehre, vor allem des Psychologismus, ganz geläufige Erwägung, daß das Existentialurteil erst eine abgeleitete Form der einfachen Verneinung ist, so daß diese logisch früher sein muß als das Existentialurteil. Ich habe in meinen Mustersätzen, um diese These zu vermeiden, unterschieden zwischen einem einfachen positiven Urteil wie ›Es gibt Elefanten‹ und dem Insistenzurteil ›Es gibt wirklich Elefanten‹. Dieses zweite Muster setzt wohl auch noch nicht die Verneinung voraus, aber doch den Zweifel, die Frage, im Grenzfall die Bestreitung. Aber woraufhin sollte bestritten werden, wenn nicht zuvor jemand Elefanten wenigstens in einem Kontext erwähnt hätte, sie so, als gäbe es sie, behandelt hat. Dieses ›... so als gäbe es sie‹ nenne ich implikatives Existentialurteil, wie es auch für den Satz etwa ›Der Zaun ist grün‹ gilt, bis sich etwa herausstellt, daß ich von dem Zaun des Hauses spreche, welches ich mir wünsche, erträume oder erst zu bauen im Begriff bin, oder der im Kontext der Beschreibung des Hauses der Hexe im Märchen auftritt und deswegen im Präsens erzählt wird.

Eine andere logische Bemühung war die, die Urteilskerne überhaupt von Position und Negation freizuhalten. Das haben schon die Stoiker versucht, indem sie die Enthaltungsform des Urteils zu seinem Urzustand machen, zu dem dann Bejahung oder Verneinung hinzutreten können, aber nicht müssen. Es ist dann weder der Versuch der Negation, der die Position herausfordert, noch die Position, die ihre Bestreitung riskiert, sondern ein rein begrifflicher Komplex, der zum Beispiel auf seine immanente Sinnhaftigkeit geprüft werden kann, noch bevor überhaupt in Frage kommt, ihn zu bejahen oder zu verneinen. Die Sinnhaftigkeitsprüfung kann auch und muß der Widerspruchsfreiheitsprüfung vorausgehen, denn die Frage, ob ein Satz widerspruchsfrei sei, kann nur an einem sinnhaften Satz beantwortet werden. Ist der Satz widerspruchsfrei, kann er positiv oder negativ werden, ist er widerspruchshaltig, kann er nur negativ ausfallen, wenn er nicht schon kraft seiner Form soll zurückgewiesen werden können. Dies ist in kurzen Zügen die Theorie der »Psychologie des emotionalen Denkens« von Heinrich Maier.[3] Dieses Buch hat insofern Einfluß auf die Geschichte der Phänomenologie genommen, als der junge Heidegger es 1914 in seiner Freiburger Dissertation »Die Lehre vom Urteil im Psychologismus« behandelt.[4]

Es ist ein eigentümlicher deskriptiver Sachverhalt, daß Urteile überhaupt relativ seltene Ereignisse sind. Die an der Urteilssphäre orientierte Philosophie tut so, als sei die Arbeit des Bewußtseins ausgedrückt oder ausdrückbar in einer ständigen Folge von Urteilen, der Bewußtseinsstrom potentiell ein Urteilsstrom. Aber auch die Phänomenologie, die diese Gleichsetzung allmählich aufgegeben hat, geht doch davon aus, daß die vorprädikativen Äquivalente von Urteilen den Bewußtseinsstrom bilden. Aber auch dies ist voreilig. Der Normalzustand die-

---

3 [Heinrich Maier, Psychologie des emotionalen Denkens.] Tübingen 1908.

4 [Martin Heidegger, Die Lehre vom Urteil im Psychologismus. Ein kritisch-positiver Beitrag zur Logik (Gesamtausgabe 1, Frühe Schriften). Frankfurt a.M. 1978, 59-188, hier] 34-36.

ses Bewußtseinsstroms ist dadurch gekennzeichnet, daß das Bewußtsein nicht ständig zu seinen Inhalten Stellung nimmt, sondern sie als selbstverständlich passieren läßt. Es ist die Idee einer theoretischen Welt, daß Urteil auf Urteil folgt und dazu auch noch unter der Kontrolle der Vernunft geprüft wird, weniger, ob es wahr oder falsch, als vielmehr, ob es nicht ein Vorurteil ist. Auch daß Vorurteile eben Urteile sind, gehört zum Vorurteil der potentiellen Urteilshaftigkeit der Bewußtseinsinhalte. Auch als die Phänomenologie von ihrer genetischen Logik am Leitfaden der Urteilsformen übergeht zur allgemeineren Thematisierung der Lebenswelt, ist sie nur mühsam und inhaltlich wenig über die Orientierung an Urteilen hinausgekommen. Wie auch soll man dies machen?

Es ist mit dem Urteilen wie mit der Freiheit des handelnden Subjekts überhaupt: Die von der Handlung handelnde Philosophie setzt voraus, daß ein autonomes Subjekt ständig autonome Akte zu vollziehen hat, also, um es kurz zu sagen: ständig entweder gut oder böse ist. Tatsächlich ist der moralische Akt wahrscheinlich ein seltenes Vorkommnis im Leben des endlichen Subjekts. Was kritische Köpfe nicht begreifen werden, ist der Sachverhalt, daß das meiste sich von selbst versteht und es niemand ertragen könnte, wenn er ständig Entscheidungen zu treffen hätte.

Der Wirklichkeitsbegriff bezieht sich also auf die Normalität des Bewußtseinsablaufs. Diese selbst aber ist gleichsam unauffällig, eigenschaftslos, nicht oder schwer beschreibbar. Sie wird zugänglich nur, wenn sie gestört, durchbrochen, pathologisch verfälscht wird. Ohne also unterstellen zu dürfen, das Wirklichkeitsverhältnis bilde sich in speziellen Akten vorprädikativer oder prädikativer Form ab, muß doch eingeräumt werden, daß der Leitfaden zur Standardform der Wirklichkeitsbeziehung in ihren Fehlleistungen liegt.

Gerade weil die Schwierigkeiten der Phänomenologie mit ihrem Gegenstand fast alle auf der nahezu leichtfertigen Voraussetzung beruhen, die phänomenologische Reduktion sei eine ganz elementare, logische, formale Operation, ist es wichtig zu sehen, daß dieser anfängliche und folgenreiche Irrtum auf Verhältnissen der Urteilstheorie und der Rolle der Urteilstheorie für die Begründung der Phänomenologie beruht. Husserl ist Schüler Brentanos, und Brentanos Urteilslehre gipfelt in der These, alle kategorischen Urteile ließen sich transformieren in Existentialsätze, also: ›Ein Elefant ist besonders dickhäutig‹ ist umwandelbar in ›ein besonders dickhäutiger Elefant ist‹. Dann ist die Kopula des kategorischen Urteils äquivalent mit dem ›ist‹ des Existentialurteils. Anders ausgedrückt: Das ›ist‹ im Existentialurteil ist ein unvollständiges Prädikat, dessen Restbestand zum Attribut des Subjekts gewandert ist. Der Begriff der Existenz ist dann eine Abstraktion solch unvollständiger Prädikate. Wir wissen also nur anhand des Urteils von der Existenz. Die wichtigste Folgerung daraus ist, daß es überhaupt kein Erlebnis gibt, das dem unvollständigen Prädikat zugrunde liegt, sondern der ganze Erlebnisgehalt steckt in dem aus dem Prädikat abgewanderten Attribut. Dann aber ist das unvollständige Prädikat der Existentialurteile die pure Redundanz, kann als bloßes Kennzeichen der Zugehörigkeit zur Welt behandelt werden, während die ganze Aufmerksamkeit nur verdient wird durch das Subjekt mit seinen attributiv gewordenen Bestimmungen. Die Konsequenz daraus ist die phänomenologische Reduktion, die die Existenz der Gegenstände als deren gleichgültigste und daher leicht eliminierbare Bestimmung ansieht, wodurch sie sich den Zugang zur Sphäre der Wesenssachverhalte verschafft. Es gehört, um beim Beispiel zu bleiben, zum Wesen des Elefanten, insofern er ein Dickhäuter ist, daß er diese allgemeine Bestimmung in einzelnen Exemplaren mehr oder weniger ausgeprägt haben kann.

An dieser Überlegung Brentanos ist nichts vom Psychologismus. Man kann geradezu sagen, sie sei zu wenig psychologistisch, um die Betrachtung isolierter Urteile zu vermeiden. Auch die Phänomenologie hat sich den Problemen der genetischen Analyse, der Konstitution, erst zuwenden können, nachdem sie ihren Kampf gegen den Psychologismus gewonnen glaubte; im Grunde ist die genetische Phänomenologie wieder eine zum Psychologismus tendierende. Sie hat ihren methodischen Ursprung in den Analysen zur Konstitution des Zeitbewußtseins. Auch für den Wirklichkeitsbegriff gilt dann die Vorschrift, daß die Beilegung des Prädikats der Wirklichkeit die Konstitution einer Normalstimmigkeit des Bewußtseins voraussetzt, die nicht selbstverständlich und nicht analytisch mit dem Begriff der Vorstellung gegeben ist. Etwas ist wirklich, heißt dann vor allem, es verletzt nicht endgültig die Normalstimmigkeit des Bewußtseins. Aber diese Anwendung des

Prädikats der Wirklichkeit auf einen einzelnen Gegenstand ist eine abgeleitete: Was konstituiert wird, ist die Wirklichkeit als die einer Welt, und kraft dieser kommen in ihr existente Gegenstände vor. Muß ein Gegenstand isoliert betrachtet werden, kann er überhaupt nicht befragt werden auf sein Verhältnis zur Normalstimmigkeit unter anderen Gegenständen (Außenhorizont), dann ist er kein realer Gegenstand. Das gilt etwa von der Art, wie das Dreieck Gegenstand einer geometrischen Betrachtungsweise wird (Binnenhorizont).

Es ist erst sehr spät zum Thema der Phänomenologie geworden, daß Gegenstände nicht nur Binnenhorizonte, sondern auch Außenhorizonte haben und daß ihr letzter Außenhorizont der einer Welt ist. Der Satz ›Es gibt Elefanten‹ ließe sich, um das anzudeuten, so formulieren: ›Es gibt *auch* Elefanten‹. Ich kann nicht sagen: ›Es gibt *auch* die Welt‹, ich kann nicht einmal sagen: ›Es gibt eine Welt‹, denn der Weltbegriff schließt den unbestimmten Artikel aus. Aber auch ›Es gibt *die* Welt‹ ist zweifelhafte Analogiebildung, denn um den Ausdruck sinnvoll zu verwenden, daß es überhaupt etwas gibt, nämlich dieses und jenes, ist schon vorausgesetzt, daß es dies unter Voraussetzung der Welt, *als* Zugehörigkeit zur Welt gibt.

Daß es *auch* Elefanten gibt, läßt sich zwar nur empirisch feststellen und nicht einmal für jeden beliebigen Zeitpunkt, aber *a priori* kann ich sagen, daß es sie nur dann gibt, wenn das mit *anderen* Erfahrungen in Einstimmigkeit steht (zum Beispiel, daß es für sie geeignete Lebensbedingungen *und* eine auf ihre Spezies einmündende, zumindest sie nicht ausschließende Evolution gibt, es sie also im Oligozän nicht gegeben haben kann, es sie bei wieder steigenden Elfenbeinpreisen nicht mehr geben wird). Aber das Umfeld, in dem es sie geben *würde*, wenn es sie schon gegeben hätte oder noch gäbe, ist das, was all solchen Vorstellungen allein Sinn verleiht.

Husserl hat ›Objektivität‹ und ›Existenz‹ gleichgesetzt, also unseren Wirklichkeitsbegriff für ein Derivat unserer Theoriewelt erklärt. Aber er hat nicht unterschieden zwischen aktual fungierender Intersubjektivität (Wissenschaft, Theorie, Objektivität) und hypothetischer Intersubjektivität (wenn es mich nicht gäbe, bestände die Welt für andere, so wie sie für mich fortbestände, wenn ich unsterblich wäre, oder schon bestanden hätte, wenn ich präexistent gewesen wäre). Existenz ist unabhängig davon, ob überhaupt ein Subjekt da ist, wenn nur eins jemals dies denken kann; Objektivität bezieht sich auf Sachverhalte, die als solche verstanden sein müssen, damit sie intersubjektiv prüfbar werden. Sachverhalte bestehen, und ihr Bestand ist intentional auf Intersubjektivität angelegt. Im Existenzbegriff ist keine Intention auf Intersubjektivität, sie kann ihr nichts hinzubringen.

Die Phänomenologie hat das Phänomen der Aufmerksamkeit nicht hoch genug eingeschätzt, zumal für die Beschreibung vorprädikativer Fundierungen. Was überhaupt zum Urteil führt, ist schon durch eine Auszeichnung der Aufmerksamkeit hindurchgegangen. Man kann sich eine Wahrnehmungswelt vollkommen diffuser Aufmerksamkeit – also: eine Welt ohne Aufmerksamkeit – denken, in der durchaus ein Registrieren von Eindrücken, eine Tendenz auf Vollständigkeit der Beschreibung möglich wäre, aber keine Enttäuschung oder Bestätigung. Intentionalität wird von Husserl vorgestellt als das Hineingezogenwerden des Bewußtseins von Daten in den Gegenstand, in den Aufbau des Gegenstandes als einen Datenkomplex. Der Gegenstand ist eine Sinnstruktur, in der ein Datum auf andere Daten hinleitet. Weshalb aber gerade diese und keine andere Sinnstruktur im Wahrnehmungsfeld ausgezeichnet wird, das ist ein Phänomen der Aufmerksamkeit. Was ist Aufmerksamkeit?

Ist Aufmerksamkeit nur das Interesse – mit seinen Bedingtheiten, die aufgedeckt, bewußt gemacht und kritisiert werden können – im kleinen? So ist die Theorie des Interesses hervorgegangen aus einem Versuch zur Theorie dessen, was für ein Subjekt und wie es Bedeutung bekommen kann. Aufmerksamkeit ist das momentane Selektionsprinzip der Wahrnehmung, insofern das wahrnehmende Subjekt nicht auf bestimmte Reize seiner Außenwelt und seines Eigenleibes programmiert ist, also desjenigen Teils seiner selbst, gegenüber dem ihm eine variable Beachtung, willkürliche Wendung der Beachtung möglich ist, während das, was Aufmerksamkeit ausübt, sich selbst gar nicht oder nur mühsam für Aufmerksamkeit objektivieren kann. Wie wird mein Bewußtsein auf mein Bewußtsein aufmerksam? Man kann nur sagen, das sei eine lange Geschichte, womöglich die Geschichte selbst.

Aufmerksamkeit (*attentio*) hat die unüberwindlich erscheinende Ambivalenz, einmal auf der objektiven Verstärkung eines Eindruckskomplexes im Erlebnis- bzw. Wahrnehmungsfeld zu beruhen, sodann aber subjektive Lenkung der Richtungnahme des Subjekts aufgrund von Kriterien darzustellen, die nicht im Objekt liegen, wenn sie zum Beispiel in der Biographie des Subjekts begründet sind.

Wie weit reicht Aufmerksamkeit? Kann es Aufmerksamkeit auch jenseits der Wahrnehmung geben, also in der Erfahrung, sofern sie bereits Gegenstände konstituiert hat? Im Grunde ist dies die Sphäre, in der Husserl die Intentionalität des Bewußtseins beschreibt: Es hat bereits Gegenstände und ist dabei, diese Gegenstände zu komplettieren. Aber es ist eben schon dabei, unter Umständen lustlos, und hat den Akt der Aufmerksamkeit, der überhaupt erst in diesen Zug hineinführte, längst hinter sich. Wie entstehen zum Beispiel Relationen, die doch nicht einfach Dinge, sondern deren hergestellte Beziehungen sind, anders als durch Aufmerksamkeit? Setzt die Negation Aufmerksamkeit voraus oder wird das Subjekt von der Durchstreichung überrascht, erschlagen? Ist nicht andererseits Unaufmerksamkeit geradezu die Quelle von Durchstreichungen, indem ich eben nicht die ganze Schärfe der Wahrnehmung angespannt habe, als ich die entfernte Figur für eine lebende Person hielt? Ist es nicht so, daß Widersprüche, also notwendige Negationen, die sich nicht erst empirisch einstellen, sondern schon in der Sphäre der Bedeutungen, der Vermeinungen, erst dadurch auffällig werden, daß die Intentionalität auf Anschauung des derart Vermeinten vollzogen wird? Wenn ich in einer Folge von Sätzen die Ausdrücke ›rund‹ und ›viereckig‹ verwende, kann es mir passieren, daß ich in der Verteilung von vielerlei Prädikaten an vielerlei Gegenstände ein und demselben Gegenstand beide Prädikate verliehen habe. Ich habe es eben einfach nicht gemerkt, wie man auch zu sagen pflegt, wenn man bei Widersprüchen erwischt wird.

Schließlich: Ist die Alternative von Wirklichkeit und Illusion nicht auch eine Sache der Aufmerksamkeit? Wenn einer Intention nachgegangen wird, entsteht immer ein gewisses Potential fälliger Entscheidungen. Man kann auch sagen: Alle überhaupt denkbaren Prädikate lassen sich in bezug auf einen gegebenen Gegenstand entweder bejahen oder verneinen, setzen oder aufheben. Wie ist es aber dort, wo Intentionalität vollständig werden kann, einschließlich der Außenhorizonte eines Gegenstandes? Wird Illusion nicht erst gerade dadurch möglich, daß die

Wahrnehmung sehr selektiv, also nicht der Intentionalität folgend, verfährt? Die Fata Morgana würde nicht akzeptiert, wenn der Außenhorizont ›Wüste‹ und der Bekanntheitsgrad von Phänomenen bei Wüstenwanderern einbezogen würde.

Ist es nur ein sprachliches Phänomen, wenn der Phänomenologe statt Aufmerksamkeit auch ›Abhebung‹ sagen kann, um als eine objektive Sinnesfeldstruktur auszugeben, was sich sonst eben nur wie eine subjektive Zuwendung anhört? Abhebung ist das, was mich auf sich aufmerksam macht. Eine Person, die das erreichen will, übertreibt gleichsam nur die Charaktere der Abhebung, indem sie sich so unwahrscheinlich wie möglich benimmt. Aber unwahrscheinliches Benehmen stellt sich auf den Erwartungshorizont desjenigen ein, dessen Aufmerksamkeit erregt werden soll. Ihm muß aus seiner Umgebung gleichsam widersprochen werden, er muß abgelenkt werden von der Normalität seiner Einstellung, die man als emotionale Anschauung bezeichnen könnte, als eine Art Stimmung, die nichts anderes verlangt, als sich ihr hinzugeben, und der durch das unwahrscheinliche Verhalten widersprochen wird. Unwahrscheinliches Verhalten ist Widerstand gegen die emotionale Anschauung, die ihre Intentionslosigkeit festhalten will, den beruhigten oder gesättigten Zustand des Bewußtseins, das es gerade nicht mit Gegenständen zu tun haben will. Widerspruch ist im Grenzfall des logischen Widerspruchs, der Ausschließung von Prädikaten, die Unmöglichkeit von Realität, wenn Realität nichts anderes als die Vereinigung von Prädikaten zu einem Subjektpol ist. Das Ideal der Negation ist der Widerspruch: Ich brauche nicht mehr hinzusehen, daß eine Sache, von der behauptet wird, sie sei zugleich rund und viereckig, nicht existiert. Das Gegenteil der Notwendigkeit aus Unmöglichkeit ist die Position, das Existentialurteil. Das ist sehr merkwürdig, weil Existentialurteile doch kontingente Urteile sind: Was existiert, kann auch nicht existieren, es gibt keine logische Existenz, da analytische Urteile – die einzigen, die logisch wahr sind – nichts über die Existenz von Gegenständen, sondern nur über Begriffe etwas aussagen. Man muß das auch quantitativ betrachten: Möglich ist fast alles, unmöglich unbestimmt Weniges, wirklich vom Möglichen wiederum das Wenigste.

VI
Die Realität des Eigenleibes

Man könnte sagen, für das Subjekt gebe es zwei Grenzfälle des Wirklichkeitsbewußtseins für die eigene Realität – und es mag erstaunen, daß dabei nicht sogleich vom Traum die Rede ist: die Realität des eigenen Leibes und die Realität des Unbewußten.
Die Existenz des Unbewußten hat schon kraft der Definition ihre Schwierigkeiten. Das gilt aber nicht für den Eigenleib, der schon durch die zentrale Stellung, die er in der Besorgnis des Individuums um Wohlergehen und Gesundheit einnimmt, zentrale Dringlichkeit und damit unübersehbare Wirklichkeit haben mußte. Trotzdem läßt sich der Befund deskriptiv absichern, daß die Realität des Eigenleibes geringere Deutlichkeit hat als die von physischen Körpern und von Fremdleibern. Und das liegt gerade daran, daß dieser Leib ein Inbegriff derjenigen Organe ist, die uns Zugang zur Realität von dem, was wir nicht selbst sind, verschaffen. Diese Mittelhaftigkeit des Eigenleibes gibt ihm eine jener Eigenschaften, die wir auch für andere Medien kennen. Daß die Luft etwas und nicht nichts ist, ist Kindern gar nicht leicht klarzumachen. Der Leib als das, was empfindet, tastet und sieht, ist selbst leicht das Übersehene und als solches der Wahrnehmung Entglittene, das Unempfundene. Das geht sogar ins Normative: Gesundheit und Wohlbefinden ließen sich definieren als Erfüllung des Befehls, der Leib habe sich nicht bemerkbar zu machen. Nicht nur Krankheit, sondern auch Alter, aber auch jede Form dessen, was man heute *unfitness* nennt, sind nichts anderes als Überschreitungen der Norm, daß der Leib sich nicht bemerkbar zu machen habe. Als das Unempfundene ist er das zentrale Stück der Lebenswelt, sofern diese definierbar ist als das Universum der Selbstverständlichkeit. Die Lebenswelt liegt ja nicht nur unterhalb der Schwelle der Modalisierung von Möglichkeit und Notwendigkeit, sondern damit auch unterhalb der Schwelle der zwischen beiden liegenden assertorischen oder kategorischen Modalität der Wirklichkeit. Wirklichkeit tritt ja in der Urteilstafel mehrfach auf: als positive Qualität, als kategorische Relation und als assertorische Modalität. Keine

dieser drei Formen hat vorprädikative Entsprechungen, denn im Universum der Selbstverständlichkeit gibt es eben nicht die diese Formen eingrenzenden Oppositionen oder Antithesen. Die Position setzt die Negation voraus, die kategorische Relation die hypothetische oder disjunktive, die assertorische Modalität die problematische oder apodiktische. In Kategorien gesprochen: Die Kategorie der Realität hat die der Negation zur Voraussetzung, die der Subsistenz hat zur Voraussetzung die der Kausalität oder Dependenz, die des Daseins hat zur Voraussetzung die der Möglichkeit oder Notwendigkeit.

Übertragen auf die Thematik des Leibes, bedeutet dies, daß Wohlbefinden keine Erfahrung ist, die für sich selbstverständlich ist und mit einer ihr eigenen Evidenz gemacht werden kann, sondern daß sie Vorauserfahrungen von Unbehagen, Unlust, Schmerz bedingt. Für ein Wesen, welches sich einer garantierten Normalität seiner Zustände erfreuen könnte, für einen der olympischen Götter etwa oder einen der Götter Epikurs, gäbe es die Erfahrung, sich wohl zu befinden, nicht. Deshalb ist auch die Tatsache, daß diese Götter Leiber haben, eine für sie selbst ganz gleichgültige Tatsache, wichtig nur insofern, als ihnen diese Leiber Organe ihres Erscheinenkönnens für andere sind. Versucht man dies auf eine Formel zu bringen, so ist der Eigenleib gerade charakterisiert durch einen Mangel dessen, was in der Phänomenologie für die Selbstgegebenheit von Dingen als ›auf Leibhaftigkeit‹ bezeichnet wird.

Nun ist gesagt worden, diese Unbemerkbarkeit des Eigenleibes sei eine kulturelle Folge der Leibfeindlichkeit unserer Tradition, ihrer Tendenz zum Überspielen der Bedürfnisse und der Autonomie des Leibes, ihrer Neigung zur Spiritualisierung der Wirklichkeit. Dies scheint mir nicht richtig zu sein. Gerade in einer ihren Lustanspruch betonenden und durchsetzenden Selbstauffassung und Kulturform, die alles diffamiert, was sich unter den Begriff der ›Anpassungen‹ bringen läßt und darin als Zwang und Repression empfunden wird, die solche Anpassungen zugleich als Affirmation einer schlechten gegebenen Wirklichkeit bezeichnet, wird der Leib zum bloßen Organ der Durchsetzung dieses Anspruchs, zum Lustbeschaffungsinstrument, zum Medium für das, was sich doch nur im Bewußtsein abspielen kann, zum Medium, das als solches verschwindet und um so besser fungiert, je durchlässiger es für Lustquanten ist. Die Funktionalität des Leibes in einer den Lustanspruch absolut bewertenden Kultur mindert das Realitätsniveau des Leibes. Er verschwindet als das, was auf die Bedürfnisse des Subjekts vollkommen eingestellt und diesen dienstbar ist. Ohnehin ist der Anspruch des Lustprinzips immer der, daß die Welt so für uns sein möge, als ob sie auf uns zugeschnitten sei. Hier zeigt sich der Zusammenhang des Bewußtseins vom Eigenleib mit dem Wirklichkeitsbewußtsein insgesamt: Als den Lustanspruch erfüllende verschwindet sie in ihrer Selbständigkeit, die Selbständigkeit löst sich auf in der Selbstverständlichkeit. Das ist natürlich nur eine Tendenz, die Beschreibung eines Grenzwerts. Sie läßt sich so formulieren: Würde der Lustanspruch vollkommen erfüllt, gäbe es kein Wirklichkeitsbewußtsein. Der Gott hat keinen Leib, auch wenn er einen hat. Um so lastender kann in dieser durch den Lustanspruch bezeichneten Kulturform alles das werden, was sich diesem Anspruch versagt. Als lastender und lästiger wird der Leib real, insofern er den selbstverständlichen Anspruch nicht oder nicht mehr erfüllt, er habe sich gefälligst nicht bemerkbar zu machen. Das gilt auch für die Sichtbarkeit. Einer der wahnhaften Wünsche der Menschheit, wie sie in Mythen eingegangen sind, ist die Verbindung von Leiblichkeit mit Unsichtbarkeit durch Tarnkappen und andere magische Mittel. Aber das Problem liegt nicht nur an der magischen Grenze. Ein Dicker ist nicht nur um so viel sichtbarer, wenn man diesen Komparativ einmal gebrauchen darf, als ein Normalgewichtiger, sondern er hat überhaupt ein spezifisches Bewußtsein von Sichtbarkeit. Ebenso ist Häßlichkeit nicht nur eine Variante der Sichtbarkeit dessen, der sich etwa die Frage, ob er schön oder häßlich ist, gar nicht gestellt hat. Sichtbarkeit wird in dem Maße lästig, wie sie unverfügbare Eigenschaften des Leibes thematisiert oder akutisiert: Wir werden nicht so ›angesehen‹, wie wir ›angesehen‹ sein möchten. Es ist eigentümlich, daß das Maß an Beachtung, das jemand sich wünscht, sprachlich unter den Titel des Ansehens treten kann, das man hat wie eine Eigenschaft. Es ist, als ob es Steigerungen der Opazität des Leibes gäbe.

Die Psychoanalytikerin Melanie Klein, die erstmals ihre Theorien an Kindern zu erhärten suchte, hat den Begriff der Phantasie des idealisierten Objekts eingeführt, einen Inbegriff reiner Willfährigkeit der Realität gegenüber den Wünschen. Es ist das inkarnierte Prinzip Hoffnung. Dieses idealisierte Objekt ist bereits ein Spaltungsprodukt, wie Balint vermutet hat; es hat zur Entsprechung das verfolgende Objekt, also ein ängstigendes und bis an die Grenze des Wahns dem Subjekt feindliches Objekt. Balint hat vermutet, dieser Spaltung gehe in der Individualentwicklung voraus eine archaische Objektbeziehung.[1] Dieses archaische Primärobjekt jeder menschlichen Entwicklung entspricht ontogenetisch der Lebenswelt: Es ist gleichsam nur von außen betrachtet ein Objekt, da es nicht der Realitätsprüfung unterzogen wird, sondern ohne jede Rücksichtnahme auf autonome Züge des Objekts vereinnahmt wird von den Wunsch- oder Hoffnungsstrukturen des Subjekts. Erst wenn die Realitätsprüfung einsetzt, spaltet sich das archaische Integral, und bei dieser Spaltung rücken Wunschaspekt und Angstaspekt auseinander. Die Welt wird zu einer Freund-Feind-Welt, zu einer infantilen Schwarzweißstruktur. Die Freund-Feind-Welt ist also ein Relikt, ein unreifer Infantilismus.

Was aber ist ein reifes Wirklichkeitsbewußtsein? Das ist eine Frage, die sich auf die Realität des Leibes bezieht. Ein reifes Wirklichkeitsbewußtsein vermag so viel Unlust zu tolerieren, wie nötig ist, um – ich gebrauche eine charakteristisch iterative Formel Balints – *die Realität als real anzunehmen*.[2] Der Ausdruck ›annehmen‹ ist wichtig, er ist gleichsam das Pendant zu ›Affirmation‹. Die Realität als real anzunehmen, das ist also nicht selbstverständlich; und das ist offenbar auch ein kritischer Punkt hinsichtlich der Realität des Leibes. Man muß etwa vergleichen, wie Sokrates und Lichtenberg mit dem Bewußtsein ihrer eigenen Häßlichkeit fertig geworden sind. Sokrates hat die eigene Häßlichkeit als Index für die Überwindbarkeit des Leibes überhaupt angesehen, in gewissem Sinne also als Index für seine Irrealität, dafür also, daß er als Episode des Gesamtlebens der Seele nicht so ernst genommen werden dürfe, wie es die Einschätzung der Häßlichkeit durch andere dem Subjekt aufzuerlegen scheint. Lichtenberg war dieser Ausweg in Platonismus, in Unsterblichkeit und Metempsychose versperrt. Er verwandte all seinen polemischen Scharfsinn darauf, die Physiognomik aus dem Spiel zu bringen, zu entkräften, also das Verbot durchzuset-

1 M. Balint, [Die] Urformen der Liebe [und die Technik der Psychoanalyse. Stuttgart 1966], 259.
2 [Ebd.,] 260.

zen, vom Äußeren des Leibes dürften irgendwelche Schlüsse auf den Wesenskern des Individuums gezogen werden.

Das reife Wirklichkeitsbewußtsein mit seiner Unlusttoleranz ist seinerseits eine Idealisierung, aber eine Idealisierung von außen, von ganz anderer Art als Melanie Kleins idealisiertes Objekt. Idealisierung heißt hier ganz eindeutig Illusionsbereitschaft. Aber auch das verfolgende Objekt, das dem idealisierten komplementäre, ist ein irreales. Denn die Angst ist nicht objektbezogen, sie ist ›erhöhte Reaktionsbereitschaft‹ des organischen Systems, des psychischen Apparates, aber als solche ohne Vorgriff auf einen bestimmten objektiven Repräsentanten, sie ist erhöhte Reaktionsbereitschaft gegenüber den Unbestimmten, daher allzu leicht wahnhaft Bestimmbaren.

Wir haben also, folgen wir diesem Theorem, folgende Entwicklung der individuellen Wirklichkeitsbeziehung vor uns:

1. die archaische Objektbeziehung ohne Realitätsprüfung, also ohne Wirklichkeitsbewußtsein;
2. die Spaltung dieses Integrals in
   (a) Idealisierung des Objekts als Wunschbezug;
   (b) Dämonisierung des Objekts als ängstigende, verfolgende Qualität;
3. die ausgereifte Wirklichkeitsbeziehung unter dem Druck der Realitätsprüfung, welche die Toleranz an Unlust aufzubringen vermag und dadurch die Realität als real annimmt.

VII
Die Wirklichkeit des Unsichtbaren

Für das neuzeitliche Wirklichkeitsbewußtsein gilt das Paradox, das Unsichtbare sei gerade durch das Instrumentarium seiner Sichtbarmachung unnatürlich geworden.

Es galt stets und in allen Kulturen als ausgemacht, daß es Unsichtbares gibt. Geister und Kräfte, Götter und Seelen waren zumeist und ordentlicherweise unsichtbar, machten sich durch ihre Wirkungen bemerkbar, ohne ihre Anwesenheit wahrnehmbar zu machen. Dies galt als Ausnahme, zumeist als Gunst, seltener als Drohung. Für den Menschen gab es keine Mittel, das Unsichtbare zur Sichtbarkeit zu zwingen. Lag ihm daran, mußte er warten – und zumeist vergeblich warten –, daß es sich ihm zeige und von sich die letzte Gewißheit schaffe. Dazu genügte Sichtbarkeit zuweilen noch nicht, wenn auf Tastbarkeit bestanden wurde, wie es mit dem sprichwörtlich gewordenen Apostel Thomas im Neuen Testament ging.

Als Fernrohr und Mikroskop erfunden waren, überraschte zumindest am gestirnten Himmel das Auftauchen bis dahin ungesehener Sterne. Dennoch galt die Eroberung des Unsichtbaren als die einer episodischen Randerscheinung. Das Unsichtbare war das *gerade noch* Unsichtbare. Man ging von der relativen Geringfügigkeit der technischen Mittel aus, um diesen dem Menschen entzogenen Restbestand der Wirklichkeit ihm zu eröffnen. Erst nachdem sich mit jeder Steigerung der optischen Leistungen im kleinen wie im großen immer neue Gegenstände und Einzelheiten erschlossen, kam der Verdacht auf, dem Menschen könnte nur der kleinere und kleinste Teil der Welt natürlicherweise und über Jahrtausende hinweg zugänglich gewesen sein.

Aber es war eine philosophische Erfindung, zu diesem Verdacht die Hyperbel der Unendlichkeit hinzuzufügen: Das unendlich Große und das unendlich Kleine waren Begriffe der Resignation vor dem Wettlauf zwischen Instrument und Realität. Es würde immer so weitergehen müssen. Dann gab es das Versprechen der dem Menschen zustehenden Ausschöpfung der Wirklichkeit als des letzten Ausdrucks von Anthropozentrik nicht mehr. Die Verheißung des immer Neuen schlug um in die Drohung des niemals Letzten. Am Anfang des Unbehagens mit dem Unsichtbaren steht dessen theoretische Entfremdung als endgültiger Qualitätswandel, der nur aufgefangen wurde durch den Grundgedanken, dann müsse eben auch die menschheitliche Anstrengung der Theorie zu einer unendlichen Dimension des Fortgangs von Erkenntnis werden. Dabei blieb die Erwartung, das immer Fernere und das immer Kleinere würden jedenfalls nicht das sein, was dem Menschen am wichtigsten wäre, ihm am zudringlichsten auf den Leib – im Wortsinne – rücken könne, wie es dann mit kosmischer Strahlung und Virusinfektion doch tatsächlich werden sollte. Steigerung der Bedrohungen aus dem Unsichtbaren scheint ebenso unbegrenzt möglich zu sein wie der Entzug ihrer Objekte hinter die Grenzen der optischen Erreichbarkeit und Auflösbarkeit.

Diese Steigerung geht einher mit der erschreckenden Wandlungsfähigkeit des Unsichtbaren: im Weltraum in Gestalt dessen, was drohend genug als ›schwarze Löcher‹ bezeichnet worden ist und eine der Definition nach nur erschließbare Gegenständlichkeit darstellt, weil sie den Raum selbst und damit den Lichtweg affiziert, in der hygienischen Unterwelt, wo die Mittel des Menschen, sich dessen zu erwehren, ein Medium zu schaffen scheinen, in dem Anpassung und Selektion ihre Geschwindigkeit steigern und das hervorbringen, was mit dem Schrekkensnamen ›Resistenz‹ bezeichnet wird. Der Mensch ist nicht nur Produkt, er ist auch Prinzip der Selektion geworden.

Unser Jahrhundert kennt mindestens drei Formen der aus dem Unsichtbaren kommenden Drohung: die Bazillen (›Erreger‹ im weitesten Sinne), das Kampfgas, die Strahlungen. Über der jeweils neuesten Drohung vergißt sich leicht, wie ernst die vorhergehende genommen worden war. Längst vergessen sind die furchtsamen Mütter, die ihre Babys vor den Gefahren unerkannter Bazillenträger mit allen Mitteln zu bewahren suchten; die Hausfrauen, die nach jedem Besucher die Türklinken abwischten oder abwischen ließen.

Die erste Frau in Deutschland, die noch vom letzten deutschen Kaiser den Professortitel verliehen bekam, war die aus Rußland gebürtige Bakteriologin Lydia Rabinowitsch, verheiratet mit dem deutschen Tuberkuloseforscher Kempner und Mutter des späteren Anwalts der Anklage im Nürnberger Kriegsverbrecherprozeß, Robert M.W. Kempner. Das zu erwähnen ist nicht ohne Zusammenhang mit der Geschichte der Furcht vor dem Unsichtbaren. Denn der Sohn bekennt in seinen Lebenserinnerungen, niemals einem anderen die Hand gegeben zu haben. Das war in dem bazillenbewußten Elternhaus den Kindern als wichtigstes Verbot mitgegeben worden – was in einer nur wenige Jahrzehnte späteren Phase der Geschichte dazu geführt hätte, das Handgeben zum rituellen Akt irgendeines Stücks von Subkultur zu erheben. Kempner erzählt dies im Zusammenhang mit dem ausgeprägten Bedürfnis der Angeklagten von Nürnberg, mit denen er zu tun hatte, ihm die Hand zu geben, und der kaum verfehlten Vermutung, die Verweigerung der Hand sei ihm als besonders ausgeklügelte Herabsetzung der vor dem Urteil als unschuldig geltenden Betroffenen angerechnet worden. Wer konnte schon, trotz der geübten Form von Höflichkeit und Anrede sonst, von der zur Lebensform verwandelten frühen Hygiene des Jahrhunderts so geprägt worden sein? *Meine Eltern trugen nicht mal Eheringe, weil sich darunter Bazillen verbergen konnten. Bei uns durfte nichts an den Händen sein als waschen, waschen, waschen.*[1] Den allerhöchsten Zuspruch bekam diese Phobie der Epoche durch einen Vorgang, der auf seine Art den Gipfel der akademischen Karrieren der Eltern bezeichnete, die noch vor dem Ersten Weltkrieg vom Kaiser die im späten Rückblick ironisch so genannte ›geistreiche Bemerkung‹ zu hören bekommen hatten: *Seife, meine Herren! Seife ist die Hauptsache!*[2]

Nie bleibt die Hauptsache, was sie einmal gewesen war. Aus dem Horizont dringender Realität verliert sich damit, was darin seine Rolle gespielt hatte. Die verspäteten Reste einer schon unverstanden gewordenen Prophylaxe wirken dann anachronistisch, rechthaberisch, bösartig. Wenn inzwischen jene Gefahr ihren Zufluchtsort in den Winkeln der Heilanstalten als Hospitalismus gefunden hat, ist das zwar ihre Steigerung, aber zugleich auch eine Form der Verdrängung dessen, was trotz vieler Triumphe seine Besiegbarkeit widerlegt zu haben scheint. Hinter den Mauern der Kliniken sind die Mikrobenstämme unter dem ständi-

---

1 Robert M.W. Kempner, Ankläger einer Epoche. Frankfurt [a.M.] 1983, 301.

2 [Ebd.]

gen Druck der Sulfonamide und Antibiotika zu ganz anderen Wirksamkeiten fortgezüchtet worden. Sie bleiben aber als Gefahr gerade durch diese Lokalisierung im ordnungsgemäßen medizinischen Apparat der Öffentlichkeit verborgen – und dies sogar mit Recht, denn es wäre unsinnig, eine Bedrohung, deren man doch nicht Herr zu werden vermag und für deren Fortbestand keine eindeutige Kausalität besteht, zum Gegenstand von alarmierenden Nachrichten zu machen.

Dort, wo ohnehin gestorben werden muß, bleiben die Faktoren ordnungsgemäß und damit eigentümlich irreal. Unwirklich gemacht durch das, was trotz seiner absoluten Drohung über dem Menschenleben oder gerade wegen deren Allgemeinheit der Faktor aller Derealisierungen ist: durch den Tod. Was man nicht erleben kann, ist nicht wirklich. Das strahlt aus auf die Szenerie, in der es sich institutionell mehr und mehr exklusiv abspielt. Die Mikroben lauern nicht mehr an den Türklinken und nicht mehr im Handkontakt – ihr Rückzug aus dem Alltag hat sie vergessen lassen. Hygiene findet institutionell statt.

Der Erste Weltkrieg machte zwar der Bazillenphobie noch kein Ende, überlagerte aber diese Form der Bedrohung durch eine neue, wenn auch zunächst noch episodische und kaum wirksame Erfahrung: die des Gaskriegs. In der Form verschiedener Kampfgase, zunächst des Gelbkreuzstoffes (Lost), der an Abschnitten der Westfront bereits eingesetzt worden war, wurde eine ganze Sektion ebenso unsichtbarer wie unbezähmbarer, der Wirkung nach unabschätzbarer chemischer Waffen erahnbar. Im Vergleich zu diesen waren Sprengstoffe als lokal zentrierte Faktoren erschienen. Deren ballistischer Einsatz beruhte fast ausschließlich auf vertrauten und verfügbaren Gesetzen der Mechanik. Von dieser Fratze ist die Kriegsfurcht der zwanziger und beginnenden dreißiger Jahre beherrscht. Was sich schon damals gelegentlich mit dem Oxymoron ›Friedenskampf‹ benannte, konzentrierte sich bildlich wie wörtlich auf das Verenden der Menschen unter Gaswolken. Die Gasmaske wurde zum Symbol einer auf Stunden beschränkten Abwehr und damit letzten Hilflosigkeit. Erst im weiteren Verlauf der dreißiger Jahre erschien sie als Instrument propagandistischer Beruhigung, als wirksame Metapher einer umfassenden Vorsorge der Selbsterhaltung für alle Fälle.

In Wirklichkeit besaß Hitler den technischen Vorsprung an Gaskampfmitteln, denen keine der von ihm propagierten und eingeübten Schutzvorrichtungen standhielt: zumal die Kampfstoffe Tabun und Sarin. Doch zum Erstaunen der verängstigten Welt, der neutralen Beobachter wie der bedrohten Gegner, der technischen Kenner wie später der Historiker, gab es nicht einmal in der desperaten Endphase Versuche zum Einsatz von Kampfgas. Auch erwies sich in der Zeit des konzentrierten Luftkrieges gegen dicht bebaute Großstädte, daß die durch bloße Brandkampfmittel erzeugten Feuerstürme viel schlimmer sein konnten, als es rasch verflüchtigte Wolken von Gaskampfstoffen gewesen wären.

Dann kommt die Strahlung. Als Röntgenstrahlung, als Radioaktivität natürlich zerfallender Elemente, die kosmische Strahlung als der ständige Druck, der auf der Stabilität der Genome liegt und wohl zum größten Teil ihre Mutabilität bestimmt, die evolutionäre wie die teratogene; schließlich die Strahlung des künstlichen Atomkernzerfalls durch Neutronenbeschuß. Vielleicht allzu schnell ließ das Aufkommen der Atombombe sowohl die alten Mikroben als auch die Gaskampfmittel vergessen. Sie könnten wieder auftauchen, sobald die ganz großen Waffensysteme einander in der Wirkung neutralisiert haben, nachdem längst jeder jeden damit auf Null reduzieren könnte. Im Wüstensand des Nahen Ostens, wo Panzer und Kanonen schnell verschleißen und aufgehäufte Arsenale sich in einer einzigen Schlacht in Schrott verwandeln können, auch wenn der jeweilige Feind dazu nicht viel tut, wird der Griff zu den überdimensionalen Sprühdosen zur Verführung der sich hinschleppenden ohnmächtigen Strategien.

Ein neuer Krieg unterhalb der atomaren Schwelle – also wiederum diesseits der ganz großen Befürchtungen – würde gerade durch vermeintliche Moral des vermiedenen und zurückgehaltenen äußersten Mittels die konventionellen Kampfmittel zu schrecklicher Harmlosigkeit depotenzieren. Der Verzicht auf das Absolute nimmt sich aus wie der auf das Ganze, der er doch nicht ist; er legitimiert das Relative, die Mittel der zweiten Ebene, die in der Deckung den Anschluß an die Maximalität längst ohne Aufsehen erreicht haben, seitdem ihre Wirkungen weit über das hinausgehen könnten, was an Tod und Zerstörung im letzten Krieg bewirkt wurde. Diese Art von Relativität – die Vermeidung des Ganz-Großen mittels des Nächst-Größeren – ist die im Realitätsbewußtsein selbst angelegte wie auf dessen Schwäche berechnete Gefahr. Wir tun viel und alles, um den absoluten Schrecken zu vermeiden, ohne dabei das ›Mittel‹ ausschalten zu können, das im Potential der zweiten Ebene lauernd bereitliegt, vergessen, selbstverständlich geworden, der Lebenswelt durch Verdeckung integriert. Diese Wirklichkeit scheint es nicht zu geben, wie immer im Verhältnis des Absoluten zum Nächstrangigen dieses der Nichtigkeit allzu leicht verfallen konnte. Die Metaphysik als das große Muster solcher Verhältnisse mag durch Kritik überwunden sein; vergessen werden sollte sie deswegen nicht.

Als von einer letzten Steigerung des Unwahrnehmbaren hat man vom Undenkbaren gesprochen, einer magischen Form der Unwirklichkeit. Mit der Neuzeit hat das Ungedachte seinen Herrn verloren: Das Mittelalter hielt Seiendsein und Gedachtwerden für identisch, da ohnehin das Geschaffene dies nicht sein konnte, ohne aus dem Gedachtwerden hervorzugehen. Was ist, wird gedacht, und der Mensch ist eine Art Teilhaber dieser *veritas ontologica*. Die Neuzeit kennt das Ungedachte, sobald sie sich über das Unwahrnehmbare daran gewöhnt hat, den Menschen nicht als Teilhaber der Weltwahrheit zu sehen. Aber das Ungedachte ist nur das noch Undenkbare; und bliebe es dies, wäre es nur, weil die Gattung *homo sapiens sapiens* über ihrer Arbeit im Denken dahinschwände oder die Lust daran verlöre. Das *ignorabimus* von Emil du Bois-Reymond war eines von der Sache her, nicht vom Denken: Was etwa das Bewußtsein oder die Materie sei, waren unbeantwortbare Fragen, von denen man alsbald annahm, daß in ihnen schon ein Fehler der Fragestellung stecken müsse, um sie unbeantwortbar zu machen. Wir wissen gar nicht genau, was von uns verlangt wird, dieses Undenkbare zu denken. Lichtenberg wollte den Satz des Descartes verspotten, als er ihn in die Negation setzte: *Non cogitant, ergo non sunt*. Er sagt nicht, wer gemeint ist; aber hätte er gesagt: *Non cogitantur ergo non sunt*, wäre es eine ganz mittelalterliche Sache gewesen. Dieses nämlich wäre das ganz und gar Unwirkliche, keines Seins Fähige und Würdige. Sobald die Welt dem Menschen das noch Ungedachte wie ein Wartendes immer auf Vorrat hält, er selbst zu machen lernt, was noch gestern das Undenkbare gewesen war, bekommt diese unbekannte Reserve des Ungedachten und Undenkbaren – jeweils – einen drohenden Gestus der Gesichtslosigkeit. Daher die Fortschrittsangst: das Ungedachte lockt nicht wie die *terra incognita*, sondern schreckt wie ein Monstrum, die Fratze der Medusa, die erstarren läßt und darin das unüberbietbar Reale ist. Aber genügt es zu sagen, das Undenkbare dürfe nicht gedacht werden? Denkverbote sind gerade für die gefährlich, die sie einhalten, denn Denken läßt sich nicht verbieten.

VIII
Zur Anthropologie des Realisten

1. Ein Wesen, das auch als Nichtrealist existieren kann

Wenn man von ›Realismus‹ als einem der unbestrittenen Normbegriffe unseres Verhaltens und damit einem der plausibelsten Ordnungsrufe zur Korrektur von Fehlverhalten spricht, tut man gut, von der Trivialität auszugehen, daß es Norm wie Korrektur nur deshalb gibt und zu geben braucht, weil der Mensch auch in der Variante des ›Nichtrealisten‹ vorkommt. Das mag noch nicht genügen, weil er seiner Natur wie seinen geschichtlichen Ausprägungen nach dazu neigt, in Abwendung von Realismus sein Heil – oder weniger aufwendig: sein Glück – zu suchen. Welche Ungeheuerlichkeit, der eine Anthropologie gerecht werden muß: Dieses Wesen kann Neurotiker sein – und dennoch überleben. Noch seine Pathologie ist ein Inbegriff von Techniken, die Wirklichkeitsdistanz zu ermöglichen, ohne zugrunde zu gehen. Man muß nicht nur sehen, was der Mensch leistet, um zu überleben; man muß auch darauf achten, was er sich leisten kann, indem er gegen alle Regeln der Überlebenskunst verstößt. Er ist das noch zur Pathologie seines Wirklichkeitsverhältnisses befähigte Wesen.

Unzweifelhaft, daß ein solches zur Disposition stehendes Wirklichkeitsverhältnis die Umkehrung alles dessen ist, was in der organischen Natur gilt. Denn daß Realismus überhaupt zu einem Merkmal von Einstellungen und Handlungen werden kann, ist schließlich nichts anderes als das, was in einer biologischen Sprechweise ›Anpassung‹ genannt wird; aber dieser Begriff erklärt immer nur, was schon vorbei, das Gelungene als morphologisches Phänomen, ist. Er ist so etwas wie der Außenaspekt von ›Realismus‹. Irgendwann in der Evolution konnte es geschehen, daß ein Organismus überlebte, obwohl er die Spielregeln der Begünstigung ›sachgemäßen‹ Verhaltens verletzte: Rebellion, Luxus, Neurose, Phantasie sind Abschweifungen vom Realismus – aber auch nicht ohne diesen möglich. Denn nur dieser als die Regularität, inmitten deren sich die Spielarten der Abweichungen von ihm herausbilden, garantiert deren Erträglichkeit für die Gattung. Das Verfahren kann einerseits als intermittierender Realismus beschrieben werden; andererseits ist es eine der ersten aller ›Arbeitsteilungen‹ zwischen den Realisten und denen, die sich zumindest partiell vom Realitätsprinzip dispensieren – am ehesten da, wo dies zum Vergnügen der übrigen geschieht. Auch hochgradig illusionäre kulturelle und politische Systeme sind im Laufe der Geschichte imstande gewesen, sich über lange Zeiträume hinweg zu halten, zeitweise zu prosperieren, um schließlich noch die Monumente ihres ›Übermuts‹ als Weltwunder der Kultur und Anlaufpunkte der Bewunderer zu hinterlassen. Ihre Voraussetzung war allerdings zumeist ein hermetischer Abschluß gegen alle Arten von ›Realismen‹ ringsum. Der Wirklichkeitsverschluß muß um so präziser werden, je durchlässiger Grenzen sonst geworden sind – schließlich wird der Störsender zum Symbol einer Sphäre, die ihre Definitionsmacht dessen, was als wirklich zu nehmen ist, nicht mit Fremdem kontaminieren lassen will: Realität ist hier nicht mehr durch Konsistenz bestimmbar, soweit ihr nicht *künstliche Konsistenz* verschafft wird durch ein absolutes Informationsmonopol über Zeit und Raum.

Auch solche Phänomene bestätigen nur den anthropologischen Grundsachverhalt, daß dieser *homo sapiens sapiens* durch sein Wirklichkeitsverhältnis bestimmt ist – was zu sagen nur Sinn hat, wenn es auch als Unverhältnis auftreten kann, ohne ihn aus dem Weltverkehr zu ziehen. Wie kann ein Wesen existieren, das des Realismus bedürftig, also nicht ohne weiteres und kraft selektiver Evolution mit ihm ausgestattet ist? Es auch nicht sein zu können, ist die Bedingung dafür, es eigens sein zu müssen. Der Realismus ist Rahmenbedingung dafür, daß diese Gattung nicht ausschließlich auf den Minimalvorteil des Überlebens angelegt ist, ja diesen vernachlässigen kann, um sich einen Vorteil der Intensität des Lebensgenusses zu verschaffen, der nicht so sehr Genuß im Leben als vielmehr Genuß des seiner Selbstverständlichkeit enthobenen Lebens selbst ist. Nicht das geringste Anzeichen deutet darauf hin, daß es irgendwo in der organischen Welt etwas von dieser Art der Intensivierung durch Gefährdung, durch Risikosteigerung, gibt.

Der Mensch, so muß die These lauten, ist ein Wesen, welches nicht zwangsläufig und aus Existenznot jederzeit realistisch sein muß, weil es alle Arten und Grade von Distanz zur Realität ausgebildet hat. Distanz besagt hier, daß im Bezug zur Wirklichkeit nicht jeder Augenblick mit akuter Dringlichkeit des Lebensrisikos besetzt ist. Mit anderen Worten: Distanz bedeutet, daß man sich Zeit lassen kann, weil die Fähigkeit zur frühzeitigen Wahrnehmung von Annäherungen, zur Verarbeitung von Situationen und zum Entwurf von Handlungen gegeben ist. Die Dinge und Dingqualitäten im Horizont der Wahrnehmung sind nicht unmittelbar Auslöser, sondern partielle Entscheidungsgrößen, deren Summierung und Gesamtergebnis erst allmählich zustande kommt. Gehandelt wird mit Verzögerung oder, wenn der Zeitgewinn ausreicht, auch gar nicht, sobald die ursprüngliche Situation durch Zeitverlauf nicht mehr besteht.

Entgegen anderen Vermutungen ist der Mensch darauf angelegt, nicht Aktivist sein zu müssen. Distanz zum Fall der akuten Nötigung erlaubt ihm, Umwege zu machen, erlaubt ihm, ›Kultur‹ zu haben – und wenn sie nur im dürftigsten Ornament besteht, das er um den Wasserkrug schlingt, den er zur Quelle oder zum Brunnen trägt. Deshalb ist der realistische oder sich realistisch gebende Tätertyp, der jederzeit ›Aktionen‹ für geboten hält oder dies Gebot zugunsten seiner eigenen Unentbehrlichkeit simuliert, feindselig gegen Kultur. Es gibt da einen Satz in Hanns Johsts Staatsdrama der Nazizeit, »Schlageter«, der alles Einschlägige besagt: *Wenn ich das Wort Kultur höre, entsichere ich meinen Revolver.*[1]

a. Rückbildung der Kollision bis zur Negation

Die Lizenz, auch Nichtrealist zu sein, gründet darin, daß der Mensch nicht ständig mit den Sachen handgemein zu werden braucht und dennoch leben kann. Man muß sich die verschiedenen Grade der Abkehr vom Realismus, der verminderten Dringlichkeit in der Durchsetzung

1 C. Zuckmayer, [Als wär's ein Stück von mir.] Erinnerungen[. Frankfurt a.M. 1966], 387. [Siehe auch] H. Mayer, Ein Deutscher auf Widerruf I[. Frankfurt a.M. 1982], 345.

der Norm realistischer Einstellung, deutlich zu machen versuchen. Will ich mir vor Augen führen, wie sich die Wirklichkeit gleichsam punktuell und hart für ein organisches System darstellt, muß ich vom Grenzfall der nackten Kollision ausgehen: Womit ich zusammenstoßen kann, mit der äußersten Folge des tödlichen Ausgangs, ist Wirklichkeit. In dieser Hinsicht steht der Mensch ganz in der Konsequenz des Entwicklungsprozesses der Organismen. Er ist von der Kollision am weitesten entfernt, weil er ein perfektes Repertoire zu ihrer Vermeidung entwikkelt hat.

In diesem Repertoire ist die Möglichkeit begründet, auch Nichtrealist zu sein. Noch die Vermeidung oder Verminderung taktiler Erfahrungen bis hin zur pathologischen Berührungsangst ist Ausweichen vor dem, was man als partielle oder abgeschwächte Kollision bezeichnen könnte. Schon Descartes hat in einem Gedankenexperiment die Voraussetzung, daß Wirklichkeit sich als Widerstand gegen Berührung darbietet, ausgeschaltet: In einer Welt, in der alle Körper in dem Maße, in dem wir ihnen unsere Berührungsflächenorgane nähern, sich entfernen, also der Berührung ausweichen, wäre kein Wirklichkeitsbewußtsein, weil keine Erfahrung von Widerstand, möglich.[2] An dieser Stelle könnte man dem Gedankengang von Descartes mit dem Einwand begegnen, daß auch dann der *eine* Widerstand bliebe, den der eigene Leib der Ausführung des eigenen Willens entgegensetzt.

Für Descartes war das Gedankenexperiment vom möglichen Versagen des Tastsinns die sichere Anweisung darauf, nur das Kriterium der klaren und deutlichen, also exemplarisch der optischen störungsfreien und optimal lokalisierten Wahrnehmung gelten zu lassen und diesem die generelle Garantie durch das *ens perfectissimum* zuteil werden zu lassen. Denn wenn schon einmal eine metaphysische Instanz dafür in Anspruch genommen werden darf, daß der organische Kontakt mit der Wirklichkeit nicht generell versagen und trügerisch sein kann, dann muß dies auch und gerade für das Vornehmste, wenn auch Riskanteste und Irrtumsanfälligste dieser Organe, den optischen Sinn, gelten dürfen. Das ist eine der Eigentümlichkeiten des Wirklichkeitsbegriffs der

---

2 [R.] Descartes[,] Principia [philosophiae. In: Œuvres, Hrsg. v. C. Adam und P. Tannery. Paris 1982. Bd. I.,] 53.

Garantie. Er ist gegen die am häufigsten gebrauchten Einwendungen und Argumente der Skeptiker, die naturgemäß die optischen Illusionen bevorzugen, von hartnäckiger Unbetroffenheit. Aber zweifellos würde der optische Sinn nur sehr wenig für die Distanzierung von Wirklichkeit leisten können, wenn er auf ein enges Spektrum von auslösenden Signalen des Verhaltens festgelegt wäre.

Es ist sicher nicht ohne Reiz, sich die Steigerung der Sachdistanz eines mit Sinnesorganen ausgestatteten Systems in verschiedenen Sachverhältnissen vorzuführen. Zweifellos ist dabei von der Situation der Nahrungssuche und Nahrungsaufnahme auszugehen. Eine solche Reihe könnte dann etwa so aussehen: 1. Verschlingen; 2. Mitschleppen; 3. Verteidigen gegen Rivalen und Räuber (Besitzen); 4. Betasten; 5. Zeigen; 6. Abbilden; 7. Vorstellen; 8. Begreifen; 9. Symbolisieren; 10. Verneinen. Ich bin mir bewußt, daß jemand kommen kann und sagen, es gebe noch dies und das außerdem oder jeweils dazwischen. Der Reiz zur Korrektur verrät schon, daß in einer solchen Reihe etwas sichtbar gemacht werden kann.

Wenn ich mit dem Verschlingen beginne, dann deshalb, weil hier die Totalität des Zugriffs verbunden ist mit der Mächtigkeit der Rückwirkung. Denken wir daran, welche Sackgasse in der Entwicklung der Organismen es ist, daß eine Beute nur dadurch in der Verfügung des Erbeutenden gehalten und in seine restlose Nutzung gebracht werden kann, daß er sie sogleich mit Haut und Haaren ohne jede Veränderung oder gar Verfeinerung verschlingt, um danach selbst vom Vorgang der Verdauung völlig benommen und bewegungsunfähig zu sein. Dieses Prinzip bei Boa und Anakonda war kein zukunftsreicher Einfall der Natur. Aber welche Schwierigkeiten hat es gemacht, eine Konstruktion herauszubilden, durch die der Transport einer Beute ohne große Behinderung zum beliebigen Ort unter Vermeidung der Gefährdung der Selbsterhaltung möglich wurde, wie etwa bei Raubvögeln oder bei Eichhörnchen. Selbst die kühnsten Raubtiere leisten oft nur Schwächliches im Umgang mit dem einmal geschlagenen Nahrungsobjekt. Schon deshalb war die Herausbildung des *knuckle-walker* einer der genialsten Einfälle der Natur: Nicht auf der Innenseite der Vorderextremität zu laufen, sondern auf deren Rückseite, gibt die Innenhand zu Transporten aller Art frei, auch und vielleicht vor allem zu dem von Wurfgerät.

Der Zoologe R. H. Tuttle hat 1969 die Ausbildung des Knöchelgangs auf den vorderen Extremitäten bei den rezenten Primaten, beim Schimpansen und beim Gorilla, zwar nicht in unmittelbaren Zusammenhang mit der Entwicklung des Menschen gebracht (weil diese rezenten Hominoidea nicht in die Reihe der Vorfahren des Menschen gehören), wohl aber für den Übergang von der vierfüßigen zur zweibeinigen Fortbewegung als wahrscheinliche organische Lösung nachgewiesen.[3] Es ist klar, daß diese Umstellung nur beim Übergang von einer hangelnden Lebensweise im Wald zur Fortbewegung auf dem Boden geleistet werden konnte, nicht aber durch Umdrehung einer zuvor als Lauffläche verwendeten Innenhand zur Fortbewegung auf der Rückseite des zweiten oder dritten Fingerglieds. Ebenso klar ist, daß ein Werkzeug nur dann ein beherrschtes Werkzeug werden konnte, wenn seine Mitführung, also die Ständigkeit seiner Verfügbarkeit, geleistet worden war. Die Reduktion des Greifens auf das Betasten ist vielleicht der entscheidende Schritt in der Reihe der Depotenzierungen von Sachverhältnissen. Man muß nicht gleich an sich und mit sich reißen, was man sensorisch in Erfahrung, wenn nicht gar zum Genuß bringen kann. Das Betasten ist ganz auf die Oberfläche eines Gegenstandes bezogen. Es ist, grob gesprochen, immer zugleich Verzicht auf die Substanz in einem sehr weiten Sinne; als Aufreißen eines inneren und geschützten Bestandes. Die taktile Wahrnehmung, die unter der Voraussetzung einer größeren Aktivität steht als die anderen Sinne, ist doch zugleich das Haltmachen an der Außengrenze des Gegenstandes, Verzicht auf seine Veränderung und darin Zurücktreten von Grenzverletzung. Die taktile Wahrnehmung ist eine verfeinerte Form der Verfügung, des Vorgenusses, erlernt vielleicht an den Berührungen und dem Streicheln in tierischen Sexualbeziehungen und im Mutter-Kind-Verhältnis, das nicht nur mit den elementaren Gewährungen von Nahrung und Wärme, sondern auch mit unverwechselbaren Form- und Flächenwahrnehmungen verbunden ist, deren Entbehrung zu Verhaltensstörungen disponiert. Das Raffinement der Distanz beginnt erst dort, wo sensorische Berührung mit der Sache überhaupt nicht mehr nötig ist, um dennoch über sie

---

3 R. H. Tuttle, Knuckle-walking and the problem of human origins. In: Science 166 (1969), 953-961.

zu verfügen. Es ist sicher nur mäßig provokativ, darauf hinzuweisen, daß verbreitete Formen des Eigentums darin bestehen, über Dinge zu verfügen oder an ihnen Anteil zu haben, die man nie gesehen hat oder auch nicht einmal sehen könnte. Man möchte gerne die Zwischenstufen zwischen körperlicher Unmittelbarkeit von organischem System und Umwelt einerseits und den Formen abstrakter Fernwirkung und Fernverfügung andererseits nachweisen können, denn darin sind alle Lizenzen zu Realitätsverlusten und Realitätsverzichten angelegt. Das Betasten der Oberfläche, mit ihren Werten von Glätte, Härte und Wärme, muß reduziert worden sein auf die punktuelle Restberührung, die nur noch mit der Spitze eines einzigen Fingers dingfest macht, was im Meinen festgehalten werden soll und deren Ablösung dann den Übergang von der Berührung zum Zeigen ausmacht, in welchem der Finger ebensowohl von der Sache zurückgezogen zu sein scheint, wie er auf sie im Gestus vorstößt, gleichsam ohne sie taktil erreichen zu können. So verharrt der Zeigegestus auf der Mitte zwischen dem Berühren und dem Vermeinen.

Goethe hat 1813 in Dresden, beim Durchzug der alliierten Heere gegen Napoleon, die staunenden Kosaken vor dem Laden mit Nürnberger Tand beobachtet, ihr noch fast berührendes Zeigen auf die Spielzeugwunderwerke bespannter Kutschen: *Sie unterhielten sich darüber, deuteten auf alles ganz nah mit einer gewissen naiven Anmuth hin, berührten aber nichts.*[4] Irgendwo zwischen Mitschleppen und Zeigen liegt das Besitzen als der von anderen anerkannte ausschließliche Zugang einer Person zu einer Sache, ohne daß die Sache ständig im Griff oder auch nur im Auge behalten werden müßte. Hier hängt das Sachverhältnis vorwiegend gar nicht mehr von dem ab, der es beansprucht und sich vorbehält, sondern ebenso oder noch mehr von denen, die dies ihrerseits respektieren und auf denselben Zugriff verzichten, aus welchen Gründen auch immer diese Zurückhaltung kommt. Die Institution des Eigentums ist in der Distanzreihe des Wirklichkeitsverhältnisses zu genau einpaßbar, als daß sich die Behauptung leicht an den Mann bringen ließe, Eigentum sei eine kontingente Errungenschaft oder Lei-

4 [J.W. Goethe, Brief] an Christiane [Goethe], 25. April 1813. [In: Weimarer Ausgabe. Weimar 1897-1905. Abt. 4: Briefe, Bd. 23, 330.]

denschaft oder Verderbnis der menschlichen Geschichte. Als Institution ist es ebenso der Verzicht darauf wie die Beseitigung der Notwendigkeit dazu, sogleich verschlingen und nutznießen zu müssen, was gerade gefunden oder erbeutet worden ist. Wirklich ist nicht nur, was den Verdauungstrakt füllt.
Die Übergangsreihe der Distanzen zur Realität kulminiert in der Gruppe Symbol, Begriff, Negation. In ihr steigert sich die Distanz zur Realität, indem es möglich wird, über Gegenstände zu verfügen, zu reden, an ihnen zu handeln, die entweder nicht gegenwärtig oder sogar überhaupt nicht existent sind oder deren Existenz verneint, vernichtet oder ausgeschlossen werden soll. Idealtypus sind alle Arten von Negation, die auf der gedachten Unmöglichkeit des Gegenstandes beruhen, also die Qualität der Negation mit der Modalität der Notwendigkeit verbinden. Denn sie sind der Beschwörung der Irrealität alles dessen, was uns geängstet hat oder noch ängsten könnte, dienstbar zu machen. Es muß ein Widerspruch darin liegen, solches anzunehmen, oder ein Widerspruch aus dem entstehen, was als lebenswidrig empfunden wird. Deshalb ist die Form der Dialektik der vollkommene Typus dessen, was versprechen kann, uns etwas vom Halse zu schaffen, was nicht sein soll. So machte Plato die Sophistik unmöglich, Kant die theoretische Metaphysik, Hegel die Vergänglichkeit Preußens, Marx den Fortbestand des Kapitalismus.

b. Realismus ist Ausnahmezustand, zum Beispiel als Lachen, Enttäuschung, Verlegenheit

Hier kommt es nicht darauf an, diese Reihe positiv zu entwickeln, was – weil keine positive Wissenschaft es je belegen wird und kann – nur Aufgabe einer phänomenologischen Anthropologie sein muß. Wichtig ist vielmehr, den Inhalt des Ausdrucks Realismus gerade aufgrund dessen zu begreifen, was diesen Ausdruck überhaupt nötig und sinnvoll, normativ, zur Anmeldung einer unentbehrlichen, aber entbehrten Größe hat werden lassen. Dieser Zusammenhang zeigt, daß wir nur deshalb Realisten sein können und unter Umständen sein müssen, daß wir uns in Sachen Realismus rhetorisch zur Ordnung zu rufen haben, weil wir, der Tendenz unserer Entwicklung nach, der nackten Realität den Rücken gekehrt haben. Und dies, weil wir es uns leisten konnten. Der Appell, doch endlich realistisch zu sein und zu denken, ist nur vor dem Hintergrund einer Lebenswelt möglich, in der das Gegenteil grassiert, ja die beliebtere, freudigere Option darstellt. Realismus, das ist die Vermutung oder der Verdacht, wird nicht der Dauerzustand des Menschen als eines von seinen Wünschen beherrschten Wesens sein, sondern sein *Ausnahmezustand*. Diese Vermutung oder dieser Verdacht werden durch einen Nebel von Rhetorik zurückgehalten.

Franz Kafka hat einmal im Gespräch mit Gustav Janouch gesagt: *Wirkliche Realität ist immer unrealistisch*.[5] Das bezieht sich sicher auf ästhetische Sachverhalte, ist aber auch im erweiterten Verstand deshalb zutreffend, weil unter dem Schlagwort des Realismus so viele Pseudorealitäten mitlaufen, daß inmitten dieser Zusammenhänge die ›wirkliche Realität‹ sich nicht mehr realistisch ausnehmen kann. Sie bekommt exotische Züge. Aber wie in ästhetischen Zusammenhängen immer, kann diese Beschreibung zu einer Umkehrung führen: Man braucht einer Sache nur solche Merkmale zu geben, daß sie sich im alltäglichen Kontext unrealistisch ausnimmt, um dann zu sagen, dies sei gerade das Merkmal dessen, daß man es mit ›wirklicher Realität‹ zu tun habe.

Die Distanz ist nicht nur Loskommen von Unmittelbarkeit im Raum, sondern auch Ungegenwärtigkeit dessen, was wirklich ist, in der Zeit. Vergangene Wirklichkeit kann schwerer auf jemand lasten als alles Gegenwärtige. Zukünftiges kann Wirklichkeit mit Sorge völlig erfüllen, obwohl es eben eine noch unbestimmte, noch zu vermeidende oder noch zu verändernde Wirklichkeit ist. Die Vorstellbarkeit des Ungegenwärtigen im räumlichen wie im zeitlichen Sinne ist eine ambivalente Sache: Sie hat dem Menschen alle Lebensmöglichkeiten eröffnet, zugleich aber auch sein Bewußtsein mit dem erfüllt, was gerade nicht real ist.

Otto Liebmann hat einmal gesagt, der Mensch sitze in der Zeit wie die Spinne in ihrem Netz; denn sein eigenes Gespinst ist ja die Zeit, in deren Mittelpunkt er sich jeden Augenblick antrifft.[6] Nur in der Zeit kann etwas auftreten, was für unseren Realitätsbezug von höchster Be-

---

5 G. Janouch, Gespräche mit Kafka. Frankfurt [a.M.] 1951, 91.

6 O. Liebmann, Gedanken und Tatsachen[, Bd.] I. Straßburg 1904, 348.

deutung ist, weil es zu den unverdächtigen Daten des Bewußtseins gehört, die nicht unter der Dominanz unserer Wünsche stehen können. Es ist die Enttäuschung. Nur weil wir erwarten können, können wir enttäuscht werden. Das Mißverhältnis zwischen Erwartung und Ankunft des Erwarteten kann beliebig groß sein. Es gibt ein wiederum ganz unverdächtiges, weil zwanghaftes Mittel unseres Bewußtseins, seine Identitätsstruktur in der Zeit zu retten, obwohl der Vorgriff seiner Typik versagt hat. Es ist das Lachen. Denn entgegen allen wissenschaftstheoretischen Vermutungen beruht unsere Erwartung nicht vorwiegend auf kausalen Extrapolationen – dann wäre sie beliebig in ihrer Qualität und Sicherheit zu steigern –, sondern in einer bestimmten typisch eingegrenzten Auswahl von Möglichkeiten. Daß diese Typik überwiegend funktioniert, gehört zu den Sicherungen der Identität des Bewußtseins – und das bedeutet, ein dauernd enttäuscht werdendes, also gerade sich an der Realität stoßendes Bewußtsein würde in einer Art Verzweiflung an sich selbst geraten müssen. Das läßt den Schluß zu, daß wir die Evidenz von Wirklichkeit – also gerade jene als Enttäuschung sich auslegenden Resignationen – nur episodisch, nur punktuell vertragen können. Realismus ist kein ständig möglicher Zustand des Menschen.

Die Enttäuschung einer Erwartung ist immer eine Gefährdung des Subjekts, weil Erwartungen ein Instrument des Bewußtseins für seine Selbsterhaltung sind. Es muß nicht immer ein erwarteter Gegenstand im engeren Sinne sein. Die unerwartete Situation setzt in Verlegenheit, und es gibt Lachen als Äußerung der Verlegenheit. Vielleicht ist gerade dies der Kern des Phänomens: Der Begriff als Vorgriff auf das, was jenseits des Horizonts der Zeit und des Raumes liegt und herankommt, drängt auf eine Bestimmtheit, die im Grenzfall nur um den Preis eines wahnhaften Bewußtseins aufgegeben werden kann. Wenn dies richtig ist, daß das Lachen der Verlegenheit den Kern des Phänomens ausmacht, wird verständlich, daß künstliche Erzeugung und Vorführung von belachenswerten Situationen zu den am meisten entlastenden Vergnügungen des Menschen wird. Kant hat ganz recht, wenn er sagt, daß in allem, was ein lebhaftes und erschütterndes Lachen erregen soll, *etwas Widersinniges* sein muß, denn im Grunde ist es für den Verstand niemals erfreulich, genarrt zu sein, er ist dann der Dumme. Daher auch

Kants Definition in der Anmerkung zu § 54 der »Kritik der Urteilskraft«, wo er nachweist, daß der Verstand als begriffsbildendes Organ die notwendige Voraussetzung des Lachens ist: *Das Lachen ist ein Affekt aus der [plötzlichen] Verwandlung einer gespannten Erwartung in nichts.*[7] In gewisser Hinsicht ist das urzeitliche Ideal der Situation, die zum Lachen hinführt, die leere Falle, vielleicht noch mit dem berühmten Haarbüschel des entkommenen Beutetiers. Denn die Falle ist der Prototyp der begrifflichen Leistung, sie ist ganz auf das nur gedachte Zielobjekt eingestellt. Vor einer leeren Falle begann vielleicht der Mensch zu lachen.

Nun darf aber der geschichtliche Aspekt des Themas nicht aus dem Auge verloren werden. Es ist höchst zweifelhaft, ob ein Grieche in einer philosophischen Schule jemals zugegeben hätte, die Enttäuschung sei das ausgezeichnete Symptom eines soliden und gesicherten Realitätsbezuges. Enttäuschungen erlebten natürlich auch Griechen. Aber nicht darauf kommt es an, sondern auf die Penetranz von Erlebnissen in den Wirklichkeitsbegriff: Ein Wunder kann in dem einen Wirklichkeitshorizont die letzte gedachte Steigerung, in dem anderen der Inbegriff von Enttäuschung und Unzuverlässigkeit sein. Hier darf, um die Logik der geschichtlichen Differenz wahrzunehmen, nicht der elementare Sachverhalt übersehen werden, daß die Neuzeit in ihrer Loslösung vom Mittelalter die stärksten Antriebe für die Formierung eines neuen Wirklichkeitsbegriffs durch die Kritik an den biblischen und nachbiblischen Wundern erhalten hat. Die Umwertung des Wunders als einer unter den Bedingungen zuverlässige Wirklichkeit nicht hinzunehmenden Störung, die das aufgeklärte Bewußtsein zuzugestehen niemals bereit sein wird, versteht seine Außerordentlichkeit, wenn sie möglich wäre, als die absolute Enttäuschung. Alles, was die Neuzeit über das Verhältnis von Identität des Subjekts und unbedingter Zuverlässigkeit des Objekts gelernt hat, hat sie an diesem bibelkritischen Thema abgelesen. Erst wenn die Konsistenz der Naturerscheinungen, also der

7 [I. Kant, Kritik der Urteilskraft. In: Werke in 10 Bänden. Berlin 1912ff. Bd.]V, 332. Lachen und Weinen sind [Plessner zufolge, N.Z.] *Reaktion auf Grenzen, an welche unser Verhalten stößt.* [In: H. Plessner, Conditio humana (Gesammelte Schriften VIII). Frankfurt a.M. 1985,] 62.

Gegebenheit des Wirklichen, aus anderen Quellen oder Prinzipien oder Gründen absolut gesichert ist – wie durch Kants transzendentale Deduktion der Kategorien und Grundsätze –, kann die Überwindung des Wunders als Ausweis einer höchsten Realität insofern vergessen gemacht werden, als, vor dem Hintergrund der normierten Erwartung, auch enttäuschte Erwartungen als besondere Symptome für das Übergewicht der Objektivität über die Subjektivität zugelassen werden. Der Wirklichkeitsbegriff der Ungefügigkeit und Unverfügbarkeit des Widerstreits ist also seiner geschichtlichen Logik nach nur verständlich unter der Voraussetzung der endgültig gesicherten Wirklichkeit der immanenten Konsistenz, der offenen Einstimmigkeit, weil nur diese die absolute Enttäuschung ausschließt, indem sie alle Enttäuschungen einstimmig dem Subjekt zur Last legt, insofern es im *typischen* Vorgriff den *kausalen* Vorgriff vernachlässigt oder ganz außer acht läßt oder mit ihm nicht leistungsfähig genug war.

2. Das Gedankenexperiment ›Paradies‹

Gedankenexperimente sind auf diesem Felde ebenso unentbehrlich wie schwierig. Ein solches Gedankenexperiment könnte sein, wie bezüglich des Wirklichkeitsbegriffs das Paradies beschaffen gewesen sein muß oder ein neues aussehen würde. Wenn man von so massiven Definitionen absieht wie der, es müsse eine Wirklichkeit ohne Unglück wie Krankheit und Tod sein, kommt man am ehesten auf die Begriffsbestimmung, in einer paradiesischen Wirklichkeit dürfe es keine Enttäuschungen geben. Anders ausgedrückt: Das Paradies wäre in allem eine Welt der Selbstverständlichkeit dessen, was geschieht und erfahren wird. Romantiker haben nie gezögert, das Paradies in der Qualität der Unmittelbarkeit zu sehen, also in der Vermeidung des Begriffs und damit auch aller Präsumtionen. Nebenbei hieße das, im Paradies könne nicht gelacht werden. Deshalb sind die Jünger künftiger Paradiese schon jetzt so humorlos. Selbstverständlichkeit ließe sich aber auch durch Sicherheit der Erwartung erzielen, also durch das ständige und niemals versagende Eintreffen der erwarteten Ereignisse.

Die Theologie hat sich in ihrer Geschichte erstaunlich wenig mit dem Paradies vor und nach der Weltgeschichte beschäftigt. Die Menschen hätten im paradiesischen Umgang mit Gott dessen Offenbarungen empfangen – aber welcher Art sollten diese gewesen sein, da hinsichtlich des Heils vor dem Sündenfall kein Bedarf an göttlicher Offenbarung bestand? Man wüßte gern, was der paradiesische Mensch über die Wahrnehmung seines Zustandes hinaus zu wissen begehren konnte. Das Mittel dazu wäre die Neutralisierung der Zeit. Erwartung muß Wissen werden. Damit kommt man wohl nahe an Bacons Begriff von der Wiederherstellung des Paradieses durch Wissenschaft heran, obwohl die magischen Züge unverkennbar sind, die die Enttäuschungsfreiheit durch Botmäßigkeit unter den magischen Befehl des Menschen hergestellt sein lassen. Erstaunlich ist aber, daß auch ein patristischer Schriftsteller, Irenäus von Lyon, das Paradies ähnlich beschrieben hat: *Herrlich und schön war das Paradies. Da wandelte das Wort Gottes immer in demselben umher, es verkehrte und sprach mit den Menschen über die Zukunft und belehrte ihn zum voraus über das, was kommen wird.*[8] Wer vollkommen weiß, was geschehen wird, kann sich vollkommen sachgemäß verhalten, er ist der perfekte Realist in einem ganz anderen Sinn, als wir ihn gebrauchen können: Ein perfekter ›Realist‹ braucht kein Realist im Sinne des rhetorischen Appells zu sein.

3. Distanz als Faktor von Realismus: Zeit als Bedingung für die Wahrnehmung von Realitäten, die nicht momentan sind

Realismus ist eine ›Einstellung‹, die sich die Distanz zur Realität herstellen muß. Das ergibt sich schon in einfachen optischen Verhältnissen. Für die generelle These, Evidenz sei an die Momente Klarheit und Deutlichkeit gebunden, ist primär die optische Wahrnehmung maßge-

8 [Des heiligen Irenäus fünf Bücher gegen die Häresien (Bibliothek der Kirchenväter, 1. Reihe, Bd. 4). Übers. v. E. Klebba. München 1912, I 12.]

bend; erst sekundär und übertragen die Qualität der Begriffsbildung. Als wirklich gilt uns, was ohne Behinderung eines Mediums und in ausreichender Auflösung seiner Einzelheiten gegeben ist.
Nun kann man leicht sehen, daß der Mensch in einer Wirklichkeit lebt, die er sich nicht insgesamt zu derjenigen Klarheit und Deutlichkeit zu bringen vermag, wie es nach dem Kriterium erforderlich wäre. Aber eben dies ist auch nicht zwingend, also bei Strafe am Leben, erforderlich. Der Mensch hat die *actio per distans* zu beherrschen gelernt, die schon auf Verdacht und auf Vorurteil einsetzen kann und deren Fehlwirkungen nachkorrigiert werden können. Das gehört in die Anthropologie des Realismus. Abgeleitet aus diesem anthropologischen Grundsachverhalt ist dann, daß der Mensch auch als wirklich gelten lassen und für sich in seinem Handeln maßgebend sein lassen muß, was den angemessenen Grad von Klarheit und Deutlichkeit niemals erreichen kann. Er muß Darstellungen und Berichte anderer akzeptieren, weil er sich nicht von allem, was für ihn lebenserheblich ist, mit eigenen Augen oder mit eigenem Tastsinn überzeugen kann. Er muß Kriterien entwickeln, um noch das Hörensagen seinem Bild der Wirklichkeit einzufügen. Er muß abschätzen, welches Maß an Vorsicht solchen Informationen gegenüber anzuwenden ist, will er sich nicht in Illusionen verlieren; aber auch, welche Vorsicht übertrieben wäre, will man nicht in der Abstinenz verkommen.
Vollends die Kulturstufe der Schriftlichkeit begründet eine durchgängige Fernvermittlung von Wirklichkeit mit allen wohlbekannten Fehlerquellen, die sich in raffinierterer Form in der Bildlichkeit der sogenannten Medien wiederholen. Man muß das nicht ausschließlich und nicht einmal vorwiegend vom Gesichtspunkt der Erkenntnistheorie und ihres Interesses an Sicherstellung wissenschaftlicher Information sehen. Viel wichtiger ist, daß auch die menschliche Wirklichkeit eine potenzierte Distanz bekommt, die Fiktion und Realität verwechselbar macht und die Einflußpotentiale verändert. Als Beispiel eine Beobachtung, die Lichtenberg notiert hat: Seit der Erfindung der Schreibekunst haben die Bitten viel von ihrer Kraft verloren, die Befehle hingegen an Kraft gewonnen. Das ist eine böse Bilanz. Geschriebene Bitten sind leichter abgeschlagen und geschriebene Befehle leichter gegeben als mündliche. Zu beiden ist ein Herz erforderlich, das oft fehlt, wenn

der Mund der Sprecher sein soll.[9] Die Mittelbarkeit der Schriftform ist gesteigert worden durch die Nachrichtenmittel, die nur auf den ersten Blick größere Zuverlässigkeit des Zugangs zur Realität an sich haben, aber als Instrumentarium der Illusion nicht weniger dienstbar sind. Man denke an den klassischen Feldherrn auf seinem Hügel und vergleiche ihn mit dem modernen Strategen in seiner Kommandozentrale. Es war nur die letzte gespenstische Phase eines durch aufbereitete Informationen geförderten Realitätsverlustes, daß Hitler im April 1945 aus seinem euphemistisch so genannten Gefechtstand in Berlin Armeen befehligte, die nicht mehr oder niemals existierten. Die Engländer fingen mit ihrem Entschlüsselungssystem *Ultra* seinen Standardfunkspruch ab, der für dieses Ende eines Realitätsbezugs von einzigartiger Prägnanz ist. Er lautete: *Warum befolgen Sie meine Befehle nicht? Warum antworten Sie nicht?*[10]

Ich hatte unterstellt, der Feldherr auf seinem klassischen Hügel wäre der Gefahr eines solchen Realitätsverlustes nicht ausgesetzt gewesen. Wenn das richtig ist, dann nur deshalb, weil klassische Schlachten relativ kurz und im allgemeinen entscheidend waren. Sie konnten in ihrem Verlauf als geschlossene Realität beobachtet und in ihren Folgen schon abgeschätzt werden. Aber so einfache Vergleichsfälle wie die Erfahrung des modernen Touristen lehren uns, daß ›offene Realitäten‹ – also Prozesse ohne scharf bezeichenbaren Anfang bzw. bezeichenbares Ende – und komplexe Lebensstrukturen selbst durch Autopsie nicht erfaßbar werden. Es geht hier, wohlgemerkt, nicht um Fragen der angemessenen Erkenntnis von Sachverhalten, ihre falsche oder richtige Darstellung und Beurteilung: Ihre Zugänglichkeit *als* Realitäten steht in Frage. Also geht es auch nicht darum, ob der Ausländer, der in einem Staat Einrichtungen, Siedlungen, Bevölkerungsgruppen zu besuchen und zu besichtigen Gelegenheit bekommt, sich dabei mehr oder weniger gezielten Täuschungsmanövern vom Typus des potemkinschen Dorfes gegenübersieht. Die Frage des tatsächlichen Vorhandenseins be-

9 [G.C. Lichtenberg, Sudelbücher. In: Ders., Schriften und Briefe. Hrsg. v. W. Promies. München 1967. Bd.] II, 449.

10 F.W. Winterbotham, The Ultra Secret. New York 1974; dt. [Aktion Ultra.] Frankfurt [a.M.] 1976, 214.

haupteter Gegenstände und Personen, obwohl gelegentlich von erstrangiger Bedeutung, ist nicht das zentrale Problem.
Schwierig wird die Unterscheidung von Vorspiegelung und Wirklichkeit, wo die Realität sich über die Zeit erstreckt. Ob die gerade beobachtbare Fülle in Schaufenstern und Läden eine gute Versorgung der Einwohner einer Stadt anzeigt, kann nur über die entsprechenden Versorgungszeiträume hinweg wahrgenommen werden; für Lebensmittel in der kritischen Anschlußphase an die nächste Ernte, für Bekleidung bei den durch die Jahreszeiten bedingten Bedarfslagen. Sonst muß das Bild der Wirklichkeit durch Schlußfolgerungen aus momentanen Gegebenheiten angereichert werden, und darin ist Irreführung möglich. Erst recht, wenn nach den Bedingungen für ein gewisses Maß an Lebensfreude oder auch nur an ›Lebensqualität‹ gefragt wird. Welche Realität haben solche Qualitäten? Und wie entspricht unser höchst selektives Wahrnehmungsvermögen der kompakten Zuständlichkeit von Lebensformen und ihren Bedingungen? Der Grenzwert für die adäquate Position läßt sich angeben: Um zu wissen, welche Realität eine Lebensform hat, muß man in ihr und mit ihr leben. Der Tourist müßte zum Siedler, zum Einwohner werden, um die momentanen Belege so zu verdichten, daß sie zu Symptomen einer nicht nur vordergründigen Tatsächlichkeit werden. Weshalb wird der, der es doch wissen will, nicht langzeitiger Bewohner seiner Objektwelt? Die eine Antwort ist: weil er sie *als* Objektwelt verlieren, das theoretische Interesse an ihr einbüßen könnte, sobald sie ernsthaft seine Lebenswelt würde. Dann hätte er sogar die Frage nach ihrer Realität preisgegeben. Die andere Antwort ist gewichtiger: Er wird nicht Lebensgenosse, weil er nicht genug Zeit hat, es zu werden und wieder aufzuhören, es zu sein.
Ein Kenner des Landes kehrt 1979 nach Vietnam zurück, um nun endlich zu erfahren, wie es wirklich ist. Er hat den Verdacht, seine vergangenen Erfahrungen seien künstlich, optisch verfälscht, manipuliert worden. Er setzt auf eine neue Art von sensorischer Unmittelbarkeit, deren Realitätsimplikation er so beschreibt: *Vielleicht habe ich 1970 und 1972 im Norden nur nichts davon gesehen, weil ich – außer den Leuten, mit denen man mich offiziell zusammengebracht hat – niemanden persönlich kannte? Bei dieser Reise werde ich erfahren müssen, wie es wirklich ist. Die Wahrheit wird in mich eindringen, selbst wenn ich Augen und*

Ohren schließe: durch die Poren der Haut ... [11] Wie kann einer, der sich einmal bei offenen Augen und Ohren getäuscht hat oder getäuscht zu sein für möglich hält, beim nächsten Mal darauf setzen, er werde es nicht tun und sein?

Er glaubt an eine intensivere Art von Erfahrung. Und am Ende bietet er die stärkste Metapher auf, um gefunden zu haben glauben zu können, was er suchte: *Endlich der Archimedische Punkt, an dem ich mich festhalten kann in diesem Chaos von Mißtrauen und Verdacht.* Die platonische Torheit, es werde und müsse die letzte Stufe der Übersteigung aller Vorläufigkeit und Enttäuschbarkeit geben, das Seiendseiende, kehrt wieder – aber Realität ist immer nur der nächste Schritt mit der Ungewißheit des übernächsten. Wirklich ist, was gerade nicht unwirklich ist. Nach einer Phase der großen Illusionen kann die Trivialität das härteste denkbare Wort eines Politikers sein: *Man muß die Wahrheit in den Tatsachen suchen.* So nach Mao Deng Xiaoping. Nur weil die Differenz zwischen Illusion und Realismus relativ bleibt, kann man sie beschwören und ertragen. Man ist Realist, wenn man überhaupt an die Schwelle der Differenz kommt – wie oft kann sie nicht überschritten werden!

Ich hatte gesagt, der Tourist, der reisende Besucher, werde nicht Realist, weil er nicht genug Zeit hat. Auch nicht genug Zeit, das Differenzerlebnis zwischen seinen vorgefaßten Meinungen und der vorgefundenen Realität oft genug zu erleben. Sogar nach zwei bis drei Urlaubsaufenthalten im selben Land verfestige der Reisende noch seine Vorurteile über dieses, seine guten wie seine schlechten. Erst nach der fünften Reise träte eine Wandlung zum Realismus hin ein, hat der ›Studienkreis für Tourismus‹ in Starnberg in einer psychologischen Untersuchung über Auslandsreisen als Mittel der Völkerverständigung ermittelt.[12] Wenn das so wäre, könnten immerhin schon 57 Prozent der Österreichreisenden von 1978 (insgesamt 22,7 Millionen), 47 Prozent der Italienreisenden (13,9 Millionen) und 43 Prozent der Spanienreisenden (9,5 Millionen) zum Zeitpunkt der Studie den Umschlag zum Realismus gegenüber dem Gastland erlebt haben. Man braucht über Methoden und Zahlen

11 E. Wulff, Besuch in Saigon. Januar 1979. In: Kursbuch 57, 39-58.
12 FAZ [v.] 15.11.1979.

nicht zu streiten: Der Differenzeffekt spielt eine wichtige Rolle, und es mag sein, daß er ein reziproker Effekt ist, also die Ausbildung neuer Vorurteile gegenüber dem Herkunftsland hintanhält. Das Vorurteil, sosehr wir uns seiner intellektuell zu genieren haben, ist nun einmal das Verfahren, mit dem Unbekannten umzugehen und zurechtzukommen, aber auch: sich das Bekannte in dem Maße zu verfremden, wie dies die Anstrengung nachträglich rechtfertigt, das Differenzerlebnis mit seinen Zumutungen auf sich genommen zu haben – denen etwa derjenige zur Karikatur gewordene Tourist ausweicht, der bei seinem panierten Schnitzel bleibt und der einheimischen Küche sich verweigert.

Überall steht im Hintergrund, daß die Episodizität jedes touristischen Aufenthalts das Sicheinlassen auf das Fremde, das Loslassen der mitgebrachten Kategorien blockiert, die exklavische Sonderexistenz dessen, der irgendwo nur zu Besuch ist, begünstigt. Jede Episode ist die begrenzte Zuteilung an Lebenszeit, die ihr je einziger Eigentümer vornimmt: das, was für eine Sache reichen muß und für Realismus nicht ausreicht. Dabei geht es nicht primär um Richtigkeit oder Falschheit von Urteilen, sondern um die Grundeinstellung: Dies ist das Andere, und daher nicht die Erfüllung meiner Wünsche und Erwartungen – jedenfalls nicht dazu vornehmlich da. Es wäre ganz anders mit dieser Einstellung, wenn Zeit nicht ›zugeteilt‹ werden müßte.

Ein Zuschauer oder Besucher, welcher unendlich viel Zeit hätte, könnte sich ein lückenloses und solides Bild von einer fremden Wirklichkeit verschaffen. Er wäre illusionsfest. Die Aufhebung der Zeitbeschränkung ermöglicht erst den vollen Verzicht auf jede Art von Vorurteilen. Als überholtes und veraltetes Vorurteil, als sozial diskriminiertes Vorurteil gar, fällt es auf und der Kritik zum Opfer. Wir müssen aber damit rechnen, daß Vorurteile ursprünglich Präsumtionen zum Zwecke der Vereinfachung und der Erleichterung kurzfristig zu treffender Handlungsentscheidungen sind. Also ist das Vorurteil nicht erst und nur eine geschichtliche Mitgift in einer Spätphase von Traditionen, sondern von vornherein das Behelfsverfahren für ein in seiner Erfahrung durch Endlichkeit beschränktes Wesen.

Unsere Wahrnehmung verarbeitet nur relativ wenige Merkmale und bevorzugt unter ihren ›Gegenständen‹ diejenigen vom Typus des ›Dings‹, das sie für alle anderen Arten von Gegenständlichkeit postuliert. Einem Intellekt von schärferer Sicht würde all das, was in unserer Erfahrung als Ding auftritt, nur als flüchtiger Zustand des materiellen Gesamtsystems erscheinen. Allem voran die Dinge, die wir Organismen nennen und die wir selbst sind. Deren gestalthafte Kontur ist nur ein Übergangszustand im Stoffwechselfluß des materiellen Substrats. Dinge sind Vereinfachungen. Als solche sind sie schon Vorurteile; und Vorurteile erst recht darin, daß sie unseren Anspruch auf Gegenständlichkeit beherrschen. Sie machen die Methode morphologischer Klassifikation zu unserem offenen oder geheimen Ideal, das die Organismen erfüllen, indem sie allein sich strikt eidetisch reproduzieren. Ein Elefant bringt wieder einen Elefanten hervor; aber der Anblick eines charakteristischen Gebirgskammes bietet nur eine eidetische Illusion. Die Zufälligkeit der Faktoren, die diese Kontur hervorgebracht haben und unter deren Einfluß sie über lange Zeiträume hinweg weiter steht, ist von der Art, daß mit großer Wahrscheinlichkeit diese Kammlinie zu keinem künftigen Augenblick wieder identisch sein wird mit ihrem gegenwärtigen Verlauf und doch optisch über lange Zeiträume hinweg denselben Anblick bieten wird. Der Prozeß, der eben nie zur Reproduktion des einmal Gewesenen führt, entzieht sich dem Betrachter, auch wenn dieser zum Blickpunkt zurückkehrt, sogar Abbildungen hinzuziehen kann. Deshalb wird auch eine Landschaft eidetisch, ja physiognomisch aufgefaßt, auf dinghaft-feste Struktur gebracht und dadurch erinnerungsfähig gemacht. Wo sie durch menschlichen Eingriff zerstörbar ist, wird dies gerade wegen dieser Festigkeitswerte härter empfunden und schwerer verarbeitet als andere Veränderungen durch menschliches Verhalten, die ungestalthaft sind. Das gilt auch für Stadtbilder, deren Veränderung konservative Emotionen selbst bei Revolutionären weckt. Veränderung von Gestalt führt zu fremder und befremdlicher Gestalt – und diese Art von Veränderung, als abhängig von dem ›Ding‹-Vorgriff der Wahrnehmung, hat ihre erlebnisintensive Modalität von Wirklichkeit. Die Resistenz von Vorurteilen ist selten die Folge willkürlicher Akte und Einflüsse; sie hat mit der begrenzten Kapazität des Bewußtseins zu tun, dessen ›Erweiterung‹ zu fordern oder zu versprechen eine demagogische Verheißung ist.

Die Menschheit des letzten Jahrhunderts ist überrascht worden von dem Ausmaß an Veränderung, das sie erstmals am Gesamtzustand der Welt ›erfahren‹ konnte. Dabei war es nicht so wichtig, daß sie selbst der Faktor der Veränderung gewesen ist. Es ist nur eine freundliche Illusion, aus dem primär fremde Instanzen abwehrenden Satz, der Mensch mache die Geschichte, die ermunternde Folgerung abzuleiten, der einzelne stehe dem derart Gemachten anders als einem Naturprozeß gegenüber. Daß seinesgleichen solches insgesamt angerichtet haben sollen, macht wenig aus im Verhältnis zu der Feststellung, daß dies und nichts anderes schon geschehen oder mit einem hohen Maß von Unbeeinflußbarkeit im Ablauf ist. Denn eben dies war zu allen Zeiten die Eigentümlichkeit der Natur im Unterschied zu dem Werkstück, welches ein einzelner vor sich zu bringen vermochte und woran sich ein prototypisches Machen ablesen ließ, das noch in der Abneigung gegen alle Arbeitsteilung seine affektive Übermacht behalten hat. Der Mensch wäre lange von der Oberfläche der Erde verschwunden, wenn er sich daran gehalten hätte: nur machen zu wollen, was er je als einzelner selbst machen konnte.

Das hat auch das menschliche Wirklichkeitsverhältnis tiefgreifend bestimmt. Denn es ist eine Form der Flüchtigkeit und Oberflächlichkeit des Kennens und Erkennens, Dinge in den eigenen Lebenszusammenhang aufzunehmen, deren Herstellungsverfahren *nur andere* kennen und die nur hinsichtlich bestimmter Nutzungseigenschaften eigenmächtig geprüft und hingenommen werden. Auch und gerade in diesen Realitätsbezügen ist über Jahrzehntausende hinweg die nur selektive Vertrautheit aufgewogen worden durch die hochgradige Konstanz der Vertrautheitssphäre. Die Menschheit hatte in der normalen Umwelt wenig Gelegenheit, akute Veränderungen wahrzunehmen und also diese Wirklichkeit als Inbegriff von Prozessen zu erfassen. Gerade dies aber bestimmt heute vorwiegend die Kriterien, unter denen ein Verhalten und eine Einstellung als Realismus akzeptiert werden: Der Lebenszustand des Menschen ist schon im voraus als ständige Veränderung seiner wichtigsten Bestimmungen angenommen. Realismus heißt dann, diese Veränderung nicht nur wahrnehmen und sich ihr anpassen zu können, sondern gemäß ihrer Richtung richtig und rechtzeitig einzuschätzen, einzuhalten und zu beschleunigen. Realismus heißt, die Tendenzen und ihre Wendungen zu erfassen und zu verstärken. Kaum noch jemand erhebt da den alten Vorwurf des Opportunismus. Dazu steckt zu viel Hegel in den Knochen der Zeitgenossen, als daß sie dem Zeitgeist entgegenzuhalten bereit wären, er sei nicht der Weltgeist. Realist ist, wer mithalten kann und mitzuhalten bereit ist.

Aber ist solcher Konformismus eine besondere und etwa zynische Leichtfertigkeit der Moderne? Oder ist er nur der Ersatz für die lebensfunktionellen Orientierungen, die in traditionsbeständigen Zeitaltern die Gestalt des nachträglich so genannten und dadurch diffamierten ›Vorurteils‹ hatten? Die stolze Vorurteilslosigkeit, die sich die Neuzeit von ihrer Wissenschaft angenommen hatte, ist nicht das Verdienst einer autonomen Überwindung, sondern eher die Erscheinung einer Resignation, nachdem die durch Wissenschaft und Technik eingeleiteten Veränderungsraten ebenjene Vorurteile diskreditiert hatten. Als das Vorurteil *praejudicium* zu heißen begann, war es eben schon funktionsloser Anachronismus geworden. Die juristische Herkunft von *praejudicium* ist zunächst die einer zuverlässigen, durch Bewährung ausgezeichneten Bezugsgröße, die preiszugeben nicht so sehr das Interesse an einer etwa nötigen sachlichen Korrektur befriedigt, als vielmehr die Unsicherheit des Rechts und die Ungleichheit der von Urteilssprüchen Betroffenen zur Folge hat.[13] Die Einstimmigkeit in der Zeit als Herstellung von Zuverlässigkeit eines Systems ist also das ursprüngliche und positive Motiv für Setzung und Geltung von ›Vorurteilen‹. Es ist der Realismus, der sich die Realität der aus Urteilen bestehenden Institution schafft, es aber nur so lange tun kann, wie die umgebenden Realitäten nicht in Fluß gekommen sind und durch Anpassungszwang bestimmen, was noch oder schon ›Realismus‹ sein kann. Es ist nicht verwunderlich, daß die Beständigkeit oder Trägheit von Institutionen in Widerspruch geraten kann zu anderen Wirklichkeiten und sich den Vorwurf des mangelnden Realismus zuzieht. Wie er vor allem immer wieder bezogen wird auf Urteile der Justiz, die ihrer Natur nach eine Institution von großer Verzögerung der Einstellung auf gewandelte Realitäten ist und sein muß, weil sie nur so der Norm ihrer immanenten Konsistenz genügen kann.

Während des weitaus größten Teils seiner Geschichte hat der Mensch

13 F. Schalk, Praejudicium im Romanischen. Frankfurt [a. M.] 1971.

für die Zukunft vorgesorgt, indem er sich an eine ihm vertraute Typik der zu erwartenden Lebensbedingungen und der darauf eingestellten Vorkehrungen halten konnte. Diese Vorkehrungen kann man verallgemeinernd unter die Stichworte ›schützende Gehäuse‹ und ›ausreichende Vorräte‹ bringen. Man sieht leicht, daß die enorme Beschleunigung in der Veränderung der Lebensbedingungen und Lebensformen dazu führen mußte, daß Gehäuse und Vorräte einen schrumpfenden Anteil an den Einstellungen auf Zukunft hatten. In der Spanne eines Lebens, einer Generation, eines Jahrzehnts werden Erfahrungen von elementaren Zustandsänderungen gemacht, die der Typik der Erwartungen nicht entsprechen und bewährte Regeln außer Kraft setzen. Auch wenn diese Veränderungen als ›Fortschritt‹ positiv bewertet werden, ergibt die Beschleunigung des Prozesses eine Art Verflüchtigung im Aggregatzustand seiner einzelnen Phasen. Anders ausgedrückt: Die Gegenwarten des Menschen werden immer enger, die Vergangenheit steckt immer weniger in der Gegenwart und die Zukunft immer mehr. Sie hat, nach dem bekannten Wort, immer schon begonnen. Die photographische Technik der Momentaufnahme hat uns gelehrt, daß die Beständigkeit des Bildes, das sie festhält, die pure Illusion ist, da nicht einmal das Auge den Moment hatte erfassen können, den die Technik zur Erstarrung bringt.

4. Was real ist, hängt auch von quantitativen Bedingungen ab: Die Zeitabhängigkeit der Realität und die ›Länge des spezifischen Moments‹ (das Gedankenexperiment des Karl Ernst von Baer)

Seit der Erfindung des Kinematographen wissen wir ziemlich genau, wo die Grenze des zeitlichen Auflösungsvermögens unserer Wahrnehmung in diskrete Einheiten liegt und welches etwa das kleinste mögliche Zeitelement der Erfahrung sein muß; davon hängt die Zahl der Einzelbilder je Sekunde ab, die dem Zuschauer angeboten werden muß, damit er keinen diskreten Ablauf von Vorgängen und Bewegungen mehr wahrnehmen kann. Aber schon der baltische Zoologe Karl Ernst von Baer (1792-1876), der Begründer der Entwicklungsphysiologie, hat die Art der Wirklichkeit, die für ein organisches System als Erfahrung gegeben sein kann, abhängig gesehen von der spezifischen Länge des Zeitmoments, die von seinen Rezeptoren noch aufgelöst werden kann. Lange nachdem Baer seine an Vogeleiern gemachten embryologischen Feststellungen 1828 in dem epochalen Werk »Über Entwicklungsgeschichte der Thiere« veröffentlicht hatte, hielt er 1860 den Vortrag »Welche Auffassung der lebenden Natur ist die richtige? und Wie ist diese Auffassung auf die Entomologie anzuwenden?«. Was uns erscheint, noch oder nicht mehr erscheint, was also unsere Auffassung von der Realität enthält, ist eine Sache des Maßstabs unserer Erfassung. Und, so sagt Baer, *dieser Maßstab ist notwendig zu klein, wenn wir ihn an große Naturverhältnisse anlegen.*[14] Eine dem menschlichen Leib entnommene Maßeinheit für den Raum, wie Elle oder Fuß, ist zwar zunächst äußerst anschaulich, verliert aber in Verbindung mit sehr großen Zahlen zur Erfassung terrestrischer und kosmischer Distanzen jede Anschaulichkeit und damit den Wert des menschlichen Maßes. Wenn schließlich bei den größten Entfernungen der Astronomie die Geschwindigkeit des Lichtes in Zeiteinheiten zugrunde gelegt wird, so wird die Distanz durch Verwendung der lebensweltlichen Einheiten von Minuten, Stunden, Tagen und Jahren nach Meinung des Redners immer noch *ziemlich anschaulich* – doch wohl eine Verlegenheitsformel?

Haben wir mit den Übergrößen des Universums Schwierigkeiten, sie auf unsere Lebensmaße zurückzubeziehen und dadurch zu realisieren, so scheint es ganz anders zu stehen mit dem Rückgang auf die kleinsten, noch an unseren Lebensprozeß gebundenen Einheiten der Zeit, die mit dem Pulsschlag gemessen werden konnten. Aber ist das Maß, mit dem wir messen können, schon das Maß, mit dem unsere Empfindung selbst mißt? Doch wohl nicht, wenn uns eine Sekunde der gespannten Erwartung noch lang erscheinen kann, als sei sie zusammengesetzt aus jenen ›Augenblicken‹, die für einen einzigen Blick auf die Sache genügen. Es gibt also offenkundig eine kleinere Einheit als die Sekunde des Pulsschlags, *nämlich die Zeit, die wir brauchen, um uns eines Ein-*

14 K. E. von Baer, Reden gehalten in wissenschaftlichen Versammlungen und kleinere Aufsätze vermischten Inhalts. Petersburg 1864[. Erster Teil], 252f.

drucks auf unsere Sinnesorgane bewußt zu werden.[15] Dies ist es, was die Römer *momentum* genannt haben.

Der Physiologe von Baer ist der Gestalttheorie, die fast gleichzeitig Christian von Ehrenfels begründet, schon nahe genug, um den Versuch zurückweisen zu können, aus der Zahl der in einer Sekunde gelesenen Zeichen einer Schrift auf das Wahrnehmungs- oder Bewußtseinsraster zu schließen. Denn, wie er in seinem Vortrag sagt, beim Lesen würden nicht einzelne Zeichen, sondern gestaltlich vertraute Zeichenkomplexe bis hin zu Wörtern und Wortverbindungen erfaßt. Man wisse das als leidgeprüfter Autor vom Übersehen der Druckfehler in einem eigenen Text. Wenn jeder Bewußtseinsakt, rezeptiv oder spontan, eine Zustandsänderung des Bewußtseins bedeutet, könne es sein, daß ein zu geringer Abstand von zwei Ereignissen – wie etwa einem Stoß, der uns trifft, und dem Aufschlagen auf den Boden, das wir nicht empfinden – zu gering sei, um dem zweiten Ereignis nach dem ersten noch gewahr zu werden. Schon der Unterschied der menschlichen Temperamente bedinge Unterschiede in der Reaktionsschnelligkeit und damit in der Frequenz von Empfindungen. Wenn beim Kaninchen der Pulsschlag doppelt so schnell wie beim Menschen, beim Rind nur halb so schnell sei, dann müsse man annehmen, daß *die Kaninchen in derselben Zeit bedeutend mehr als die Rinder* erleben. Es gebe also ein inneres Maß für Feinheit oder Grobheit des Rasters, in welchem sich die Natur dem Organismus darbietet. Davon hängt, ohne Rücksicht auf Erkenntnistheorien, ab, was überhaupt ›Realität‹ für das Organ, das wir sind, haben kann.

Das Gedankenexperiment verhilft hier zur größeren Deutlichkeit. Denkt man sich etwa den Lebenslauf des Menschen stark beschleunigt, so daß er von der Geburt bis zum Tode nur ein Tausendstel des jetzt als hohes Alter angesehenen Zeitraumes zur Verfügung hätte, seine Pulsfrequenz aber tausendmal schneller wäre, so würde er eine völlig veränderte Welt besitzen. Er wäre schon im Ablauf einer Mondperiode ein hinfälliger Greis geworden, und nur der Tageslauf der Sonne wäre ihm ein langfristig periodisches Ereignis, die Phasengeschichte des Mondes aber etwas ganz Einzigartiges. Nicht zufällig erzählt Baer sei-

15 [Ebd.,] 255.

nen Zuhörern als Hauptinhalt der Erfahrung diese Geschichte des Himmelsanblicks des Einmonatswesens, das in seinem Alter berichtet: *Da ist ein herrliches leuchtendes Gestirn am Himmel, das sich erhebt und wieder senkt und dann längere Zeit wegbleibt, aber später doch immer wieder kommt, um Licht und Wärme zu verbreiten, denn ich sehe es schon zum neunundzwanzigsten Male. Aber es war noch ein anderes Gestirn am Himmel, das wurde erst, als ich ein kleines Kind war, und war zuerst ganz schmal und sichelförmig, dann wurde es immer voller und stand länger am Himmel, bis es ganz rund wurde und die ganze Nacht hindurch leuchtete, zwar schwächer als das Tages-Gestirn, aber doch hell genug, um den Weg deutlich zu sehen. Aber dieses Nacht-Gestirn wurde wieder kleiner und stieg immer später auf, bis es endlich ganz verschwunden ist. Mit dem ist es also vorbei, und die Nächte werden nun immer dunkel bleiben.*[16] Von den Jahreszeiten hätte dieser Einmonatsmensch gar keine Kenntnis, es sei denn, es gäbe eine astronomische und meteorologische Tradition über Generationen von seinesgleichen hinweg. Der letzte Winter, den einer seiner Vorfahren erlebt hätte, wäre in die Qualität dessen gerückt, was für uns die letzte Eiszeit gewesen ist, und die Geschichten darüber hätten vielleicht die Qualität der großen Mythen.

Führt man das Gedankenexperiment nochmals um ein Tausendstel der Zeit weiter, so ergibt sich eine Lebensdauer unterhalb einer Stunde, und es würden dann etwa die Pflanzen als unveränderliche Gestalten erscheinen, der Wechsel von Tag und Nacht bliebe unbekannt, und ein an einem Sommerabend lebender Philosoph würde aus der gegen den Horizont gerichteten Bewegung der Sonne und der damit verbundenen Abkühlung das zukünftige Ende der Welt und des Menschengeschlechts in Dunkelheit und Kälte vorherzusagen wagen. Diesem Beobachter würde die ganze organische Welt leblos erscheinen, die Bewegungen der Tiere würden für die rasche Folge seiner Augenblicke viel zu langsam sein, um sie unmittelbar wahrzunehmen; er könnte sie allenfalls aus zeitdistanten Beobachtungen erschließen, wie wir die Bewegungen der Himmelskörper nicht wahrnehmen, sondern erschließen, von solchen Ausnahmen wie dem Sonnenaufgang oder Sonnen-

---

16 [Ebd.,] 259f.

untergang abgesehen. Nur von seinesgleichen würde dieser Kurzzeitmensch wirkliche Lebendigkeit annehmen – oder auch nur erschließen?

Das Gedankenexperiment kann auch in der umgekehrten Richtung vorangetrieben werden, nämlich durch tausendfache Verlangsamung des Pulsschlages und entsprechende Vervielfältigung der Lebenszeit. Wir würden Wachstum wirklich sehen können, indem das Auge die Vergrößerung eines Pflanzen- oder Tierkörpers unmittelbar erfaßte. Manche Bildung, wie etwa die eines Pilzes, würde kaum noch verfolgt werden können. *Was aber das Gefühl von steter Veränderung am meisten in uns erregen müßte, wäre der Umstand, daß in den vier Stunden Sommerzeit ununterbrochen Tag und Nacht wie eine helle Minute mit einer dunkeln halben wechselte und die Sonne für unser Gefühl in einer Minute ihren ganzen Bogen am Himmel vollendete und eine halbe unsichtbar würde.*[17] Die Trägheit des optischen Organs würde sogar hinter der Sonne einen feurigen Schweif erscheinen lassen wie jetzt bei den nächtlichen Meteoren.

Eine nochmalige tausendfache Verlangsamung und Verlängerung würde selbst den Wechsel von Tag und Nacht unter die Schwelle der Wahrnehmbarkeit drücken, und der Sonnenumlauf würde als ein leuchtender Bogen am Himmel stehen. Es wäre dann *fraglich, ob solche Menschen Scharfsinn und wissenschaftliche Mittel genug hätten, zu erkennen, daß die Erde durch eine feurig glänzende Kugel erleuchtet wird, die mit großer Geschwindigkeit um sie zu laufen scheint, und nicht, wie der Augenschein aussagen würde, durch einen feurigen Ring, der sich nach den Jahreszeiten hebt und senkt und seine Leuchtkraft leicht verändert.*[18] Ein Kopernikaner unter diesen langlebigen Wesen hätte alle Mühe und Not, die optische Illusion aufzulösen, und einen unendlich langen Weg bis zu der weiteren Frage, ob die erschlossene schnelle Bewegung des Gestirns nicht nochmals eine der Erdumdrehung zuzuschreibende Illusion sei. Die Differenz von Phänomenalität und aufzudeckender Realität wäre also viel größer und klaffender, als es bei der kopernikanischen Desillusionierung der Fall war.

---

17 [Ebd.]
18 [Ebd.,] 266.

Was für uns Wirklichkeit ist und welche Bedingungen ein Gegenstand oder Prozeß erfüllen muß, um die Schwelle der Beweislast für seine Existenz überschreiten zu können, hängt von dem spezifischen Zeitmaß unserer Organisation, von dem, was von Baer die *Länge unseres Moments* nennt, ab. Und wohl nicht nur von der unseres Sinnesapparates, sondern auch von der unseres Stoffwechsels und unseres Kreislaufs. Die jetzt unser Leben und seine Notwendigkeiten bestimmenden Veränderungen verschwinden ebenso, wenn diese Zeitgröße als sehr klein, wie auch, wenn sie als sehr groß angenommen wird.

Gibt es nun innerhalb dieser *Wirklichkeit*sthematik auch noch die *Wahrheit*sthematik, also die der Angemessenheit des Wirklichkeitsrasters an den Gegenstand, der dadurch erfaßt werden soll? Karl Ernst von Baer, der Festredner bei der Eröffnung der Russischen Entomologischen Gesellschaft, bejaht diese Frage. Ohne Zweifel sei die aus dem größeren Maßstab hervorgehende Ansicht der Natur die der Wahrheit näher kommende. *Die Natur arbeitet mit unbegränzter Zeit in unbegränztem Raume. Der Maaßstab für ihre Wirksamkeit kann nie zu groß sein, sondern ist immer zu klein.*[19] Nimmt man den Maßstab nur groß genug, so gibt es überhaupt kein Beharren und keine Konstanz der Formen und Arten mehr; konstant bleiben nur die Gesetze, nach denen die Veränderungen sich vollziehen, und der Stoff, der alle diese Veränderungen durchläuft.

Mit Baers Gedankenexperimenten über die Abhängigkeit unseres Realitätsbezugs von der Größe unseres spezifischen Zeitmoments erschließt sich uns ein Modell für das Verhältnis der Realität von Dingen und von Prozessen, von Anschauungsbildern und physischem System. Sicher ist die Aspektbedingtheit dessen, was wir Realismus nennen dürfen, mit dieser Abhängigkeit von der Zeitgröße noch nicht erschöpft. Auch die Lage des Zeitpunktes von Erfahrung bezogen auf den Lebensablauf ist von Gewicht bei einem Wesen, welches Erinnerung besitzt und verarbeitet. Das gespannte Verhältnis der Jugend zur Realität von ›Fortschritt‹ ist gebunden an den ersten Hinblick auf eine Realität, die als solche keine Kenntnis vermittelt von den schon in ihr zurückgelegten Distanzen. Die Differenzen, die im Status einer gegenwärtigen

19 [Ebd.,] 268.

Wirklichkeit impliziert sind, lassen sich momentan nicht wahrnehmen. Man kann einem Zustand nicht ansehen, ob er ›fortgeschritten‹ ist, denn das heißt doch immer, welche Distanz zu ihm hin zurückzulegen war. Man lernt das aus der Geschichte, man kann es aus ihr wissen, aber nicht authentisch erfahren. Man braucht selbst eine zureichende Zeit zu solcher Autopsie der Erfahrung. Es gibt Leute, die darüber lachen, wenn gesagt wird, es gebe den Fortschritt wirklich. Sie haben nicht die Erinnerungen oder sie verleugnen sie, die um so langfristiger sein müssen, wenn bestimmte Gegebenheiten als fortgeschrittene überhaupt eingeschätzt werden können. Die Realität liegt ganz in der Differenz über die Zeit.

5. Dingrealität und Prozeßrealität – am Beispiel ›Fortschritt‹

Die Beleuchtungsverhältnisse innerhalb der Häuser und auf allen Straßen und Plätzen der Städte und Dörfer werden heute als etwas Selbstverständliches und Belangloses hingenommen. Kein Mensch nennt die Namen derer, die daran etwas erfunden und verbessert haben. Kein Mensch weiß genau oder kümmert sich darum, wie das Ganze gesteuert, verteilt und ausgelegt wird. Aber noch vor fünfzig Jahren konnte man jeden Abend in jeder Straße einen Mann mit einer Stange und einer kleinen Leiter in der Dämmerung gehen sehen, der die kleine Dauerflamme der Gaslaternen durch Ziehen an einem Ring mit Hilfe seiner Stange auf volle Leuchtstärke brachte und von Zeit zu Zeit auch die Glühstrümpfe auswechselte. Noch vor einem halben Jahrhundert gab es in fast allen Städten Stadtteile ohne Kanalisation, in denen die Fäkalien wöchentlich abgefahren wurden wie heute der Müll. Der Spucknapf und die Mahnung, nicht zu spucken, beherrschten das Bild öffentlicher Anstalten, Bahnhöfe und Ämter. Die Mittel zur Verhinderung von Infektionen, insbesondere Wundinfektionen, waren vor einem halben Jahrhundert in einem kaum noch erfaßbaren Rückstand. Schmerzzustände waren weithin noch unbeherrschbar. Die Straßen wimmelten noch von Menschen, die verkrümmt und verformt waren, weil man nach ihrer Geburt die Rachitis noch nicht in den Griff bekommen hatte. Die Langeweile war eine spezifische Qual für viele Menschen. Vor allem aber waren die Arbeitsbedingungen trotz Verkürzung der Arbeitszeit und Abschaffung der Kinderarbeit, trotz großer Erfolge der Mechanisierung von Arbeitsvorgängen auf vielen Gebieten noch grausam. Ich erwähne anstelle vieler anderer Beispiele den Straßenbau, die Verlegung der Schienenwege, das Transportwesen mit Kutschern, Heizern, Kohlentrimmern. Wer sich heute einmal angesehen hat, wie der Oberbau einer Eisenbahnstrecke in der Zeit vom letzten fahrplanmäßigen Zug abends bis zum ersten am Morgen über eine Strecke von mehreren hundert Metern erneuert wird, ohne daß ein Schweißtropfen fließt oder eine Schwiele entsteht, wird darin keine der technischen Großleistungen der Gegenwart vom Typus der Flugzeuge oder der Nachrichtensysteme sehen. Die Wirklichkeit solcher Fortschritte ist die Wirklichkeit von Differenzen, der Ungleichzeitigkeit. Zeit ist die Bedingung für den ›Realismus‹ hinsichtlich solcher Realitäten, die nicht momentan sind. Das ist der Grund dafür, daß wir ohne ein Verhältnis zur Geschichte bald wieder Barbaren sein werden.

a. Die Überdistanz des ›tertiären Bereichs‹ und seine Realitätsentfremdung

Wenn die Distanz eines persönlichen Lebens nicht ausreicht, Veränderungen am Prospekt der Lebenswelt überhaupt als Differenzen zwischen Erinnerung und Gegenwart festzustellen, kann die Geschichte den Zeitraum der Erfahrung gleichsam vergrößern, um bemerkbare Veränderungen hervortreten zu lassen. Die geschichtliche Zeit wirkt als Verstärker für den Kontrast des Gegebenen. Aber dies nur, wenn der Zugang zu einer identischen Realitätsregion überhaupt erhalten bleibt und Geschichte nicht schon die Veränderung der Lebensdistanz selbst bedeutet. Denn Differenzen können nur dann in Erfahrung gebracht werden, wenn die Distanzen nicht wesentlich verändert werden. Sonst besteht die Gefahr der Substitutionsbildung für eine unbekannt gewordene Realität – unbekannt geworden durch Verlängerung und Überdehnung der Vermittlungswege. Was von Fourastié der ›tertiäre Bereich‹ genannt worden ist, ist zugleich eine Position großer Entfernung von derjenigen Realitätssphäre, in der so etwas wie Fortschritt überhaupt stattfindet. Wer morgens in sein Büro geht, um den Tag mit der Erzeugung von Schriftstücken oder gar von Vorschriften für die Erzeugung von Schriftstücken zu verbringen, kommt zwar in den Genuß einiger technischer Erleichterungen, aber am Kern seiner Arbeit – der Produktion von Akten und Vermerken und Erlassen durch Hirntätigkeit – hat sich seit Menschengedenken wenig oder nichts verändert oder gar verbessert. Auch die Arbeitsbedingungen des Lehrers haben vom Fortschritt kaum profitiert, eher wird er die Verwirrungen der verwissenschaftlichten Theorie des Lehrens ertragen müssen. Kein Wunder, daß in diesem tertiären Bereich eine hämische Überheblichkeit gegenüber den Leistungen von Wissenschaft und Technik Platz gegriffen hat, ein leichtfertiges Vergleichen zwischen den gegenwärtigen Annehmlichkeiten und den nebenher produzierten Belästigungen und Gefahren. Mit der allgemeinen Verachtung von Geschichte bleibt die Differenz in der Zeit unbeachtet. Die Abhängigkeit des Intellektuellen in seinem Lebensgenuß vom Ertrag des Fortschritts ist fast so gering wie die des neuerdings bemerkbar gewordenen quartären Bereichs, in welchem Existenz ausschließlich von den Abfällen der Leistungsgesellschaft ohne Gegenleistung möglich geworden ist, also eine durchaus parasitäre Daseinsform. In der Lebenswelt der intellektuellen Dienste kann man es sich leisten oder glaubt es sich leisten zu können, von der Abhängigkeit gegenüber dem primären und erst recht dem sekundären Bereich keine Notiz zu nehmen. Man substituiert das Elend dort als Rechtfertigung für zusätzliche Angebote von befreienden und leitenden Diensten, indem man sich zur Avantgarde des rhetorischen Mitleids stilisiert.

Der späte Großerfolg von Marx bei den westeuropäischen Intellektuellen beruht darauf, daß seine Theorien genügend wenig mit der gegenwärtigen Realität zu tun haben, um eine sinnvolle Beziehung jener auf diese überhaupt noch herstellen zu können. Die Voraussetzungen der Theorie von Marx können für eine unbekannte Realität substituiert werden; so werden Verelendungsprozesse erfunden, ohne die Dialektik nicht funktionieren kann, und konjunkturelle Schwankungen zu großen Krisenanfälligkeiten stilisiert. Es ist der Typus einer neuen Scholastik, die aus dem Begriff deduzieren kann, was wirklich sein muß, und deshalb die Beziehung von Wirklichkeit und Erfahrung einsparen kann. Der beamtete Intellektuelle lebt nicht mehr spürbar von der Arbeit anderer, da er aus dem Steuerabzug vom Ertrag der Arbeit anderer besoldet wird. Diese höchst mittelbare Abhängigkeit setzt ihn instand, die Instanzen seiner Abhängigkeit frei zu konstruieren, das romantische Subjekt der ursprünglichen Produktion dort, das verächtliche Subjekt des Zwingherrn Staat hier.

Es ist eine melancholisch stimmende Feststellung, daß die Erfahrung von der Tatsächlichkeit und von der Lebensbedeutung des Fortschritts, des technischen zumal, an Aspektbedingungen gebunden ist, die zunehmend mehr Zeitgenossen fehlen. 1971 wurde eine akademische Veranstaltung zum Thema ›Sprache und Wirklichkeit‹ durch einen Festakt eröffnet, auf dem ein prominenter bayrischer Politiker sagte: *Wenn heute über Realitäten gesprochen wird, weiß man, daß die Wirklichkeit nicht gemeint ist.* Der Plural von Realität eignet sich offenkundig dazu, das eigentümliche Phänomen der Unterstellung von Konstruktionen für die nicht mehr erreichte oder erreichbare Wirklichkeit auszudrükken. Merkwürdigerweise geht das mit dem Ausdruck ›Wirklichkeit‹ selbst nicht; es sind die viel leichter pluralisierbaren ›Realitäten‹, die anstelle der Wirklichkeit getreten sind.

b. Quantitative Bedingungen für den Realitätszugang im Nahbereich: Vier Beispiele aus der Ethnomethodologie

Die Wirklichkeitsdistanz wird in unserer Zivilisation nicht nur durch temporale und soziale Bedingtheiten vorgegeben und vergrößert. Auch im Nahbereich unserer Erfahrung sind bestimmte Ausfälle zu registrieren, die zumindest die Intensität von Gegebenheiten elementarer Art vermindern. Dafür möchte ich vier Beispiele geben.

Erstes Beispiel. Unser Bild von den Einflüssen, die das Verhalten von Menschen oder deren Disposition zu Reaktionen bestimmen, wird zunehmend weniger durch eine der intensivsten Erfahrungen über Verhalten beeinflußt, die es für Menschen gibt: durch die Erfahrungen mit ihren eigenen Kindern. Wer infolge der Rückläufigkeit der Proliferationsrate an der Intimität dieser möglichen Erfahrung überhaupt nicht mehr teilnimmt, weil er durch den chemisch leicht vollstreckbar gewordenen Entschluß nicht teilzunehmen bereit ist, wird Behauptungen und Theorien über die das Verhalten bestimmenden Faktoren eher glauben und ernst nehmen, die von Autoritäten, insbesondere wissenschaftlichen, darüber aufgestellt werden. Der Vermittlungsweg solcher Theoreme wird länger. Man darf sich nicht wundern, daß auf diesem Gebiet heute so viel von teilweise phantastischer Art aus zweiter und dritter Hand akzeptiert wird, weil es an authentischer Umgangserfahrung mit Kindern fehlt. Das ganze spekulative Gebäude über die frühkindliche Sexualität und deren lebenslange Nachwirkungen hat die Voraussetzung einer auf Fremdinformation überwiegend angewiesenen Öffentlichkeit. Dazu gehören solche Mystifikationen wie die Latenzphase nach der Frühsexualität, der Ödipuskomplex, der Penisneid, der Kastrationskomplex und wie diese schönen Dinge weiter heißen mögen, die bei aller systematischen Großartigkeit der Erfindung etwas von der theoretischen Qualität der Welteislehre haben.

Zweites Beispiel. Auch bei denen, die überhaupt zur Proliferation bereit sind, nimmt die Zahl der Nachkommen ab. Nun lassen sich aber viele Erfahrungen in einer Einkindfamilie einfach nicht machen, weil sie im harmlosen Akt des Vergleichens sowohl der Kinder untereinander als auch dieser mit Eltern und Großeltern bestehen. Hier wurzelt eine der umstrittensten, auch politisch brisanten Streitfragen der Gegenwart, die nach der Abhängigkeit der Eigenschaften der Kinder von den Faktoren Vererbung und Umwelt. Nur an eigenen Kindern wird die Frage überhaupt akut und läßt sich beobachten, welche Differenzen im identischen Milieu der Aufzucht und des Aufwuchses überhaupt möglich sind und in welchem Maße Konkordanzen zu Eltern oder Großeltern auftreten. Kein außerfamiliärer Beobachter kann solche Feststellungen der alltäglichen Differenzierung machen oder überprüfen. Wir haben unverkennbar eine Neigung dazu, eher den Milieutheorien als den Vererbungstheorien zu glauben. Die Umwelt ist eine prinzipiell verfügbare Größe, wie genetische Faktoren es nicht sind und nicht werden können. Wir halten uns im Prinzip für Herren unseres menschlichen Schicksals, solange wir das Übergewicht der Verantwortung für Lebensgang und Lebensart der Umwelt zuschreiben. Diese Neigung macht uns für die Milieutheorien um so leichter ansprechbar, je weniger ihnen authentische Erfahrung entgegensteht. Die Statistiker mit ihrer Auswertung überwiegend äußerlicher Daten aus der Zwillingsforschung erinnern uns eher an eine abseitige Sonderlichkeit der Natur. In Mehrkinderfamilien gibt es, wie man leicht in Gesprächen feststellen kann, wenig Zweifel am determinierenden Übergewicht der Vererbung über die Umwelt, auch wenn erziehungswillige und erziehungsintelligente Eltern dies nur ungern eingestehen. Insofern ist das Einzelkind das bemitleidenswerte Demonstrationsobjekt hypertropher Erziehungsspekulationen geworden: Was auch immer aus ihm wird, es ist unwidersprechlich das Produkt seiner Umwelt, des an ihm exekutierten Rousseauismus.

Drittes Beispiel. Die schon erwähnte Distanz der sozialen Produktions- und Dienstbereiche voneinander und vor allem des Dienstbereichs gegenüber den Produktionsbereichen hat auch ihren familieninternen Aspekt. Die temporäre Entfernung von diesen Stufen innerhalb von Familiengeschichten und Verwandtschaftsverhältnissen wächst ständig. Immer weniger Leute haben einen Vater oder Großvater, der Landarbeiter oder Bergarbeiter gewesen ist oder noch ist. Wir haben also tatsächlich immer weniger Gelegenheit, von Personen in intimeren Gesprächsformen zu erfahren, wie es ist, elementare Leistungen der Produktion von Nahrungsmitteln und Rohstoffen auszuführen und in den eigenen Lebensbedingungen weitgehend durch deren Arbeitsumstände bestimmt zu sein. Das wiederum erleichtert die Disposition dazu, Schablonen zu übernehmen, die dafür angeboten werden und nicht zuletzt von Interessenvertretungen angeboten werden, die als solche tabuisiert sind. Das ganz und gar Fremde ist am ehesten das, was uns als unerträgliche Alternative zu unserer eigenen Existenz erscheint. In dieser Distanz zu dem ganz und gar Unerträglichen im Zusammenhang unserer Lebensbedingungen wurzeln Schuldgefühle von der Art, wie sie durch das Bewußtsein unzureichend begründeter Ausnahmen entstehen: Wer über seinen Büchern sitzt, fühlt sich kontingent bevorzugt gegenüber dem, dessen alltäglichen Broterwerb er nicht überstehen zu können glaubt.

Viertes Beispiel. Im Bereich der tertiären Leistungen, auf den sich die Arbeitskraft mehr und mehr verlagern wird, gibt es seit langem Inzuchten über Generationen hinweg, Dynastien von Pfarrern, von Professoren, von Juristen; in ihnen gedeiht die Überschätzung der Möglichkeit und Wirklichkeit intellektueller Handlungen. Solche Handlungen haben nicht nur die Gestalt von Theorien, von Erziehungsinhalten, von geschriebenen Büchern, von erstellten Gutachten und Beratungspapieren, sondern auch und vorzugsweise die der ›Beschlüsse‹ und ›Entschließungen‹ jeder Art und in allen Formen von Herbeiführung. Der Grenzwert dieser Überschätzung ist: Hier und heute, in diesem Gremium und durch diesen Akt, wird Geschichte gemacht, Veränderung bewirkt, Richtung gewiesen. Dem entsprechen die Erfolgserlebnisse, die daraus resultieren, Gelegenheiten zu finden oder zu schaffen, eine Gruppe von Menschen zu einer Resolution zu bewegen. Dabei weiß jeder, wenn er es nur wissen will, was aus solchen Resolutionen schon am folgenden Tag geworden ist. Das Erfolgserlebnis in seiner ganzen Künstlichkeit ist die einzige Realität; aber sie motiviert die Bereitschaft dazu, in Vereinen, Verbänden und Parteien tätig zu werden, mit einem Modewort: sich politisieren zu lassen. Zugleich aber wird mit der Erreichbarkeit solcher Erfolge der Realismus hinsichtlich dessen, was ein ›Erfolg‹ wäre, zunichte gemacht.

Eine solche Aussage richtet sich nicht gegen die eher triviale Prämisse, es sei der Mensch, der die Geschichte macht. Dieser Satz ist so richtig wie die daraus fließende Folgerung falsch, dann müsse er auch bewirken können, was er wolle, und verändern können, was er einmal gewollt habe. Aber ein transzendentaler Erkenntnistheoretiker kann sogar meinen, die Abhängigkeit der Gegenstände der Erkenntnis von Bedingungen und Handlungen des Subjekts der Erkenntnis enthalte schon eine andere Freiheit gegenüber allen Objekten als die des durch seine Gegenstände ausschließlich bedingt geglaubten Realisten; aber eine Theorie der Bedingungen, die das Subjekt seinen Gegenständen stellt, damit sie seine Gegenstände sein können, ist kein Sprung in irgendeine Praxis oder Freiheit zu einer solchen, denn das Subjekt, das die Bedingungen stellt, hat nicht den geringsten Einfluß auf die Bedingungen, die es stellt, denn sie sind die notwendigen Bedingungen seiner eigenen Selbsterhaltung. So etwas ist reine ›Professorenpraxis‹, und es ist nur eine ironische Gerechtigkeit des Zeitgeistes, daß alle Theoretiker solcher Praxis schnell zu Professoren ernannt werden.

Nicht alles, was gemacht werden kann und gemacht worden ist, entspricht den Absichten dessen, der es machen will und gemacht hat – und das gilt am meisten dort, wo nicht Dinge oder physische Prozesse gemacht werden, sondern die intendierte Wirklichkeit den Charakter der Situation, der Lebensform, der Arbeitsbedingung, der Daseinsqualität oder gar der Daseinserfüllung der Menschen haben soll. Glück zu machen ist noch nie gelungen, weil der, der es zu machen beansprucht oder vorgibt oder verspricht, nicht wissen kann, was der, für den er es zu machen hätte, als Glück empfindet und als ihm gemachtes Glück anerkennt. Nichts ist beim Geschichtemachen so wenig ›realistisch‹ wie die guten Absichten oder die exakte Planung. Viel wichtiger, aber auch durch Absicht und Planung leicht zu verhindern ist die schnelle Rückmeldung über das, was bei der jeweiligen Handlung tatsächlich herausgekommen ist, und die darauf eingesetzte Rücksteuerung auf dieses Resultat. Schnelle Einstellung auf partielle Resultate ist am ehesten Realismus, aber auch das, was dessen Gegner Pragmatismus nennen und worin sie das Fehlen von Grundsätzlichkeit, Moral und langfristiger Perspektive beanstanden. Aber wie soll Langfristigkeit des Verhaltens in eine Wirklichkeit passen, deren intensive Veränderung gerade das stärkste Argument für diejenigen hergegeben hatte, die die Beweislast für langbewährte Verhaltensregeln auf die Seite dieser Behauptung verlagert hatten, nun aber ihrerseits Langfristigkeit und Prinzipientreue verlangen? Hier erweist sich, daß das Argument mit der hochliquiden Realität gegen alle Konstanten nur neue Konstanten anderer Herkunft begünstigen will.

IX
Der Realist als Indexfigur für Realismus

1. Was für den Historiker und was für den Physiker ›Tatsache‹ ist: Einzigkeit und Wiederholung als Antithesen

Der englische Historiker Carlyle (1795-1881) hat gesagt: *Nur die Tatsache hat Bedeutung. Johann ohne Land ist hier vorbeigegangen. Das ist bemerkenswert, das ist eine tatsächliche Wahrheit, für die ich alle Theorien der Welt hergeben würde.* Dies zitiert der französische Mathematiker Henri Poincaré und fügt hinzu, Carlyle sei ein Landsmann von Bacon gewesen und wie dieser habe er Wert darauf gelegt, seinen Kult *for the God of Things as they are* zu betonen. Aber Bacon hätte derartiges nicht gesagt haben können, denn es sei die Sprache des Historikers. Der Physiker dagegen würde etwa sagen: *Johann ohne Land ist hier vorbeigegangen; das ist mir sehr gleichgültig, weil er nicht wieder vorbeikommt.*[1]
Wenn man diesen Vergleich einschließlich seiner historischen Voraussetzungen akzeptiert, wird man sich doch fragen, ob es die schiere professionelle Willkür und Beschränktheit sei, die den Historiker und den Physiker zu so extrem verschiedenen Feststellungen von dem gelangen lassen, was bedeutsam ist. Die historische Tatsache, auch wenn sie kein Ereignis im Sinne einer gestaltenden Handlung von irgendwelcher Auswirkung ist, ist ausgezeichnet durch ihre Einzigkeit, die sie gerade dem Physiker so *gleichgültig* macht, daß sie für ihn nicht existiert: Vorbeigehen hier ist keine physikalische Tatsache. Das, was niemals zuvor geschehen ist und niemals nachher wieder geschehen wird, aber zuverlässig feststellbar ist, hat die Qualität völliger Unabhängigkeit von den Erwartungen und Wünschen derer, die diese Wirklichkeit bezeugen und aussagen. Würde der Monarch alltäglich auf seinem Spaziergang zur sel-

1 [H.]Poincaré, Wissenschaft und Hypothese. Leipzig 1904, 143.

ben Zeit an derselben Stelle vorbeikommen und dort von Zuschauern bereits erwartet werden, so wäre dies zwar nicht weniger tatsächlich, aber von so geringer Bedeutung wie die Aussage, daß er jeden Morgen frühstücke. Eine Tatsache ist noch kein Ereignis, und ein Ereignis ist dies vielleicht nur, insofern es Index eines Zustands ist, der auch intermittierend sein kann – und als solcher ist er die Bedingung der Möglichkeit einer regelmäßig wiederkehrenden, voraussagbaren ›Tatsache‹. Die Wirklichkeit des logischen Empiristen ist letztlich die eines Zustandes, wie die des Historikers auch. Nur drei Bahndaten benötigt der Astronom für einen Kometen, um dessen ›Zustand‹ als Bahnfigur zu bestimmen und ihn damit zur ›Realität‹ zu *machen*. Aber auch der Historiker benötigt immer nur einen Bruchteil der Fakten, die denkbar wären und ›da waren‹.

Die physikalische Tatsache impliziert eine Regel. Davon, daß die Regel besteht und theoretisch festgestellt werden kann, hängt die Möglichkeit dieser Wissenschaft ab. Aber auf welche Gegenstände sich die Regel bezieht, ist völlig gleichgültig. Es macht zwar Eindruck, daß die Astronomie nicht nur die Phasen des Mondes und seine Verfinsterungen exakt vorhersagen kann, sondern jede beliebige Stellung des Mondes zu jeder beliebigen Zeit in Vergangenheit und Zukunft; aber die Tatsache des Mondes selbst, daß es ihn überhaupt gibt und daß er unter den Phänomenen des irdischen Nachthimmels seit je das Interesse des Menschen gefesselt hat, ist theoretisch völlig gleichgültig. Die Erde ohne ihren Mond, das würde für die astronomische Theorie im ganzen gar keine Differenz bedeuten. Nur daß der Erdtrabant, da nun einmal vorhanden, bestimmten Gesetzen so genau gehorcht und jede Abweichung nur Anlaß dazu gibt, nach bis dahin noch unbekannten Gesetzmäßigkeiten zu forschen, bestimmt das Verhältnis zwischen theoretischer Erwartung und Erfahrung. Je besser die astronomische Theorie arbeitet, je genauer ihre Gegenstände die durch ihre Berechnungen ausgelösten Erwartungen erfüllen, um so unwichtiger wird die *Existenz* ihrer Gegenstände: Da wir über die Bahnbewegungen des Mondes nun alles wissen, was zu wissen ist, braucht nicht einmal mehr hingesehen zu werden, ob er die Erwartungen wirklich noch erfüllt. Diese Erwartung selbst bestand nur so lange, wie Ungewißheiten mit der Theorie verbunden waren. Könnte ein Gott die Existenz des Mondes aufheben und nur für die Dichter noch ein Phantom übriglassen, würde sich an dem Status der astronomischen Theorie nichts ändern.

2. Realität abhängig vom Grad der Unabhängigkeit vom Subjekt

Solcher Realitätsschwund ist am historischen Gegenstand nicht möglich. In der Geschichte ist das, was jemals noch geschehen kann, von nicht geringerer Qualität der Wirklichkeit als das, was längst geschehen und nicht mehr zu ändern ist. Dem Subjekt in der Geschichte wird nichts geschenkt dadurch, daß es schon so viel Geschichte gegeben hat. *Realität besteht im Grad der Unabhängigkeit vom Subjekt.* Wird diesem erfüllt, was es erwartet, so verliert die Realität an Unabhängigkeit, auch wenn, was geschieht, unabhängig von der Erwartung geschieht, diese jenem gegenüber zufällig ist. Die Realität scheint ihre Widersetzlichkeit gegen das Subjekt in reiner Unterwürfigkeit gegenüber seinen Regeln aufgegeben zu haben. Natur als ein Inbegriff dessen, was sich den Erwartungen und Bedürfnissen des Subjekts nicht fügt oder noch nicht gefügt hat, was in der Funktion als Genußmittel nicht völlig aufgeht, ist zugleich der Inbegriff von Realität als wahrnehmbarer Unabhängigkeit vom Subjekt. So hat auch Freud sein Realitätsprinzip konstruiert: als Inbegriff der Nötigungen und Anerkennungen, die dem psychischen Apparat gegen seine Beherrschtheit vom Lustprinzip, von seinen Wünschen und Erwartungen, abgenötigt werden. Realität ist Rücksichtslosigkeit gegen Subjektivität.

In den »Geschichten vom Herrn Keuner« schreibt Bertolt Brecht: *Befragt über sein Verhältnis zur Natur, sagte Herr K.: ›Ich würde gern mitunter aus dem Hause tretend ein paar Bäume sehen. Besonders da sie durch ihr der Tages- und Jahreszeit entsprechendes Andersaussehen einen so besonderen Grad von Realität erreichen. Auch verwirrt es uns in den Städten mit der Zeit, immer nur Gebrauchsgegenstände zu sehen, Häuser und Bahnen, die unbewohnt leer, unbenutzt sinnlos wären. Unsere eigentümliche Gesellschaftsordnung läßt uns ja auch die Menschen zu solchen Gebrauchsgegenständen zählen, und da haben Bäume we-*

nigstens für mich, der ich kein Schreiner bin, etwas beruhigend Selbständiges, von mir Absehendes, und ich hoffe sogar, sie haben selbst für den Schreiner einiges an sich, was nicht verwertet werden kann‹.[2] Es gibt eine ganze Skala der verminderten Realität, vom bloßen gefügigen Werkzeug bis hin zum Trauminhalt, der ebenfalls eine verkappte, zensierte Form der Wunscherfüllung und daher der äußersten Irrealität ist. Träume sind als Negate von Realität in unserer Sprache und Denkweise geradezu exemplarisch. Träume seien die getreuen Interpreten unserer Neigungen, schreibt schon Montaigne. Dagegen spricht auch nicht: Was sich nicht träumen läßt, hat keine Wirklichkeit.[3]

a. Fallstudie: Messianischer Traum und Judas-Realismus

Realismus ist immer dann als er selbst am deutlichsten ausgeprägt, wenn er sich gegen den Traum wendet, sich von ihm abwendet. Das gilt auch für Tagträume, für Utopien – soweit sie nicht Extrapolationen oder Negationen sind –, schließlich für den Messianismus.

Hier ist daran zu erinnern, daß die christliche Dogmengeschichte der ersten Jahrhunderte eine Geschichte der Abwehr jeder Unterstellung ist, Gott hätte seine Heilsabsicht mit dem Menschen auch durch ein nur scheinbares und scheinhaftes Auftreten des Heilbringers in Menschengestalt bewirken können. In diesen Auseinandersetzungen wird ein Begriff von Realität und Realismus abgegrenzt und verfeinert, den die Antike nicht gekannt hatte und an dem sie ganz desinteressiert gewesen war.

Dieser Realismus wird in der Antithese von paganer Metamorphose und christlicher Inkarnation herangebildet. Es ist nicht nur die Hauptsorge um die Wirklichkeit des durch eschatologische Naherwartung

---

2 [B. Brecht, Geschichten vom Herrn Keuner. Frankfurt a.M. 2004, 13.] In einem anderen Sinne hat Brecht in dem Text »An die Nachgeborenen« über Bäume geschrieben: *Was sind das für Zeiten, wo ein Gespräch über Bäume fast ein Verbrechen ist, weil es ein Schweigen über so viele Untaten einschließt?* [Ders.: Gedichte – ausgewählt von Autoren. Frankfurt a.M. 1975, 26.]

3 [H.E.] Nossack, [Pseudoautobiographische] Glossen[. Frankfurt a.M. 1971], 17.

nicht bestätigten Heilsgewinns. Es ist auch, wenn nicht vor allem, die Auseinandersetzung mit der Unterstellung der Gegner des Christentums, dieses vertrete so etwas wie die trügerische Erscheinung des Gottes in Menschengestalt von der Art, wie sie die Philosophie am Mythos der Jupiter und Genossen überwunden zu haben glaubte, also das frivole Spiel des Gottes mit den Menschen in seinen Metamorphosen. Deshalb muß erst hier der Wirklichkeitsbegriff des Mythos endgültig ausgestochen werden. Wenn man sieht, in welcher terminologisch lässigen und weiträumigen Weise die Gestalt des Heilbringers in den neutestamentlichen Schriften bestimmt ist, wird leicht klar, welche geringen Realitätssorgen hinter dieser Unbestimmtheit stehen.

In der akuten Heilskrise schien es auf Realismus nicht anzukommen. Aber es war klar, daß der biblische Sohn Davids, der Gesalbte, der Sohn des Menschen, der Gottessohn, beim Eintritt in die hellenistische Welt unter die Kritik aller Philosophie an den Listen, Täuschungen, Lügen der Götter und ihrem Mißbrauch der Macht geraten würde. Diese Kritik am Mythos zwang die entstehende Dogmatik zum Realismus der Inkarnation des einen, ihres Gottes. Es war die einzig mögliche Position, die in der gegebenen Lage bezogen werden konnte: die der Erhabenheit einer mehr und mehr auf philosophische Rechtfertigung und damit Begrifflichkeit angewiesenen Verkündigung über jeden Verdacht, noch einmal *den* Mythos oder *einen* Mythos zu bringen. Daraus kommt die traumatische Abwehr der ersten Jahrhunderte gegen jeden Hauch von Illusionismus und Doketismus.

Selbst der gnädige Schein war nicht zugelassen. Wie sehr zugunsten der Menschen es auch in der Gnosis sein mochte, daß die Menschgestalt des leidenden Heilbringers die übermächtigen Dämonen und Archonten überlisten kann. Die Gnosis ist eben nichts anderes als die geschichtliche Formation, die selbst in dieser Lage noch oder wieder den Mythos riskieren zu können glaubt, weil sie seiner überlegenen Disposition für die menschliche Fassungskraft vertraut. Der gnostische Demiurg ist ein Betrüger gegenüber dem Menschen, aber der Heilbringer muß es in der Konfrontation mit dem Demiurgen nicht weniger sein, wenn er seine Sache gewinnen lassen will. Es ist schon deshalb ganz richtig und unvermeidlich zu sagen, daß die Gnosis in ihrem Kern, in den Bedingungen ihrer Möglichkeit, kein Produkt der hellenistischen Philosophie, zumal ihres Platonismus, sein kann. Aber sie hat das Sensorium dafür unvergleichlich geschärft, was ein Realismus der Heilsinstitutionen jetzt zu erbringen hatte, welche Garantien darzustellen waren in der Ausbildung der Lehren von Rechtfertigung, von Sakramenten, vor Naturen und hypostatischer Union. Vor allem aber gilt, daß die Inkarnation, wie reell auch immer, *keine Episode* sein darf wie die Metamorphose. Gestalt und Natur, die der Gott annimmt, sind nicht provisorisch und instrumentell, sondern sein eigenes bleibendes Schicksal. Die letzte Konsequenz daraus – und damit die letzte Steigerung des Realismus der Inkarnation – wird erst in der Scholastik gezogen werden, wenn die ewige Prädestination des Gottessohnes zur Menschwerdung in Frage steht und umstritten wird. Was doch nichts anderes bedeutet, als daß diese Entscheidung unabhängig vom Verhalten des Menschen und von der Geschichte des Menschen gefallen war. Alles kam auf den Realismus der Erwartung an, daß dieser neue Pakt zwischen Gott und den Menschen der letzte und endgültige sei und nicht wie frühere Pakte und Bundesschlüsse widerrufen werden könne, weil die eine Seite die Bedingungen nicht zu erfüllen vermochte. Der neue Pakt beruhte nicht auf Bedingungen, sondern auf der Unwiderruflichkeit einer einzigen Realität, der der Inkarnation. Darin unterscheidet sich der Wirklichkeitsbegriff des Theologumenon von dem des Mythologems, welches immer offenhält, daß *alles noch alles werden kann* wie Proteus. Und Gnosis eben ist nichts anderes als die Geistesform, die daraus entsteht, daß die Lizenz zum Mythos noch offengehalten wird. Irenäus von Lyon hat für die christologischen Mythologeme der Gnostiker die gemeinsame Grundformel gefunden; nach ihren Lehren sei Jesus durch Maria nur hindurchgegangen, wie Wasser durch eine Röhre fließt: *dicunt Jesum, quem per Mariam dicunt pertransisse, quasi aquam per tubum …*

Der Realismusbedarf eines theologischen Systems, dessen Kernaussage ist, der Heilbringer sei schon angekommen und in seiner ganzen Zuverlässigkeit unentwegt präsent, ist angesichts der bleibenden Weltzustände und angesichts des Bewußtseins des Menschen von sich selbst unvergleichlich groß. Ihm genügt der Gott nicht, der das Wunder wirkt, es braucht nochmals den Gott, der den Glauben an das Wunder bewirkt. In ihm erst steckt der Entwurf jener Garantie, die im Wirklichkeitsbegriff des Mittelalters ausgebildet wurde in seiner Vorstellung der *veritas ontologica* als dem Konzept der dritten Instanz neben oder über Subjekt und Objekt. Erst die verurteilten Häretiker lernten, was es heißt, am Realismus dieser verbürgtesten Realität zu rütteln, sie abzuschwächen, sie zu degradieren.

Welch unschätzbarer Vorteil dagegen für ein dogmatisches System, welcher historischen Herkunft und Benennung auch immer, das die Ankunft des Messias erst erwartet und verheißt. In unbestimmter Ferne möglichst, damit es keine Realität geben kann, die die Stärke des Wunsches und der Hoffnung zerbricht. Dann kann noch der Dämon der Unterdrückung, wie in Goethes Festspiel »Des Epimenides Erwachen« im orientalischen Despotengewand sich die Formel zueignen: *Das Paradies, es tritt herein!* Denn so hat schon Hobbes, einer der Begründer des neuzeitlichen Typs von Realismus, das Prinzip Hoffnung glossiert: *Ad spem sufficiunt etiam levissima argumenta. Imo res, quae ne animo quidem concipi potest, sperari tamen potest, si dici potest.*[4]

Da gibt es also immer die Leute, die nicht mithoffen wollen; sind sie die Verräter? Oder sind sie die Realisten? Oder ist dies gar keine vollständige Disjunktion? In der Gestalt des Judas Iskariotes, des Manns aus Karioth, beobachten wir eine Figur dieser ungelösten Doppeldeutigkeit. Wir werden nie erfahren – aber es ist eine der möglichen Vermutungen –, ob Judas neben Jesus der Typus des Realisten war. Daß er die Kasse der Apostel verwaltete und für die Silberlinge des Verrats anfällig war, hat ihn diskriminieren sollen. Es deutet aber darauf hin, daß es der realistische Zug an ihm gewesen sein kann, der ihn den übrigen entfremdete. Als es messianischer Ernst zu werden drohte, nach dem Einzug Jesu in Jerusalem, der alle Züge einer großen Illusion an sich trägt, springt der Iskariote ab. Die theologische und legendarische Betrachtung dieses Verrats – von dem wir noch nicht genau wissen und niemals genau wissen werden, worin eigentlich er bestanden hat – befand sich in der Verlegenheit, einen Menschen für eine Handlung verurteilt zu sehen und verurteilen zu sollen, die zugleich von heilsgeschichtlicher Notwendigkeit und damit segensreicher Wirkung für die ganze

4 [T. Hobbes, De homine. In: Ders., Opera philosophica quae latine scripsit. Hrsg. v. W. Molesworth. London 1839. Bd. II,] c[aput] 12[,] 106.

Menschheit sein sollte. Diese Verlegenheit hat es dem Blick der christlichen Jahrhunderte entzogen, daß in dem Vorgang des Abspringens nach dem politischen Einzugsritual in der Stadt der Könige von Juda das Recht eines Mannes auf seinen Realismus stecken konnte. Er hätte sich sicher bestätigt gefunden, wenn er das Ausbleiben der großen Naherwartungen erlebt und den bescheidenen Ersatz der Erscheinungen des am Kreuze Gestorbenen vor seinen Jüngern hätte hinnehmen müssen. Man kann sich vorstellen, daß er mit dem Zweifel länger standgehalten hätte als jener ungläubige Thomas.

Wie ist das von der christlichen Tradition verarbeitet worden? Vielleicht noch interessanter ist, wie die rabbinische Polemik gegen das Christentum die Person des Judas gesehen hat. In den Notizbüchern Voltaires findet sich ein Auszug aus dem rabbinischen Apokryphon ›Todos Joschut‹ – und dies wird die antichristliche Fassung der Geburtsgeschichte Jesu ›Toldoth Jeschu‹ gewesen sein –, in der neben einer Art sozialrealistischer Fassung der Herkunft Jesu – von der Voltaire an anderer Stelle, nämlich im zehnten Kapitel seiner »Wichtigen Untersuchung von Mylord Bolingbroke« von 1767 ausgiebigen Gebrauch macht[5] – auch eine eigentümliche Beleuchtung der Gestalt des Judas enthalten ist. Voltaire wird sie sich – unabhängig von den großen Absichten seiner Kritik am Christentum – nicht ohne Wohlgefallen notiert haben, denn sein eigenes Verhältnis zum Geld war das des Realisten: auf seinen Forderungen zu bestehen.

Es heißt im Auszug Voltaires: Jesus, Petrus und Judas hatten einmal nichts als eine einzige Gans zu essen. Das ist zu wenig, sagte Jesus, legen wir uns schlafen, und die Gans soll essen, wer dabei den schönsten Traum hat. Ich habe geträumt, sagt nachher Petrus, ich wäre im Himmel und zur Rechten Gottes. Und ich träumte, sagt Jesus, daß du zu *meiner* Rechten säßest. Ich, sagte Judas, habe geträumt, ich hätte die Gans gegessen. Und er hatte es.

Das ist eine unvergleichlich gut erfundene Verspottung der messianischen Träume. Sie kommt aus einer Vorsicht heraus, die es gegen ihre eigenen voreiligen Ketzer immer vermieden hat, an dem Noch-nicht-

5 [Voltaire,] Kritische und satirische Schriften[. Übers. v. K. A. Horst, J. Timm und L. Ronte. München 1970,] 285.

gekommen-Sein des Messias rütteln zu lassen. Man kann die Geschichte auf verschiedene Art lesen. Auch so, daß Judas die Bedingung des schönsten Traums ohne weiteres für sich erfüllt sah und den Preis dafür angesichts des sicher bevorstehenden Streits mit den Illusionisten schon vorweggenommen hatte. Aber natürlich auch so, daß er das reelle Erlebnis in die Konkurrenz um den schönsten Traum einbringt, weil er sicher ist, daß die beiden anderen in ihrer Fähigkeit der Verwechselung von Traum und Wirklichkeit auch hier ihren Augen nicht trauen werden. Aber wer würde in einer anderen Umgebung als dieser zum Realisten den ernennen, der nur seinem eigenen Hunger den Vorrang vor dem der anderen gegeben hat? Diese anderen, die ihm schon durch die Empfehlung überhaupt suspekt geworden sein müssen, den Rang ihrer Träume zum Kriterium der Entscheidung über ein reelles Lebensbedürfnis zu machen?[6]

b. Realismus als Phänomen der Rhetorik

Was Realismus ist, das wissen wir vor allem aus der Art und Weise, wie er sich darstellt und dargestellt wird, weil das in der *Überbetonung* derjenigen Merkmale geschieht, von denen vorausgesetzt wird, daß sie als solche vom Wirklichkeitssinn überzeugen und anerkannt werden. Anders ausgedrückt: *Realismus ist ein Phänomen der Rhetorik*. Deshalb hat er in der Polemik seinen Platz: Die Auszeichnung des Judas als des listigen Realisten macht seine messianischen Partner zum Gespött. In der Rhetorik also hat der Realismus seinen Platz, dort liegt er im Präparat vor, dort läßt er sich beschreiben. Der Verräter als Realist – das ist eine Grundfigur auch dann, wenn die Rhetorik des Verrats die des Idealismus ist.[7] Das gilt auch für den Versuch des antichristlichen Pam-

6 Es gibt eine mittelalterliche Tradition der literarischen Judasleben, [wie die] Lektionar[-Fragmente] von Schaffhausen [Anno] 1330 [beweisen. Siehe dazu F.] Ohly, Der Verfluchte und der Erwählte[: Vom Leben mit der Schuld. Leverkusen 1977], 140-43. Erstaunlich ist hier, daß es ganz entscheidend auf die Identität des Geldbetrages ankommt, um den Judas den Verrat begeht. Es gibt hier eine Art Bilanz der heilsgeschichtlichen und der realistischen Ansprüche.

7 M. Boveri, Der Verrat im 20. Jahrhundert, Reinbek 1976.

phlets, den biblischen Verräter als den Verbündeten des ›realistisch‹ mit den Römern kollaborierenden Sanhedrin zu charakterisieren. Die Adressaten des Pamphlets sollen diese Figur nicht sympathisch finden, sondern nur nüchtern, alltäglich, realistisch, heute würde man sagen: bürgerlich. Wichtig für das Problem des Realismus ist nur, wie das gemacht wird: Nicht der Realist wird mit Merkmalen ausgestattet, sondern seine im Illusionismus befangene und versponnene Umgebung, die Messianisten der Naherwartung, die nicht die große Geduld des Redens von den fernen Tagen des Messias haben, an dem die römische Okkupationsmacht keinen Anstoß nimmt. Die Gans im Milieu der Aspiranten auf die Herrschaft des Messias, der Traumwettbewerb der Hungrigen und als Kontrast dann einer, der nicht mitmacht, aber weiß, wie man es machen muß, nicht mitzumachen.[8]

Die mittelalterliche Legende arbeitet dagegen mit dem Mittel einer Art von höherer Konsistenz. Judas nimmt Anstoß am Luxus, an der allzu teuren Salbung Jesu durch die Büßerin, die für den Salbtopf dreihundert Pfennig ausgegeben haben soll. Judas verlangt den Verkauf des Salböls. Es sieht aus, als sei das für eine Schar von Predigern der Armut das bessere Argument, der heiligere Weg. Aber zugleich ist das die Logik oberhalb oder außerhalb des Realismus. Dieser Realismus hat seine eigene Konsistenz: Der mit 10 Prozent an allen Einnahmen beteiligte Kassenwart der Apostel rechnet auf seinen Anteil am Verkauf des Salböls, den er nicht bekommen könnte, wenn dies seinem Zweck zugeführt würde: als Zeichen des ›Gesalbten‹ zu dienen. Die Pointe der mittelalterlichen Judas-Vita ist, daß Judas Jesus für diese 10 Prozent, also dreißig Pfennig, an den hohen Rat verkauft. Er besteht auf seinem Anteil. Man kann auch sagen: Nicht das Geld, sondern die Logik hat ihn böse gemacht.

Aber nun ist das Ganze eben kein individueller Fall von Realismus, sondern ein providentieller von höherer Bedeutung, in dem die Realität des Kauf- und Verratsgeldes zum Zeichen für die substantielle Einheit der Geschichte wird, die dafür wesentlich ist, daß sie ›Heilsgeschichte‹ sein soll. In dieser sind die Realitäten nur Repräsentanten, Funktionäre für etwas anderes, Hintergründiges. Sie kommt ins Spiel mit der Frage, wo-

---

8 [F.] Ohly, Der Verfluchte [und] der Erwählte[. A. a. O.], 140-143.

her die dreißig Pfennige kamen, die den Preis des Verrats ausmachten. Diese Konsistenz schafft die mythische Identität, die mythische Wiederholung des Gleichen. Es war das Geld, für das Joseph von seinen Brüdern nach Ägypten verkauft worden war und das durch Erbschaft über die Generationen fortgekommen war. Es ist die List der Vernunft, die hier eines ihrer vielen Spiele treibt: Joseph war durch den Verkauf nach Ägypten, statt endgültig in der Versenkung der Sklaverei zu verschwinden, zur höchsten Macht gekommen; und Jesus sollte durch den Verkauf für die identische Summe, statt auf dem Leidensweg im Tod zu versinken, zur messianischen Macht über Himmel und Erde gelangen. Es ist klar, daß der mittelalterliche Text diesen Zusammenhang gerade nicht mythisch interpretiert, indem er die alttestamentliche archaische Geschichte zum Vorzeichen und damit zu einer der Beglaubigungen des Vorgangs macht, auf den es erst eigentlich und letztlich ankommt. Der Mythos denkt immer anders herum: Die einmal ins Große und Prototypische gespielte Geschichte gibt die Evidenz, die allen ihren Wiederholungen Abglanz und Sinn verleiht, aber nicht auf sie verweist, sondern umgekehrt auf sich verweisen läßt.

3. Der ästhetische Realist

Der ästhetische Realismus hat nicht zu Unrecht diesen Namen okkupiert. Er hat sich ganz unabhängig von den erkenntnistheoretischen Ansprüchen eines philosophischen ›Realismus‹ erstmals die Frage gestellt, wie man es bewirken könne, daß die Hinnahme der ästhetischen Illusion nicht nur auf einem freundlichen Einverständnis des Zuschauers beruhe, für eine Weile den Willen des Autors und seiner Darstellungsmittel gelten zu lassen, sondern ihn mit Mitteln zum Zugeständnis angeschauter Wirklichkeit zwingen könne. Da gibt es eine formale Implikation, die darauf hinausläuft zu sagen, der Autor eines Kunstwerks werde um so *zwingender* seinen Realismus vorstellen können, je mehr er sich selbst als einen *Gezwungenen* darstellen kann. Und das geschieht durch die ›Störungen‹, die er der Logik der Illusion einbaut. Solche Störungen können auch als realistische Stigmata bezeichnet werden. Es ist das, wovon der Zuschauer glauben muß und soll, der Autor hätte es, wenn es nur nach seinem Wunsch und nach seiner Illusionsbereitschaft gegangen wäre, vermeiden müssen. Wenn ein Maler ein Bildnis nach der Idealität Raffaels malt, wird man ihm jeden möglichen Willen zum Höheren zugestehen, aber nicht Realismus; wenn er jedoch das ideale Portrait mit einem störenden Leberfleck versieht, wird man geneigt sein, diese Belastung der zwingenden Übermacht seines realen Gegenstandes zuzuschreiben und ihn als Realisten anzuerkennen. Es ist also nicht die ›Genauigkeit‹ der Nachahmung, die den Realismus ausmacht. Es mag zwar für die Anerkennung als Portrait wichtig sein, daß der Leberfleck an der ›richtigen‹ Stelle sitzt, für die Anerkennung des Künstlers als eines Realisten ist es gleichgültig, wenn er nur bereit war, sich in der Idealität stören zu lassen. Wenn grausige und anstößige Stoffe bevorzugt das Prädikat des Realismus erhalten, so von der Unterstellung her, der Autor hätte sich auf so Unerfreuliches ohne Nötigung von außen, also durch die Realität selbst, nicht eingelassen. Realität ist das, was einem von seinen Wünschen beherrschten und daher ständig zu Illusionen bereiten Wesen seiner Natur nach so zuwider ist, daß es nur unter Zwang nachgibt. Lucan ist deshalb *der* Realist, verglichen mit Vergil, aber welche Chance hätte er, dies gegen Zola zu sein? Und was wäre heute an Zola noch realistisch? Man darf auf lange Strekken für Kunstzwecke davon ausgehen, daß die Technik der Vollkommenheit der Illusion als gegeben vorausgesetzt wird; in Frage steht nur, ob sich diese Vollkommenheit auch des vollkommenen Gegenstandes bedienen darf oder ob sie hier jene Stigmata – wenn nicht suchen oder erfinden – in Kauf nehmen muß, die verraten, daß man es nicht mit dem Ideal, sondern mit der Erscheinung zu tun habe. Das formale Stigma von Realismus will gerade dasjenige Kriterium meiden, das im Vergleich von Darstellung und Wirklichkeit liegt. Das ist ein ähnliches Dilemma wie das der Erkenntnistheorie seit der stoischen Suche: Sie solle zwingende Deutlichkeit, also vom höchsten Auflösungsgrad sein. Diderots berühmte Schilderungen der Gemälde von Vernet im ›Salon‹ von 1767 sind immer wieder auf den Vergleich mit Natur angewiesen, wenn er auch neue Mittel findet, die Evidenz des Vergleichs zu verstärken. So bedient er sich einer Rahmenerzählung für seine Bildbeschreibungen, indem er die Arbeitssituation seiner Niederschrift an die Küste verlegt, wohin ihn Freunde zu einem Landaufenthalt eingeladen hätten. Dort macht er mit dem Erzieher der Kinder des Freundes und dessen Zöglingen Spaziergänge und beschreibt, was er dabei sieht. Die Pointe ist, daß er am Ende nichts anderes als die im Louvre ausgestellten Gemälde Vernets beschrieben hat.[9] An einem anderen Bild von Vernet im ›Salon‹ wird der Vorgang des Vergleichs zur Prüfung des Realismus noch weitergetrieben. Diderot sitzt nachts über dem Manuskript seiner Kritik und tadelt, daß der Künstler bei einer der Landschaften Wolken und Mond mit unwirklichen Farben dargestellt habe. Als er von seiner Arbeit aufblickt und aus dem Fenster auf den Himmel sieht, wird er von der Wahrnehmung betroffen, daß dort gerade die von ihm bei Vernet getadelten Farbtöne erscheinen. Es ist leicht, von einem moderneren Standpunkt der Ästhetik her, der dem Bild die Funktion der gesteigerten Wahrnehmungsfähigkeit für die Wirklichkeit zuschreibt, an Diderot die rhetorische Frage zu stellen, ob er nicht erst am Bild erlernt habe, die vermeintliche ›Unnatürlichkeit‹ der Natur überhaupt wahrzunehmen.

Bei der Anwendung auf seine eigene Kunst des Erzählens hat Diderot eine andere Lösung gefunden, sobald es nicht mehr um bloße Unterhaltung (*conte plaisant*) oder um das bloße Staunen (*conte merveilleux*), sondern um die Erweckung des Eindrucks einer ›wahren Geschichte‹ (*conte historique*) geht. Alles kommt darauf an, daß der Leser der schonungslosen Zuverlässigkeit des Autors traut. Er tut es, wenn er bemerkt, wie etwas dem Autor ›gegen den Strich geht‹. Das Mittel ist die Anbringung jener Stigmata, also dessen, was Diderot die *petites circonstances* nennt, bei denen es immer darauf ankommt, die Schwierigkeit ihrer bloßen Erfindung mit wahrzunehmen. Der Leser soll bei sich in den Ruf ausbrechen: *Ma foi cela est vrai; on n'invente pas ces choses-là.* Diesen Grundgedanken nun verdeutlicht Diderot mit dem Beispiel aus der Malerei. Der Maler formt ein Gesicht, eindrucksvoll, bedeutend und regelmäßig, eine höchst vollkommene und erlesene Einheit. Aber jeder Vergleich mit der Wirklichkeit, jede Suche nach einem möglichen

9 [D. Diderot, »Salons«: salons de 1767 et 1769. In: Œuvres complètes, édition critique et annotée. Bd. XVI. Hrsg. v. J. Fabre, H. Dieckmann, J. Proust und J. Varloot, Paris 1975 ff.]

Vorbild läßt alles Reale verblassen gegenüber dem Ideal des Bildes. Die Wirklichkeit verliert; sie bleibt wirklich, aber als solche bedeutungslos. Hat der Künstler aber seinem Gesicht eine kleine Narbe an der Stirn, eine Warze an einer der Schläfen, einen unmerklichen Einschnitt an der Unterlippe gegeben, so wird aus dem idealisierten Kopf augenblicklich ein realistisch wirkendes Portrait, gleichgültig, ob es auf eine benennbare Person bezogen werden kann. Es ist keine Venus mehr, wenn eine kleine Pockennarbe im Augenwinkel oder am Nasenflügel sichtbar wird, sondern die Darstellung einer Frau, die eine Nachbarin sein könnte.[10] Aber nicht das Hineingehen des Künstlers in die letzten konkreten Einzelheiten seines Gegenstandes schafft die Anerkennung von Realismus in der Rezeption, wie Herbert Dieckmann meint, sondern die Störung der Tendenz auf die Reinheit der Imagination. Sie wird vom Betrachter aufgefaßt als das dem widerstrebenden Urheber des Werkes abgerungene Zugeständnis an die Wirklichkeit, die hier als unerbittlich fordernde erscheint. Sie läßt nichts nach an die Idealität und erweist sich darin als letzte Instanz. Man vergleiche dies mit der Auffindung der Sonnenflecken, die als Störungen der Idealität nur illusionär sein konnten.

Wir haben es im Fall dieses Beispiels von Diderot – der augenblicklichen Verwandlung des Idealkopfs in ein Portrait durch belangloseste Zutaten – mit einer Variante der momentanen Evidenz von Wirklichkeit zu tun. Nicht das Wirkliche als solches, sondern nur das Stigma von Wirklichkeit in seiner Umgebung ist ein Rest jener Evidenz. Es hat die Gestalt bloßer Partikel des ästhetischen Gegenstandes, die wie eingestreute Störelemente fungieren, während dadurch die Totalität des Gegenstandes in ihrer platonischen Bindung an Idealität bleibt. Es ist wie eine ästhetische List: Das Ideale soll uns als das Reale insinuiert werden. Das ist als solches keineswegs Realismus, zumindest nicht aus dem Aspekt späterer Realismen. Aber wann wäre schon jemals ein früherer Realismus von einem späteren noch als solcher anerkannt worden? So wenig, wie jemals ein früherer Ernst durch einen späteren respektiert worden ist. Trotzdem ist diese Technik der eingestreuten Stör-

10 [D. Diderot, Les deux amis de Bourbonne. In: Œuvres complètes, édition critique et annotée. Bd. XII. A. a. O., 455.]

elemente aufschlußreich für die Art und Weise, wie der Realist verfahren muß. Realist ist, wer eingesteht und zugesteht, was ihm unmöglich passen kann und obwohl es ihm verquer liegt. Realität ist, was das Konzept durchbricht, auch und gerade das einer Ideologie. Aber natürlich kann auch dies rhetorisch simuliert werden: Wer in äußerster Beweisnot um seine Anerkennung als Realist ist, kann sein Konzept demonstrativ preisgeben, um als ein solcher akzeptiert und kreditiert zu werden. So wie man, um seiner Ausstoßung als Abweichler von einem Dogma zu begegnen, dem Dogma selbst den unwahrscheinlichen Tribut zollt, Selbstkritik auf Abweichung an sich zu üben.

Realismen sind geschichtlich bedingte Antithesen zu vermeintlichen oder wirklichen Illusionismen. Hier heißt die abgewandelte methodische Regel: Wirklich wird, was nicht mehr unwirklich ist. Was tut Adolph von Menzel, um sich gegen die Epigonen der Romantik, gegen das Biedermeier, gegen die Lukasbrüder oder Nazarener abzusetzen? Er sucht nach einem Kanon realistischer Gegenstände, nach Gegen-Wunsch-Sujets. So zeichnet er ›Das ungemachte Bett‹. Niemals zuvor brauchte zu einem solchen Thema gegriffen zu werden, obwohl sein zeichnerischer Reiz einer der gegenwärtigsten in Künstlerklausen gewesen sein mag. Aber inzwischen war klar geworden, daß die Vergegenwärtigung der Tradition durch Museum und entstehende Kunstgeschichte Steigerungen der Realismen erforderlich machte. Vergessenheit irgendeines früheren Realismus war nicht mehr möglich. Dem ungemachten Bett Menzels war die Eroberung des Themas ›Interieur‹ durch das Biedermeier vorausgegangen: Ein offenes Fenster und ein leerer Stuhl konnten zu Ausdrucksträgern von ›gemütlichen‹ Stimmungen und Verweisungen werden. Das ungemachte Bett ist die Gemütlichkeit in der Potenz der anrüchigen Schlamperei. Das ist plötzlich, überfallartig realistisch, obwohl doch die Realität auch da nicht so war, sondern es nur am Rande sein mochte. Aber eben: Die Ränder werden nun wirklicher als die Felder und erst recht deren Mitten. Das ungemachte Bett ist, da doch zuvor nur ein mögliches Element eines vielfältigen Interieurs, so etwas wie jenes Stigma Diderots. Aber es ist nun isoliert, herangeholt, absolut gesetzt – und damit wieder der unaufgebbare Anspruch auf momentane Evidenz jener Art, die gern mit dem Attribut der Nacktheit als nackte Wahrheit und nackte Wirklichkeit aufgetreten ist.

Wenn es zum programmatischen Realismus kommt, bei Ibsen, kann man leicht beobachten, daß die Technik der Stigmata für Realismus beibehalten ist. Aber sie dient nun der Entlarvung der Unwahrhaftigkeit ihres gesamten Umfeldes, nicht mehr, wie in der Theorie Diderots, seiner Bestätigung, Solidifizierung – und dazu noch der Manifestation von Ernsthaftigkeit für ein ethisches Programm unter dem eschatologisch klingenden und den Expressionismus darin vorwegnehmenden Stichwort *Gerichtstag halten über das eigene Ich*. Je leichter gesagt und schwerer getan sich das anhört, um so kräftigerer Zeugnisse bedarf es. Bei Ibsen sieht man den Übergang vom Stigma zum gelegentlich zynischen Kunstgriff. Daran liegt es, daß ein dem gegenwärtigen Ibsen-Boom nachfragender Kritiker zu dem wiederum geschichtlich zu relativierenden Resultat gelangt: *Seine Stücke sind viel zu trickreich, um wahr zu sein* (Benjamin Henrichs). Mit Recht nennt er diese Technik ›Indiziendramatik‹. Denn da gebe es kein Requisit, dem nicht eine enthüllende Bedeutung zukäme. Der Kritiker hätte sagen können und müssen: Nur den Requisiten, als den Stigmata für Realität, käme enthüllende Bedeutung zu. So, wenn Tesman, der Ehemann der Hedda Gabler, mit Hingabe von seinen alten Hausschuhen redet – denn er entlarvt sich mit diesem überwältigend deutlichen Requisit als Pantoffelheld –; oder wenn Tante Julie die Schonbezüge auf den Möbeln in der neuen Wohnung vermißt; oder wenn sich Hedda über den Hut von Tante Julie mokiert, den sie auf einem Sofa liegengelassen hat, um ihre Kaltherzigkeit zu zeigen; oder schließlich wenn der erste Akt mit dem wichtigsten und schrecklichsten Requisit, den Pistolen Heddas endet. Henrichs hat ganz recht, daß dies der Technik nach nicht weit von den zeitgenössischen Boulevardstücken eines Feydeau entfernt ist, wo auch Requisiten von der Qualität vertauschter Perücken und verlorener Hosen ihre Rolle spielen, den ›Abgrund‹ im bürgerlichen Leben zumindest zu markieren. Für die Art, wie der Realist bei seiner impliziten Selbstdarstellung auf Erwartung und ›Apriori‹ des Realismus seines Publikums hinschielt, sind die Beobachtungen gerade an neuesten Inszenierungen Ibsens von unvergleichlicher Prägnanz. Und dies gerade deshalb, weil es nicht der Realismus der Personen und der Seelen und der Schicksale ist, sondern dieser durch das Vehikel der Requisiten mitgezogen wird. *Ibsens Stücke, das ist ihre Künstlichkeit, bestehen nur aus Bedeutsamkeiten – daß auch das Zufällige, Geheimnisvolle, nicht sofort analytisch Begreifbare Teil der Realität ist, das ist Ibsen, wenn er stolz und grimmig Gerichtstag hielt (über seine Figuren, nicht über sich), wohl nie eingefallen* (Benjamin Henrichs). Fontane, der sich 1887 über die umstrittene Berliner Aufführung der »Gespenster« äußert, sucht nach einem mythischen Bild für Ibsens Attitüde – und er findet es darin, zu sagen, Ibsen habe seine moralischen Grundsätze *wie Thesen an seine neue Wittenberger Schloßkirche geschlagen.*[11] Und er zeigt auch, daß diese Attitüde daher kommt, daß Ibsen überhaupt kein Realist ist; das Kriterium dafür in diesem Stück ist, daß er Gericht über die Konventionsehe und die Geldheirat hält, die Fontane als schlechthin realistische Institutionen der Menschheitsgeschichte ansieht. Fontane auch, in einer anderen Besprechung der »Wildente« von 1888, hat Ibsens eschatologisches Pathos auf die Formel eines einzigen Satzes gebracht: *erst wieder reiner Tisch; das Andere wird sich finden.*[12] Er fügt allerdings dann hinzu: *Und wenn sich's nicht findet, lieber der Häßlichkeit ins Gesicht gestarrt als der Verzerrung …* Und auch Fontane bemerkt den Kunstgriff Ibsens, Realität zu schaffen. Wenn im zweiten Akt der »Wildente« die Familie Ekdal am Tisch sitzt und die Frau die kleinen Pöstchen für Brot, Speck und Käse in ihrem Wirtschaftsbuch laut zusammenrechnet, resümiert Fontane: *Das Gebäude der überkommenen Ästhetik kracht in allen Fugen … das Spiel war wahrstes Leben.*[13]

Der Roman ist seiner Herkunft und Funktion nach die realistische Gattung. Aber er hat die Schwierigkeit, daß in ihm viel, zu viel passieren muß. Der Grenzfall ist vielleicht der Kriminalroman. Seine Ereignisdichte und die Unwahrscheinlichkeit der Ereignisse als solcher zwingen den Autor, von der Möglichkeit der realistischen Stigmatisierung starken Gebrauch zu machen, um bei seinem Leser überhaupt ›durchzukommen‹. Dieter Wellershoff hat das in einem Essay zur Theorie des Kriminalromans über Chandler so formuliert: *Der Realismus der*

11 [T. Fontane, Theaterkritiken, In: Werke, Schriften und Briefe. Hrsg. v. W. Keitel und H. Nürnberger. Abt. 3: Erinnerungen, ausgewählte Schriften und Erinnerungen, Bd. II. München 1969-1997,] 711.

12 [Ebd.,] 774.

13 [Ebd.,] 776f.

Darstellung hat eben auch die Funktion, durch Echtheit der Atmosphäre die unwahrscheinliche Ereignisdichte der Romane glaubhaft zu machen. Und um sie vor allem geht es dem Leser. Er will nicht primär die sozialen Realitäten der Unterwelt erkennen, sondern unter dem Anschein von Realitätsnähe von unerhörten Ereignissen stimuliert werden. Er liest, um in aufregenden Phantasieszenarien sein von Lähmung bedrohtes Lebensgefühl aufzufrischen. Weil er in einer ereignisarmen Alltäglichkeit lebt, braucht er dringend wenigstens die fiktive Verschärfung seiner Umwelt.[14] Als Entlarvung von Gewalttätigkeit und Korruption, Verdorbenheit und Bosheit hat dieser Realismus nur sekundär eine moralische Bedeutung. Primär soll er dem Autor die Unwahrscheinlichkeit der Handlungskonstruktion beim Leser gleichsam durchgehen lassen. Vor lauter Realismus der Atmosphäre, der Umgebung, bemerkt der Leser gar nicht, was ihm zugemutet wird; er soll dieser Realität nicht glauben, aber er soll durch die Irrealität nicht in der Ungetrübtheit seines Genusses, seiner Spannung, gestört werden. Der Autor ist wie ein Magier, der, während er mit der rechten Hand seinen Trick durchführt, mit der linken Hand dem Zuschauer eine harmlose Ablenkung serviert. Der Roman ist als Gattung die Symptomsphäre des Wirklichkeitsbegriffs der immanenten Konsistenz.

14 [D.] Wellershoff, Vorübergehende Entwirklichung. Zur Theorie des Kriminalromans, In: Literatur und Lustprinzip. Köln 1973, 108.

Nachwort des Herausgebers

Im Deutschen Literaturarchiv in Marbach am Neckar befinden sich diverse Listen von Werkprojekten, die Hans Blumenberg plante, allerdings nicht realisierte. Zu diesen *œuvres à venir* zählt, von Blumenberg mehrfach in verschiedenen Zusammenhängen erwähnt, *Realität und Realismus.*[1] Das Buch hätte er allerdings so, wie es den Leserinnen und Lesern nun vorliegt, gewiß nicht veröffentlicht. Denn das Konvolut REA enthält kein druckfertiges Werk, sondern einzelne Texte, in denen Blumenberg das, was er unter ›Wirklichkeitsbegriff‹ verstand, systematisch ausarbeitet und beschreibt.

Sein Konzept des Wirklichkeitsbegriffs hat Blumenberg zum ersten Mal 1964 präsentiert, und zwar in dem im ersten Band von *Poetik und Hermeneutik* publizierten Aufsatz »Wirklichkeitsbegriff und Möglichkeit des Romans«,[2] um es dann in den Aufsätzen »Wirklichkeitsbegriff und Wirkungspotential des Mythos«[3] sowie »Vorbemerkungen zum Wirklichkeitsbegriff«[4] weiter auszuarbeiten. Wiewohl der vorliegende Band keine *terra incognita* der Philosophie Blumenbergs erschließt, so erfährt die Beschreibung der Wirklichkeitsbegriffe in den hier versammelten Texten eine entscheidende Vertiefung und Systematisierung, da sie nicht nur, wie in den eben genannten Schriften, am Leitfaden der Roman- und Mythentheorien vorgenommen wird, sondern auch mit Blick auf die Verwendung dieser Begriffe in der Kosmologie, der Anthropologie,

1 Zum ersten Mal wird der Titel in einer »6. September 1972« datierten Liste genannt.

2 H. Blumenberg, Wirklichkeitsbegriff und Möglichkeit des Romans. In: H.R. Jauß (Hrsg.), Nachahmung und Illusion (Poetik und Hermeneutik I). München 1964, 9-27; erneut gedruckt in: H. Blumenberg, Ästhetische und metaphorologische Schriften. Hrsg. v. A. Haverkamp. Frankfurt a.M. 2001, 47-73.

3 H. Blumenberg, Wirklichkeitsbegriff und Wirkungspotential des Mythos. In: M. Fuhrmann (Hrsg.), Terror und Spiel (Poetik und Hermeneutik IV). München 1971, 11-66; erneut gedruckt in: H. Blumenberg, Ästhetische und metaphorologische Schriften, a.a.O., 327-405.

4 H. Blumenberg, Vorbemerkungen zum Wirklichkeitsbegriff. In: Akademie der Wissenschaften und der Literatur in Mainz 4, 1973, 3-10.

der Phänomenologie, der Rhetorik und der Ästhetik. Die *thematische* Beschreibung der Abfolge der Wirklichkeitsbegriffe, welche das Rückgrat von Blumenbergs Arbeiten der 1970er und 1980er Jahre bildet, allen voran von *Die Genesis der kopernikanischen Welt* (1975), *Arbeit am Mythos* (1979) und *Lebenszeit und Weltzeit* (1986), findet in *Realität und Realismus* ihr methodisches Pendant.

Bereits in »Wirklichkeitsbegriff und Möglichkeit des Romans« hatte Blumenberg die vier unterschiedlichen Wirklichkeitsbegriffe beschrieben, die er auch in *Realität und Realismus* thematisiert: (1) den der ›momentanen Evidenz‹; (2) den der ›garantierten Realität‹ oder der ›dritten Instanz‹; (3) den der ›Realisierung eines in sich einstimmigen Kontextes‹ oder der ›immanenten Konsistenz‹; sowie (4) den des ›Widerstands‹ oder des ›dem Subjekt nicht Gefügigen‹. Diese vier Wirklichkeitsbegriffe – die sich *prima facie* den kanonischen Epochen Antike, Mittelalter, Neuzeit und Moderne zuordnen lassen – bilden aber keine schlichte, homogen chronologische und auch keine historiographische oder geschichtsphilosophische Epochenaufreihung. Ihre Beschreibung sowie die Thematisierung ihrer Ablösungsverhältnisse zielen vielmehr darauf ab, eine geschichts*phänomenologische* Retrospektive zu entwerfen, die jene bewußtseinsgeschichtlichen Vorgänge zu erklären hat, welche zur Entstehung *unseres* Wirklichkeitsbewußtseins und Weltverständnisses geführt haben.

Mittels der Ablösung des Wirklichkeitsbegriffs der momentanen Evidenz zugunsten der Entstehung eines in sich einstimmigen Kontextes beschreibt Blumenberg die Genesis eines neuen Verständnisses von ›Phänomen‹: Anders als etwa in der griechischen Antike, deren Weltverständnis dadurch geprägt war, daß die Dinge offen vorliegen und der unmittelbaren Schau prinzipiell gegeben sind, zeichnet sich der moderne Wirklichkeitsbegriff dadurch aus, daß ›Erscheinung‹ das wird, was das Subjekt prozeßhaft, als Reihung von Ansichten, das heißt von Schaumomenten in der Zeit, konstituiert. Wirklich kann nur sein, was sich in immanenter Konsistenz der Erfahrung darbietet. Thematisieren der erste und der dritte Wirklichkeitsbegriff den Begriff von Phänomen, also das, was sich zeigt und wie es sich zeigt, so beziehen sich der zweite und der vierte Wirklichkeitsbegriff auf die Welt beziehungsweise auf deren transzendenten Grund, und zwar am Leitfaden des

Kontingenzbegriffs. Kontingent ist der mittelalterliche Kosmos deswegen, weil die Einheit von Welt und Vernunft durch die Bürgschaft Gottes als des Garanten einer ontologischen Ordnung und deren Strukturen insofern gewährt wird, als Gott das notwendige, vollkommene, die Weltordnung begründende Sein ist. Die Welt ist deshalb kontingent, weil sie den Grund der eigenen Existenz nicht in sich trägt: Wirklichkeit wird erst verläßlich durch eine Garantie, deren sich das Denken in einem umständlichen metaphysischen Verfahren versichert – eine Garantie aber, die Gott zu jeder Zeit zurückzunehmen vermag. Die allmähliche Erosion des mittelalterlichen Weltverständnisses hin zum modernen Weltbild bewirkt eine Verschiebung des Kontingenzschemas. Kontingent ist nun nicht mehr die Welt, sondern das Subjekt; seine Existenz bleibt in ihrer Faktizität nicht auflösbar, nicht antastbar.

Entscheidend ist allerdings für Blumenberg, daß das, was als ›wirklich‹ gilt, als etwas Selbstverständliches gilt. Unser Zugang zur Welt und der Umgang mit ihr sind zuerst unreflektiert, gewissermaßen athematisch. Wir hinterfragen unsere Realität erst dann, wenn wir auf eine Unstimmigkeit stoßen. Das Selbstverständliche wird erst fraglich, wenn es zu einer Störung kommt, wenn eine Reibung sich bemerkbar macht oder ein Mißlingen sichtbar wird; erst dann eröffnet sich der Blick auf das, was wir bis dahin als fraglos angenommen haben. Die Thematisierung dessen, was wir jeweils Wirklichkeit nennen, was wir für Realität halten, geschieht also erst dann, wenn wir dazu gezwungen werden, unseren selbstverständlichen Weltzugang zu hinterfragen, das heißt umwegig, indirekt, nachträglich, so wie Hegels Eule der Minerva ihren Flug erst in der Dämmerung beginnt. Gerade deshalb ist ›Realität‹, ist ›Wirklichkeit‹ für Blumenberg kein positives, sondern ein »implikatives Prädikat«[5] beziehungsweise ein »Kontrastbegriff«.[6] Was jeweils als wirklich galt, kann nur bezogen auf das und in Kontrast zu dem festgestellt werden, was nicht mehr ist. ›Wirklichkeit‹ ist kein Gegenstand direkter, unmittelbarer Erfahrung; in diesem Sinne faßt der ›Wirklichkeitsbegriff‹ die Merkmale dessen zusammen, was die jeweilige Sicht auf die Welt und unseren Umgang mit ihr geprägt und gestaltet hat – was dem Men-

5 Siehe oben, Text II, 39.
6 Siehe oben, Text I, 13.

schen gleichsam ›vordenkt‹ und in dem bestimmt, wie er die Welt jeweils wahrnimmt, versteht und deutet. Gerade deshalb bezeichnet Blumenberg die Wirklichkeitsbegriffe gelegentlich, etwa in *Lebenszeit und Weltzeit*, als »Lebenswelten zweiter Stufe«[7] oder zweiten Grades: Sie sind historische Sinnstrukturen, die unser Weltbewußtsein und Wirklichkeitsverständnis jeweils (und das heißt: historisch variabel, kontextabhängig, lebensweltlich bedingt) präformieren. Gerade deshalb ist die geschichtsphänomenologische Beschreibung der Wirklichkeitsbegriffe ein entscheidender Bestandteil von Blumenbergs Theorie der Lebenswelt. Denn der Begriff der Wirklichkeit faßt diejenigen Merkmale zusammen, die jeweils zu den Selbstverständlichkeiten unseres Weltbezuges gehören: Gleichsam weltlos, das heißt inhaltlich unbestimmt, konstituieren die jeweiligen Wirklichkeitsbegriffe in unseren Kulturwelten das, was durch sie und in ihrem Horizont als das Selbstverständliche genommen wird.

Das Konvolut REA enthält 190 redigierte, bis dato unveröffentlichte, in zwei Mappen aufbewahrte Typoskriptseiten, die Blumenberg in den Jahren ab 1970 bis 1984 verfaßt und mit den Siglen REA I, II, III, IV, V und X versehen hat. Von jedem Typoskript existieren ein Original und eine Kopie. Die Originale wurden von Blumenberg bearbeitet und unterscheiden sich, was Ergänzungen, Umschreibungen und Korrekturen angeht, signifikant; für diese Edition hat der Herausgeber lediglich die bearbeiteten Texte berücksichtigt.

REA I umfaßt die Stücke »Der Realist als Indexfigur des Realismus« und »Zur Anthropologie des Realisten«; die Anordnung von Kapiteln und Abschnitten dieser Texte sowie deren Zwischenüberschriften sind vom Autor. »Antiker und mittelalterlicher Wirklichkeitsbegriff« (REA II), »Zum Wirklichkeitsbegriff der Neuzeit« (REA III), »Realität und Illusion« (REA IV), »Die Realität des Eigenleibes« (REA V) und »Die Wirklichkeit des Unsichtbaren« (REA X) sind in der zweiten Mappe dieses Konvoluts enthalten, so wie das Stück »PHW«, das von Blumenberg selbst ins Konvolut REA verlegt und vom Herausgeber mit dem Titel »Zum Welt- und Wirklichkeitsbegriff der Phänomenologie Hus-

7 H. Blumenberg, Lebenszeit und Weltzeit. Frankfurt a.M. 1986, 86.

serls« versehen wurde. Auch die oben genannten Titel der Texte aus REA III und IV stammen vom Herausgeber.

Von »Antiker und neuzeitlicher Wirklichkeitsbegriff« existieren vier Fassungen, die insgesamt 171 Typoskriptseiten umfassen und in einem separaten Konvolut (ANW) aufbewahrt sind. Den Texten entsprechen, chronologisch geordnet, die Siglen ANW I, II, III und IV. Am Rand der ersten Seite von ANW I notiert Blumenberg handschriftlich »Dez. 60/ Jan. 61 – Antiker und neuzeitlicher Wirklichkeitsbegriff. 1. Fassung«. Die zweite Fassung – ANW II – stellt eine umfassende Ausarbeitung von ANW I dar und datiert aus dem Januar 1961. ANW III wurde zwischen Ende 1972 und Anfang 1973 verfaßt und, wie Blumenberg selbst auf einem beigefügten Merkblatt notiert, »in der gemeinsamen Klassensitzung« der Mainzer Akademie der Wissenschaften und Literatur vom 16. Februar 1973 vorgetragen. Der thematische, von Blumenberg angegebene Titel der Sitzung lautet »Zum Wirklichkeitsbegriff – von Günter Bandmann, Hans Blumenberg, Hans Sachsse, Heinrich Vormweg und Dieter Wellershoff«. Das Merkblatt von ANW III läßt vermuten, daß eine Publikation der Beiträge geplant war, und zwar in den *Abhandlungen der Geistes- und Sozialwissenschaftlichen Klasse* (Jahrgang 1973), die im Wiesbadener Franz Steiner Verlag erschienen sind. Schließlich stellt ANW IV, geschrieben zwischen dem 2. Juni und dem 23. Juli 1977, eine weitere Ausarbeitung von ANW III dar. Vor die Frage gestellt, welche Textversion von ANW in diese Edition aufzunehmen sei, hat sich der Herausgeber dazu entschieden, ANW III aufgrund von dessen systematischen Zug als einführenden Text voranzustellen.

Die Entscheidung, REA durch den Aufsatz »Antiker und neuzeitlicher Wirklichkeitsbegriff« zu ergänzen, hat also der Herausgeber getroffen, denn an keiner Stelle verweisen die Konvolute aufeinander. Auch die Anordnung und Numerierung der Texte stammen vom Herausgeber. Hans Blumenberg hat das Motto des (geplanten) Bandes auf einer Karteikarte, die im REA-Konvolut enthalten ist, notiert. Die von ihm gesetzten Fußnoten sind dort, wo sie unvollständig waren, vom Herausgeber ergänzt worden. Solche und alle weiteren Ergänzungen seitens des Herausgebers sind durch eckige Klammern kenntlich gemacht. Sämtliche Zitate wurden an den von Blumenberg benutzten Ausgaben überprüft, im Fall von Gesamtausgaben, die von Blumenberg gebraucht, inzwischen aber vergriffen oder durch neuere Gesamt- oder Studienausgaben wissenschaftlich überholt sind, wurden die Hinweise auf aktuelle Standardausgaben hinzugefügt. Das betrifft beispielsweise sämtliche Hinweise auf die vergriffene Musarion-Ausgabe der Werke Friedrich Nietzsches, die durch die entsprechende Belegstelle in der von Giorgio Colli und Mazzino Montinari herausgegebenen Kritischen Studienausgabe ergänzt wurde; und auch bei den Verweisen auf die Texte von Ernst Cassirer sind die entsprechenden Stellen in der Hamburger Ausgabe hinzugefügt worden.

Offensichtliche Schreib- oder Tippfehler wurden stillschweigend korrigiert sowie einige wenige Vereinheitlichungen bei Schreibweisen und Auszeichnungen entlang der von Blumenberg gepflegten Konvention vorgenommen. Jeden weiteren Eingriff in die Texte hat der Herausgeber unterlassen.

Namenregister